Calidad
en acción

Paidós Empresa

Patrick L. Townsend
Joan E. Gebhardt

Calidad en acción

93 lecciones sobre liderazgo, participación y medición

 **Ediciones Paidós**
Barcelona-Buenos Aires-México

Título original: *Quality in Action. 93 Lessons in Leadership, Participation and Measurement*
Publicado en inglés por John Wiley and Sons, Inc., Nueva York

Traducción de Maricel Ford

Cubierta de Víctor Viano

1.ª edición, 1994

© 1992 by Patrick L. Townsend y Joan E. Gebhardt
© de todas las ediciones en castellano,
  Ediciones Paidós Ibérica, S.A.,
  Mariano Cubí, 92 - 08021 Barcelona
  y Editorial Paidós, SAICF,
  Defensa, 599 - Buenos Aires

ISBN: 84-7509-977-7
Depósito legal: B-635/1994

Impreso en Novagràfik, S. L.,
Puigcerdà, 127 - 08019 Barcelona

Impreso en España - Printed in Spain

Para Brady y Michael

Indice

Parte I
SOBRE EL LIDERAZGO

11

Parte III
SOBRE LA MEDICION

Prólogo

Pat Townsend y Joan Gebhardt han escrito un libro importante. Y divertidísimo.

¿Qué *más* puede decirse de la calidad? Al parecer, muchísimo. Lo primero que se propone este libro es la desmitificación. En muchas empresas, la calidad está llegando a ser un asunto que concierne a todos. Pero la mayoría de los libros sobre la calidad resultan pesados: matemática intimidante, gran cantidad de gráficos y tablas complicados, lenguaje académico y la evidente sensación de la importancia de los autores.

Pues bien, en este libro no encontrarán nada de eso. Hallarán un lenguaje claro, dibujos, fábulas y casos.

Pero, sin duda, encontrarán también una base sólida. Los 93 axiomas (sobre liderazgo, participación y medición) constituyen una teoría completa sobre la calidad y cómo mejorarla.

La mejor recomendación que puedo hacer es mi propia reacción. Me encantaría desarrollar (y luego enseñar) un curso de un año, en una fábrica, centro de operaciones o universidad, basado en este libro. En mi opinión, los "estudiantes" (trabajadores, jefes y profesionales) adquirirían conocimientos sobre la calidad que resultan intangibles y un conjunto de métodos para lograrla. Y sé que, como maestro, me divertiría durante el curso. Además, sé que aprendería algo nuevo cada vez que recurriera a este libro.

En resumen: Lawrence, Curleigh y Mough pueden llegar a ser los campeones del movimiento en pro de la calidad. ¡Este libro es una joya!

Tom Peters

Prefacio

Este libro tiene un objetivo difícil: develar el misterio de la calidad. Las empresas, y también los individuos, suelen buscar una fórmula lineal para lograr la calidad, basada en el estudio de un caso exitoso o en un modelo teórico. Invierten una gran cantidad de energía buscando la serie de pasos lógicos que deben darse para obtener calidad en un periquete. A cualquiera que encare la calidad como un ejercicio puramente racional, se le escapará una verdad esencial. La calidad no es sólo cerebral sino también emocional; intervienen tanto el corazón como el cerebro. Pero, ¿cómo referirse a ese aspecto de la calidad en el ámbito corporativo? ¿Cómo conseguir que una empresa, o una persona, pase de la aprobación intelectual a la convicción? Ahí está el misterio.

En el lenguaje de las novelas policiacas, "¿cómo?" es una de las preguntas que reclaman respuesta junto con "¿quién lo hizo?" y "¿quién se beneficia?". Cuando de la calidad se trata, la pregunta "¿quién lo hizo?" se transforma en "¿quién lo hace?" y la respuesta es simple: *usted*. No puede responsabilizar de la calidad a otra persona. Los tribunales están plagados de juicios contra organizaciones cuyos integrantes (desde los gerentes hasta los operarios) suponían que otro era el responsable de la calidad. La respuesta a "¿quién se beneficia?" es igualmente directa: *todos* se benefician de la calidad:

- Los empleados de empresas que privilegian la calidad tienen mayor control sobre su vida laboral y empleos más satisfactorios.

- Los clientes de esas empresas reciben más valor por su dinero que el que recibirían de una empresa competidora, aunque resultara más barata.
- Innumerables encuestas y estudios de casos indican que los propietarios de aquellas corporaciones reciben un rédito excelente de la inversión en aspectos relacionados con la calidad.
- Cualquier corporación que gane y mantenga la reputación de dar productos y/o servicios de buena calidad, gana y retiene a sus clientes y, en consecuencia, gana más dinero. El doctor Edwards Deming extrapola esa situación a la creación y conservación de empleos.
- La fuerza de cada empresa contribuye al bienestar económico del país, capacitándolo para mantener el control de su destino.

No toda la "ganancia" es pecuniaria: los empleados, los clientes, las empresas y los países ganan también de maneras intangibles.

Aún queda pendiente la pregunta "¿cómo?". En el contexto de la novela policiaca esa pregunta se refiere, tradicionalmente, a la oportunidad y al método. ¿Pudo la señora X haberle matado con el cuchillo? ¿Pudo el señor X haber cogido el dinero de la caja fuerte? El detective competente encuentra las respuestas analizando todos los hechos y los sentimientos que llevaron al delito. La información aparentemente contradictoria se pesa y equilibra; se descartan las pistas falsas y entonces surge la verdad aunque aparezca desordenada.

Después de leer los mitos, las fábulas y las realidades de las páginas siguientes, el lector reconocerá tanto las oportunidades como los métodos para mejorar la calidad. Mejor aún: se habrá agudizado su conciencia del clima que rodea a los acontecimientos, de las actitudes que acompañan a las acciones. Entonces será capaz de detectar las pistas falsas a primera vista.

Este libro consta, en realidad, de tres minilibros que tratan otros tantos temas principales que debe enfrentar cualquier proceso relativo a la calidad. La elección del esquema está ilustrada en *Una antigua fábula*, que proporciona también la primera lección sobre la calidad: cada uno tiene una teoría predilecta sobre lo que es más importante. Todos tienen razón y se equivocan al mismo tiempo. Lo *primordial* es prestar atención a *todas* las facetas del proceso de mejorar la calidad.

El ordenamiento es decididamente no lineal, por no decir que, en algunos casos, es literalmente retorcido y, si usted es adicto a la lógica, puede sorprenderse (o bien irritarse) al preguntarse: "¿Qué tiene que ver esto con la calidad?". Relájese. Lea para entretenerse. Luego lea para informarse. Y comparta con alguien lo que leyó. Como empleado préstele el libro a su jefe, o como jefe préstelo al empleado y comenten: "Creo que este libro es interesante (o raro o sin sentido o crucial). ¿Qué opina usted?". Si en la primera lectura "tienen sentido" la mitad de las historias, si en la segunda una cuarta parte más "resulta cierta", y si en la tercera alguna otra persona "entiende la idea", el misterio quedará resuelto.

PATRICK L. TOWNSEND
JOAN E. GEBHARDT

Holden, Massachusetts
Febrero, 1992

Agradecimientos

El número de personas a quienes les hubiera gustado publicar un libro es considerablemente mayor que el de las que lo han logrado. Todavía perteneceríamos al primer grupo si no hubiese sido por la ayuda y el apoyo de una multitud de amigos y compañeros que escucharon nuestras ideas, alentaron nuestras esperanzas y enriquecieron nuestras vidas. Queremos expresar nuestro profundo agradecimiento a cada uno de ellos.

En casa, nuestros dos hijos, Michael y Brady, y nuestro fiel asistente Jonathan (un terrier algo sorprendido) soportaron las comidas fuera de horario y el trabajo hasta muy tarde. Nuestros padres constituyeron un formidable club de admiradores formado por cuatro personas al que uno podía dirigirse en busca de aplausos (sin que preguntaran por qué) o de críticas específicas, según lo que necesitáramos en ese momento. Nuestros amigos y vecinos, Jan y John Mellecker, Brad y Alyson Gay, Byron y Laura Menides y Joe y Eileen Reinhardt, rieron con nuestras historias y formularon preguntas, a veces imposibles de responder. Paul Manoogian, nuestro observador de la vida favorito desde hace veinte años, contribuyó con sus propias historias y su amistad. Linda Barresi merece una mención especial por su carácter de valiosa equilibradora de todo el proyecto. Nos ayudó a encontrar el equilibrio entre la realidad y la fantasía.

Varias personas hicieron muchísimo más fácil nuestra vida profesional. Larry Abramoff y los hombres y mujeres de Tatnuck Booksellers and Sons fueron cruciales para mantener vivo nuestro primer libro: *Commit to Quality*. Sin ese apoyo, tal vez no

21

hubiésemos tenido valor para escribir un segundo libro. El año pasado, Mike Everett y el resto del equipo de instrucción de Avatar International Inc. nos invitaron a formar parte de la familia. Siempre sentiremos gratitud por una asociación profesional que resulta estimulante en el plano intelectual y compensadora en el aspecto personal. El Washington Speakers Bureau, dirigido por Bernie Swain y Harry Rhoads, proporcionó un laboratorio a Pat, dándole la oportunidad de visitar docenas de empresas que luchan por las cuestiones relativas a la calidad. Muchas gracias a los dos y a todos los integrantes de su equipo. Agradecemos también a Kathy Hannigan y Judy Page, de Holden Travel, que nos organizaran viajes gratuitos y a Ken Scott, de Holy Cross College que nos facilitó el trabajo con el ordenador.

Nuestros esfuerzos literarios fueron alentados siempre por Ned Hamson, director de *The Journal for the Association for Quality and Participation*. Nos ofreció muchas oportunidades para desarrollar ideas nuevas y probarlas ante el público. Diane Sherlock y Susie Wallerstein nos proporcionaron un foro mediante el PBS Adult Learning Service. Ted Nardin detectó el núcleo de una idea que explotó en un libro que ninguno de nosotros pudo haber imaginado. Nuestro asesor y amigo en John Wiley & Sons, Steve Ross, demostró su fe en nosotros aceptando la idea general del libro y luego invirtiendo su inmensa paciencia y talento en el producto terminado. Su colaboración nos ha beneficiado enormemente.

Muchas empresas y personas han contribuido en este libro de forma directa o indirecta. El Paul Revere Insurance Group, dirigido primeramente por Aubrey K. Reid, Jr. y ahora por Chuck Soule, continúa siendo un ejemplo extraordinario de "empresa de la calidad". Ellos nos proporcionaron ideas e inspiración. Frad Smith, de Federal Express, articuló para nosotros un importante principio del liderazgo. Las notas sobre medición de Mutual Omaka fueron un verdadero hallazgo. La Carthage Machine Company, el Peabody Hotel, el Chicago Downtown Marriot, Pecten Chemicals, Fluoroware, Tennant Company, Daka Inc. en la Clark University, North Pacific Paper Corporation, Harden Furniture Company, Intermountain Health Care, el Departamento de Policía de Auburn y el Cherry Point Naval Aviation Depot, fueron generosos con su tiempo y materiales.

Nuestros contactos telefónicos con el doctor Brent James, Ron Zemke, Chip Bell, Roger Dowd, Roland Dumas, John Denver, Tom Curtis, John Goodman, David Levine y George Strauss, Dick Chase, Noel y Tammy Cunningham, Chuck Delay, Jeff Pym, Joe McConville, Joe Kraskouskas, G. Lynn Shostack, capitán Ron Miller y Andrew Boyd, coronel Jerry Gartman y John S. W. Fargher, Jr. nos proporcionaron una fortuna en información y algunas conversaciones muy entretenidas. Curt Reimann, el director de la comisión que otorga el Malcolm Baldrige National Quality Award, merece nuestra gratitud por el maravilloso trabajo que ha realizado para mantener vivo ese magnífico premio.

Tardamos dos años en redactar este libro, así que no debería sorprender que tanta gente influyera en esta mezcla de cuentos de hadas con casos comerciales reales, ejemplos de liderazgo militar e historias extravagantes, por no mencionar los hechos reales de la vida. Estamos agradecidos al grupo People to People, al que acompañamos en la gira por Rusia, Bielorrusia y Bélgica. Su ingenio y comprensión ayudaron a dar forma al contenido de este libro. Bo Edvardsson y Evert Gummesson nos invitaron a dar conferencias en Suecia y fueron nuestros anfitriones. También nos permitieron hurgar en sus cerebros. ¡Por cierto que la hospitalidad fue muy generosa! Eb Scheuing, de la St. John's University se ocupó de que nos invitaran a la Quality in Services Conference realizada en Connecticut y auspiciada por aquella universidad y el Centro de Investigación de Servicios, de Suecia. Fue una experiencia estupenda que originó dividendos buenísimos.

A lo largo de todo el trabajo, Tom Peters fue un amigo especial y una fuente de inspiración y apoyo. Disfrutamos tanto de sus columnas como de sus ingeniosas notas. Las personas que fueron tan generosas con su tiempo como para escribir recomendando este libro, ocuparán siempre un lugar en nuestros corazones

P.L.T.
J.E.G.

23

Una antigua fábula

El rey acababa de regresar a las tierras de Ancient después de la Conferencia Anual de Reyes. Había sido la primera conferencia a la que había asistido en muchos años. Anteriormente siempre debía atender alguna emergencia que le obligaba a cancelar el viaje en el último momento.

El rey estaba muy entusiasmado. En la conferencia todos habían estado hablando de los elefantes de un gran país. Aunque el rey no sabía lo que era un elefante, estaba seguro de que se trataba justamente de lo que necesitaba para sacar a los habitantes de su país de la melancolía.

Así que reunió a sus asesores. (Ancient era un país pobre y no podía pagar a hombres sabios; había tenido que conformarse con algunos asesores durante una crisis económica.)

—Necesitamos elefantes en estas tierras —dijo el rey.

Los asesores, Lawrence, Curleigh y Mough, dijeron que estaban seguros de poder colaborar para encontrar elefantes.

—Quizás hasta tengamos alguno —aventuró uno de ellos—. Pero antes deberíamos ir a inspeccionar los elefantes de otro lugar para reconocerlos y ser capaces de instruir a nuestros ciudadanos para que puedan identificar y criar los propios.

—En uno de nuestros países vecinos hay uno en la ciudad que no está muy lejos de la frontera —explicó el rey, más entusiasmado aún ante la actitud positiva y de apoyo de los asesores—. Quizás alguno de ustedes podrá ir hasta allá.

—Yo iré —dijeron los tres al unísono.

—Sí, sería mejor que fueran todos —dijo el rey de Ancient.

Y les dio el nombre de la ciudad que albergaba un elefante.

Los tres asesores viajaron juntos, pero cada uno pensaba terminar su aprendizaje sobre el elefante antes que los otros dos y regresar rápidamente a las tierras de Ancient para comenzar a informar a la gente.

Llegaron por la noche, tarde, a la ciudad que tenía un elefante. Por suerte encontraron una posada con tres habitaciones libres, así que cada uno de los asesores alquiló una. Lawrence había visto unos carteles con signos que indicaban dónde estaba el elefante. Cuando creyó que los otros dos estaban durmiendo, salió de la posada y fue a buscar el elefante.

Era una noche sin luna pero pudo leer las palabras "Casa del elefante" en un gran edificio. Adentro estaba todavía más oscuro, pero Lawrence empezó a buscarlo. Chocó contra el costado del elefante y se asombró de sentirlo exactamente como si fuera una pared. Iba a seguir investigando pero oyó un ruido. Como ya sabía lo que era un elefante, salió rápidamente por la puerta de atrás y volvió a la posada a buscar su caballo para dirigirse de inmediato a Ancient. El ruido lo había producido Curleigh, que entró en el cuarto oscuro y, a tientas en la oscuridad, tomó la cola del elefante. Curleigh se dijo:

—Un elefante es como una soga muy larga.

Iba a continuar la exploración cuando oyó un ruido y salió de la casa con mucho apuro.

El primer encuentro de Mough con el elefante fue con una pata.

—¡Ah, ah! —se dijo—. El elefante tiene la forma de un tronco de árbol.

Como quería regresar a Ancient lo antes posible, Mough se fue.

Los tres asesores, por supuesto, se calificaron de "experto en elefante" y pronto estuvieron recorriendo las tierras de Ancient, haciendo discursos sobre los elefantes, incluyendo instrucciones para que los súbditos del reino pudieran encontrar alguno. A pesar de los mejores esfuerzos de todos, no pudieron encontrar elefantes que correspondieran a las descripciones de los asesores.

El rey se sentía muy feliz porque la búsqueda de elefantes resultaba intensa y entusiasta. Le dijo a la reina de Ancient:

—Un poco de rivalidad entre los asesores resulta positiva. Los mantiene trabajando.

Entonces alguien organizó el Primer Simposio Anual sobre los Elefantes. Lawrence, Curleigh y Mough iban a dirigir un grupo de discusión como la actividad más importante del Simposio.

Después de los comentarios de los tres asesores, que describían lo que consideraban que era un elefante, el público se sintió confundido. Un hombre, un inmigrante en las tierras de Ancient con la reputación de ser alguien muy práctico (se decía que su familia se había mudado a Ancient hacía unos años, proveniente de un imperio vecino, porque él, cuando era un muchachito, había hecho un comentario sobre el emperador que desfiló desnudo), se puso de pie y exclamó:

—Un amigo me ha enviado el retrato de un elefante. No comprendo por qué las descripciones de ustedes no tienen nada que ver con el retrato.

Y mostró un retrato grande y exacto de un elefante. Se produjo un silencio mortal. Lawrence fue el primero en contestar:

—Sé que algunos elefantes pueden parecerse al de ese retrato. Mañana traeré por primera vez el retrato de un elefante de primera clase.

Curleigh y Mough también prometieron llevar retratos de elefantes perfectos al día siguiente.

A la mañana siguiente el salón de reunión estaba lleno de gente y la expectación se notaba en el ambiente. Lawrence fue el primero en levantar su retrato. Era muy parecido a un trozo de pared con patas cortas y pies pequeños, una cola y una cabeza pequeñas de aspecto curioso. El dibujo de Curleigh mostraba una soga gruesa y larga con uno de los extremos unido a lo que parecía ser un perrito chihuahua con grandes orejas y una nariz larga. El dibujo de Mough parecía ser el de un pequeño bosque hasta que se notaba que en la copa de cuatro árboles gigantescos estaba apoyado un cuerpo pequeño.

La pared de Lawrence, la soga de Curleigh y los árboles de Mough estaban muy bien dibujados y causaban impresión. El coordinador señaló con rapidez que todos los cuadros parecían incluir los mismos componentes aunque en diferentes proporciones.

Hicieron oídos de mercader a los comentarios del coordinador. El simposio terminó poco después de eso entre un griterío. Al parecer, esas personas que habían pagado por los servicios de cualquiera de los tres asesores no estaban de acuerdo con el cambio de sus ideas sobre los elefantes. En todo el ámbito del salón se escuchaban ruegos de lealtad. Cada uno de los asesores declaró que en el año siguiente organizaría su propio simposio.

El rey de Ancient no estaba contento porque supo instintivamente que su reino no se convertiría en uno realmente grande. Faltó a la Conferencia de Reyes del año siguiente. Se produjo una emergencia el día antes que lo había obligado a partir.

La moraleja de esta historia no puede comprenderse sin un conocimiento básico del lenguaje de Ancient. "Elefante" en Ancient significa "proceso de la calidad". La palabra en Ancient que significa "pared" también es "liderazgo", mientras que las palabras "soga" y "árbol" pueden traducirse como "participación" y "medida".

Cada una de las tres partes principales de este libro (*Sobre el liderazgo, Sobre la participación* y *Sobre la medición*) se refiere a uno de los componentes esenciales de un proceso de calidad antiguo y exitoso. Presentarlos como entidades separadas no significa que puedan ni deban aplicarse de manera independiente. Cada una debe dominarse; todas necesitan ser equilibradas como elementos interdependientes de un esfuerzo cohesivo de calidad.

Físicamente, las tres partes de este libro se parecen a sendos rompecabezas, cada uno con 31 piezas que ilustran actitudes e ideas, materiales y habilidades. Puede empezarse con cualquier pieza y hay centenares de ordenamientos y esquemas posibles para componer el todo. Reconocemos que cada lector leerá estas ideas desde sus propios antecedentes, y no existe una manera única que pueda recetarse para componer el material. En lugar de eso, cada artículo tiene una palabra clave elegida para estimular el pensamiento y la discusión, para que el lector tenga la clave del contenido y para utilizar como una herramienta sencilla de encontrar. Esas palabras están ordenadas alfabéticamente en cada parte del libro. Los axiomas al final de cada artículo son las observaciones de los autores en lo que contribuye (o no) a un medio en el que puede florecer la calidad.

Considerado en conjunto, este libro proporciona una base para construir un proceso de calidad único para cualquier organización, siempre que los individuos encargados de ello deseen hacer el esfuerzo.

PARTE I

Sobre el liderazgo

1 Acción

Compromiso: tomar parte activamente

No es suficiente que la dirección de una empresa se comprometa para toda la vida con la calidad y la productividad. Debe saber a qué se compromete; es decir, qué es lo que debe hacer. Estas obligaciones no pueden delegarse. El apoyo no basta. Se requiere la acción.

Doctor W. Edwards Deming

Ellos observan sus pies, no sus labios.

Doctor Tom Peters

Axioma 1. *El liderazgo en pro de la calidad debe ser activo, evidente e informado.*

2 Amor

El liderazgo en su mejor aspecto

En general, la riqueza de los idiomas permite expresar todos los matices de cualquier concepto, pero esa riqueza no se usa en un campo clave: el amor. Hemos limitado su significado, en el nivel personal, a dos clases: la familia y el sexo. Por ejemplo, nos sentimos incómodos cuando oímos que una persona ama a otra del mismo sexo o si una persona casada admite querer a un miembro del sexo opuesto que no sea su cónyuge.

Sin embargo, existen muchas manifestaciones y variedades del amor y una de las más grandes es el buen liderazgo. Esto se manifiesta en declaraciones como "El realmente quiere a su gente" o "Realmente a ella la quieren", pero es raro que investiguemos más allá de esos clichés. El amor y el liderazgo no son sinónimos, pero el liderazgo es una forma de amor. Nuestro conocimiento y experiencia del concepto pueden proporcionarnos una comprensión útil sobre el liderazgo.

Quizá lo más evidente que la dirección y el amor tienen en común es la preocupación por el bienestar de otra persona. Eso es importante en ambos casos. El amor que una persona siente por otra implica preocuparse por su bienestar físico y mental. A la inversa, cuando no se nota, o no existe preocupación por la disminución de la calidad de vida de alguien, eso se toma como prueba de que "no me quieres más" y la relación se deteriora. Lo mismo ocurre en los negocios. Si el "conducido" percibe que al conductor no le importan hechos que afectan el bienestar del empleado, pero que no tiene que ver con el negocio (por ejemplo, que no haya lugar para aparcar), el empleado juzgará que el líder no tiene mucha calidad.

Aquellos que se autodenominan líderes deben ser capaces de amar, de permitir ser amados y de comprender las responsabilidades que se adquieren cuando uno busca y acepta el cariño de los demás. Querer a alguien es comprometerse con esa persona. No retarla hasta que se comporte como queremos, sino comprometerse a trabajar juntos para lograr un objetivo común, una mejora.

No nos referimos a una utopía en la que los líderes y sus seguidores se fusionan en un grupo feliz, cariñoso y homogéneo. Ni afirmamos que los directivos que quieren a sus subordinados se convertirán automáticamente en grandes líderes. Sin embargo, sin la capacidad de amar es imposible ser un gran líder y quizá ni siquiera un buen líder.

La relación entre el conductor y el conducido se parece más a la que existe entre un padre y un hijo. El buen padre escucha al hijo y tiene en cuenta sus deseos y capacidades, junto con sus exigencias y responsabilidades personales, antes de tomar una decisión. Y cada vez que es posible, se explica esa decisión. También el buen padre luchará para ser un ejemplo para la criatura, para ser alguien cuya integridad, valor y competencia personal sean dignos de imitación.

Tanto en el amor como en el liderazgo, la percepción suele ser tan importante como la realidad. Si consideran a alguien como a un buen conductor, como a uno que actúa con amor, entonces el receptor de esa conducción y ese amor normalmente reaccionará ofreciendo lealtad y devolviendo amor. La posibilidad de fingir con éxito la situación, de hacer la percepción diferente de la realidad, aumenta con la distancia.

Por ejemplo, un abuelo ausente que procura no olvidar un cumpleaños o la Navidad es considerado un abuelo cariñoso. De la misma manera, los empleados de una gran empresa, con muchos establecimientos, rara vez ven a su director o presidente, menos todavía tienen la oportunidad de hablar con él. Sin embargo cada empleado tiene una opinión sobre esa persona, basada en algunos factores poco importantes.

Ese juicio intangible sobre la dirección, emocional en gran parte, está basado en una combinación de (1) la reputación que el jefe se creó; (2) el conocimiento individual del empleado o la percepción del trabajo del líder en su posición actual, y (3) la percepción individual del empleado de la forma en que la empresa "se ocupa" de él. Esto resulta importante porque se traduce en actos tangibles, en la celeridad con que los empleados obedecen al director o al presidente y realizan el esfuerzo extra cuando se les pide. Cuando este juicio es lo suficientemente positivo, se ha comprobado que los empleados alardean sobre las virtudes de su jefe.

En realidad, el director o el presidente puede estar haciendo poco en favor del bienestar físico y mental de sus empleados. Tal vez ni siquiera ha "dado el tono" de la atención al empleado, pero pueden ser bendecidos, de manera accidental o intencional, con un buen personal que crea el aura de eficiencia y atención. Los resultados serán los mismos.

De manera similar, un niño querrá mucho a los dos abuelos ya que ambos han estado firmando las tarjetas que se dan con los regalos. Sin embargo, es probable que si estuviera sola, la abuela podría olvidar que tiene nietos y ni acordarse de los cumpleaños.

Napoleón constituye un ejemplo histórico. Sus hombres le amaban, como lo demostraron por sus declaraciones y actos. Sin embargo, la actitud caballeresca de Napoleón hacia ellos se resumía en su declaración de que tenía "una fortuna de 20.000 hombres por mes para gastar". Sus soldados no conocían la opinión que él tenía de ellos. Sólo sabían que los había conducido a la gloria y que había satisfecho sus necesidades y deseos físicos y mentales.

En el caso de Napoleón, dispensaba su cariño y atención a su personal inmediato. Mientras esas personas se sintieran queridas, transmitirían el sentimiento a los niveles inferiores. Un director o un presidente pueden hacer lo mismo.

También es posible que ocurra a la inversa. Un líder puede ser un técnico con mucho talento y preocupado por su personal, pero si ese sentimiento no es conocido por sus empleados, puede ser que no consiga su apoyo. Sin un personal capaz (el filtro por el que los empleados y la mayoría del personal directivo ve al director o presidente) el impacto positivo de esta persona sería mínimo.

Volviendo al caso paralelo del abuelo y el nieto, el profundo amor de la abuela por sus nietos no será reconocido si ella no se ocupa de las ocasiones especiales, si no les visita y si es presentada negativamente por el abuelo, los padres y otros parientes: su "personal".

A medida que la distancia disminuye, los conceptos de amor y liderazgo resultan ligados de manera más evidente. Los jefes de departamentos, para sentar las bases de la reputación que les seguirá a lo largo de sus carreras, deben querer realmente a su gente si desean ser conocidos como buenos líderes. Si tienen

experiencia técnica y ambición pero nada de calidez, los empleados devolverán de la misma manera la inversión de sus jefes. Un
subordinado puede hacer exactamente lo que se le pidió y
no efectuar ningún esfuerzo extra, que es la marca del "bien
dirigido".

Otra similitud entre el amor y el liderazgo es el deseo de
perdonar. Los defectos que aparecen se pasarán por alto o se
corregirán; los errores serán tolerados y no tenidos en cuenta en
contra del que los cometió. Esto resulta válido para ambas
partes. Muchos gerentes jóvenes han sido salvados porque sus
subordinados "ocultaron" un error. Esa conducta no es accidental,
como tampoco lo es cuando en un departamento se decide no
defender al gerente. En el primer caso, se devuelve el cariño de
manera total.

Lo que hace que todo esto resulte amenazante para muchos
ejecutivos (jóvenes y viejos) es que se requiere correr un gran
riesgo. Por desgracia, no basta con tener empleados que les
quieran. El objeto de un amor romántico puede no estar siempre
en la misma frecuencia que el que lo ama, y lo mismo ocurre con
la relación entre el conductor y el conducido. Como resultado, un
ejecutivo podría ser la víctima de un amor no correspondido.
Evitar esa situación depende en parte de su talento. Debe actuar
sinceramente o es probable que la opinión sea: "Sí, es un buen
tipo, pero...".

El líder que combina la capacidad de querer y ser querido con
el conocimiento técnico y la dedicación llegará lejos. Un líder de
esa clase se esfuerza para asegurar que se cuide el bienestar de
las personas que están bajo su responsabilidad y que esas
personas lo sepan. El conductor que combina los elementos
emocionales y racionales del liderazgo tiene el carácter de los que
se convirtieron en leyendas.

Axioma 2. *El amor es lo que hace funcionar al liderazgo; es lo que
marca la diferencia entre manipular a la gente y orientarla. No se
puede controlar a los demás para lograr un trabajo de calidad.*

3 Autoconfianza

Elección cuidadosa del asesor

Un día, el señor Brown decidió que para presentar al mundo una mejor imagen de sí mismo necesitaba un traje nuevo. Como era un hombre con medios económicos, fue de inmediato a la sastrería que tenía la reputación de ser la que vestía a los hombres más elegantes de la ciudad.

Fue recibido en la puerta por un dependiente elegantemente vestido que hablaba con un afectado acento francés:

—Buen día, *monsieur*, ¿en qué puedo segvigle?

El señor Brown dijo:

—Quisiera un traje nuevo, preferentemente un traje con...

Eso fue todo lo que logró decir el señor Brown antes que el dependiente manifestara:

—Ha venido al mejog lugag. Pegmítame decigle que podemos pgopogcionagle lo que necesita. Sígame, pog favog.

Condujo al señor Brown hasta un perchero que contenía algunos trajes muy finos. Vio uno que le pareció ser justamente lo que deseaba pero, antes de que pudiera alcanzarlo, el vendedor le entregó otro diciendo:

—Aquí tiene, *monsieur*. Cgeo que éste le dagá el aspecto que está buscando.

El señor Brown pensó que el traje que le entregaba parecía elegante, así que entró en el probador y se lo puso. El vendedor le dijo que le quedaba maravillosamente.

—No estoy seguro —dijo el señor Brown—. Los pantalones quedan muy bien, pero ¿ve que la manga izquierda parece ser un poco corta?

El vendedor respondió:

—¿Ha visto qué clase de mateguial? No sólo pagece sino que tiene un tacto espléndido. Quizá si usted dobla el bgazo un poquito...; ya está, sabía que ega eso.

—Sí, ahora está bien, pero cuando lo hago no parece quedar bien el hombro derecho.

—¿Le he contado que las solapas son de última moda? —preguntó el vendedor— ¿Se da cuenta de que son iguales a las del alcalde en el banquete de la semana pasada? Todos los tgajes de moda tienen esas solapas. ¿Podguía adelantag el hombgo un poquito?

—Me gusta estar a la moda, el traje es bueno y no he tenido más que buenos informes de esta sastrería, pero cuando muevo el hombro para que me quede mejor la chaqueta parece un poco corto del lado derecho.

—Además de nuestga bien ganada gueputación, ¿no habgá oído sobgue nuestgo descuento a los que compgan pog pguimega vez? El colog es pegfecto. Inclínese un poquito hacia la deguecha.

Ansioso por ser conocido como un hombre que se viste en la sastrería más elegante de la ciudad, el señor Brown pagó por el traje y decidió llevárselo puesto.

Mientras caminaba, pasó junto a dos mujeres de edad.

—¡Oh! —exclamó la primera—, ¿has visto a ese pobre hombre? ¡Todo doblado por la artritis! ¡Cómo debe de sufrir!

—Sí —dijo la otra—, pero debe de tener un sastre maravilloso. ¿Has visto qué bien le queda el traje?

Axioma 3. *Pedir ayuda para un proceso de calidad puede cons-tituir una ventaja, pero no permita que el consultor disminuya su autoconfianza. Confíe en su propio juicio si el consejo no le parece bien. ¡Esté seguro de lo que hace! No basta con hacer quedar bien al consultor.*

4 Autoridad

La libertad de acción favorece el liderazgo

Los actos de liderazgo pueden encontrarse en cualquier nivel de una organización. Esa es la opinión en Federal Express, ganador del premio Malcolm Baldrige National Quality, en 1990. El ex marino Fred Smith, en su doble papel de director del National Quality Month en 1990 y fundador, director y autoridad de la Federal Express Corporation, en su discurso en el National Quality Forum VI, en Nueva York, el 2 de octubre de ese año, aprovechó la ocasión para referirse no solamente a su empresa (como lo hicieron muchos de los que hablaron) sino a su personal: [1]

Según mis experiencias puedo decirles que lo que realmente "me hace ganar el día"... son las cartas de nuestros clientes que me recuerdan quién es realmente responsable de los altos estándares de calidad de nuestra empresa. Como ejemplo les leeré una del director del Hitachi Data Systems:

"El edificio se agitó con los temblores del terremoto que se produjo en San Francisco en octubre de 1989, pero el cartero Maurice Jane't de Federal Express continuaba revisando cada paquete que llegaba a nuestra compañía. Luchó para llevarlos bajando los nueve pisos por las escaleras hasta su furgoneta y hasta el aeropuerto justo a tiempo para el vuelo. Es un ejemplo extraordinario de dedicación personal", escribió el director Gary Moore.

El cliente Jim Saunders, que escribe desde Columbia, Missouri, describió sus intercambios cotidianos con la empleada Mary Knoll de FedEx. "De lunes a viernes cumple la misma rutina", escribió Jim. "Se preocupa por cómo paso el día. Conozco a algunas de las personas que ella visita todos los días, así que sé muy bien que es recibida con toda simpatía. Para nosotros no es solamente Mary Knoll: ella ES Federal Express."

Para nosotros la responsabilidad y la toma de decisiones deben ser delegadas en la persona que esté más cerca de esa tarea. Como lo demostró la correo Stephanie Flores, el liderazgo puede surgir en cualquier persona..., hasta en las situaciones más difíciles...; en medio de una inundación en el Sur de Luisiana, por ejemplo:

Habiendo sido informados de que el correo no entregaría correspondencia hasta que bajasen las aguas, un cliente de Federal Express que esperaba que llegaran los fondos para pagar a su personal supuso que eso le afectaría. Resignado al hecho de que su dinero no llegaría a tiempo, se asombró al ver a Stephanie, con el agua hasta las rodillas, llegando a su puerta.

La conclusión de Smith: "Como ilustran Stephanie y Maurice Jane't y Mary Knoll y los empleados de cada división, los líderes surgen cuando tienen la autoridad para actuar".

Estos líderes no surgen espontáneamente. Smith está obsesionado con lo que él llama "el lado humano de la calidad", el tema del National Quality Forum VI. Se refiere a él como "el aspecto del sentido común... y la base de cualquier éxito que hayamos podido tener en el proceso para mejorar la calidad. El respeto por la dignidad de nuestra plantilla exige que respondamos a algunas preguntas simples y universales:

- ¿Qué espera de mí?
- ¿Qué gano con ello?
- ¿A quién me dirijo cuando tengo un problema?"

A los empleados se les proporcionan herramientas, instrucción, programas y procesos que los capacitan para que logren el máximo rendimiento. Los empleados saben cuáles son sus responsabilidades y se les garantiza la autoridad para actuar como sea necesario para cumplir con ellas.

Smith remarca: "Esperamos que muchísimas personas, muy motivadas, elijan de manera consciente qué hacer dentro de sus posibilidades para asegurar la satisfacción de cada cliente... y más. Todos los días. Sin ese esfuerzo concentrado, intentar dar un servicio sin errores resulta realmente inútil".

Axioma 4. *Cuando cada empleado participa en el proceso de mejoramiento de la calidad, los líderes surgen en cualquier nivel. La microdirección resulta innecesaria. Las únicas condiciones son: que los empleados sepan qué se espera de ellos, que sepan que la empresa se preocupa por todos, que posean los recursos*

41

necesarios para cumplir con sus trabajos y que sepan que tienen autoridad para actuar.

5 Averiguaciones

Búsqueda de las respuestas fuera del castillo

El reino funcionaba mal. Y eso al rey le resultaba evidente. Pero no podía señalar el problema con el dedo. Le preocupaba en particular que ninguno de sus funcionarios pareciera tan preocupado como él.

Así que convocó a una reunión para pedir ayuda a los consejeros.

—Algo parece andar mal —anunció al comienzo de la reunión—. Cuando miramos desde nuestra torre (el rey se refería a él mismo pero era partidario del "nos" mayestático), nunca vemos a nadie sonriendo. La gente parece pobre. Y ya no llegan visitantes a nuestra corte. ¿Qué está sucediendo?

Se hizo silencio. Después de esperar en vano durante varios minutos largos y penosos, el rey suspiró y prosiguió:

—Bueno, empezaré por preguntar a uno por uno comenzando por el que está a nuestra derecha. Queremos escuchar las ideas de cada uno sobre lo que está ocurriendo.

El duque de Operaciones (que ahora lamentaba haber entrado en el salón 30 minutos antes de la hora convenida para poder tomar asiento a la derecha del rey) se puso de pie y dijo:

—Coincido con Su Majestad en que algo parece ir mal pero no puedo ofrecer una opinión definitiva. Las operaciones han sido un poco lentas desde hace un tiempo pero estoy seguro de que eso es parte de un ciclo natural. Desde luego, no tenemos buenos trabajadores ni materiales. Pero le aseguro que ordenaré a toda mi gente que trabaje más duro.

El siguiente era el conde de Recursos Humanos:

—Yo también veo que algo anda mal, Su Majestad, así que ordené a uno de mis empleados que revisara los registros —dijo el conde—. Al parecer tenemos un porcentaje muy alto de personas que no son nativas de nuestra tierra. Además, hemos tenido algunos agitadores profesionales causando problemas. Si no hubiera sido por estos factores que no podemos controlar, todo hubiera funcionado muy bien. De eso estoy seguro.

Era evidente que el rey no se sentía satisfecho por lo que había oído hasta el momento, lo que puso más nervioso todavía al caballero del Entrenamiento cuando se puso de pie y dijo:

—Todos hacemos lo que podemos con el presupuesto que tenemos —se disculpó—. Presenté un plan muy bueno de Entrenamiento en la última reunión para determinar el presupuesto, pero no fue aceptado. Tenemos que cortar todo excepto la asistencia de los ejecutivos a las conferencias.

El jefe de Finanzas era, desde luego, un conde:

—Bien —dijo él—, no sé qué es lo que anda mal aquí pero puedo decirles que el dinero está fluyendo en la dirección equivocada. Todavía no ha aparecido en la declaración anual porque pudimos hacer algo de contabilidad creativa en los últimos años (borrar algunas de las antiguas facilidades para el entrenamiento y otras actividades) pero no podemos continuar así.

El rey casi protestó porque él nunca se había dado cuenta de que la tinta negra usada para escribir el informe del presupuesto y los gastos era de origen mágico. Pensó que debería leer el informe siguiente con mucho más cuidado.

Y así fueron declarando los que estaban alrededor de la mesa. Todos coincidieron con el rey en que algo andaba mal, pero todos estaban seguros de que no podía culparse a su departamento y nadie tenía algo que contribuyera a solucionar el problema. La reunión terminó sin ninguna solución.

Aquella noche durante la cena, el rey le contó a la reina cómo fue la frustrante reunión. Siguiendo el impulso del momento, el rey le preguntó a la doncella que estaba recogiendo la mesa:

—Jovencita, ¿qué va mal en este reino?

La criada casi tiró los platos que llevaba en las manos cuando se dio cuenta de que el rey estaba hablándole (la palabra "jovencita" había dejado de ser apropiada para la reina unos años antes). Comenzó a decir en voz fuerte:

—Bueno, yo creo que...

Entonces recordó quién era y dónde estaba. Y empezó de nuevo:

—Yo me siento muy feliz aquí, Su Alteza —dijo y salió rápidamente del salón.

—Esto no va a ser fácil —dijo el rey—. Sabemos que algo anda mal pero nadie en este castillo nos dice qué es.

—Entonces, ¿por qué no sales del castillo? —preguntó la reina.

—¡Qué espléndida idea! —dijo el rey—. Saldremos mañana.

A la mañana siguiente el rey se vistió con sus mejores ropas y, acompañado por la guardia, un artista del palacio y tres secretarios, fue a preguntar al "pueblo" qué era lo que sucedía en el reino. Le pareció sorprendente que 23 personas pensasen que todo estaba bien y manifestasen que les encantaba vivir en el reino. (Había parecido que la soga iba a romperse en el interrogado número 17 cuando un adolescente frunció el entrecejo cuando empezó a responder, pero entonces llegó su madre y sólo habló de su felicidad.)

—¿Cómo te fue? —preguntó la reina esa noche durante la cena.

—Nada bien —respondió el rey—. Nadie nos habla. Se diría que nunca hablaron antes con un rey.

De repente se le ocurrió que lo que acababa de decir era muy cierto. La gente nunca había tenido antes la oportunidad de hablar con el rey. Si deseaba realmente descubrir lo que ellos pensaban del reino, debía salir disfrazado. El rey pasó los siguientes tres días solo, recorriendo su tierra. El mago de Relaciones Públicas del castillo debía anunciar que el rey estaba enfermo y que no vería a nadie. Todas sus citas fueron canceladas o postergadas.

El resultado fue la experiencia de aprendizaje más importante de su vida: aprendió a escuchar más y a discutir y defender menos. En general los residentes estaban contentos de vivir en el reino pero estaban preocupados por el futuro, y muchos ya habían empezado a pensar en mudarse a otro reino con mejores perspectivas.

Los súbditos confirmaron lo que el rey ya había supuesto al escuchar los comentarios de los consejeros reales: la culpa no era ni de una sola persona ni de un solo departamento del reino. Pero había una segunda idea: hasta cierto punto todos eran culpables. Obtuvo también muchísimas ideas para mejorar las cosas. Muchas de ellas podían ponerlas en práctica ellos mismos si contaran con el permiso real.

El rey sorprendió a la corte ejecutiva en la siguiente reunión con sus recomendaciones. Les asombró todavía más cuando anunció que la nueva orden para ellos era:

—De aquí en adelante, cada mes, uno de ustedes pasará un día fuera del castillo hablando con la gente. El primero de cada mes le asignaré a cada uno una pequeña ciudad o un sector de nuestra Capital para visitar. Irán vestidos sencillamente y pasarán por lo menos ocho horas conversando con la gente sobre el reino. Dentro de las 48 horas siguientes, me informarán de manera directa sobre lo que han aprendido y qué es lo que aconsejan. Nosotros, es decir, yo (se oyó cómo los ejecutivos contenían el aliento), haré lo mismo. Eso permitirá que nuestras reuniones sean más productivas. Y a propósito: si alguien no sale del castillo cuando debe hacerlo, quedará en libertad condicional. Pero si no lo hace durante dos meses, quedará sin trabajo. ¿Alguna pregunta?

Desde entonces, el reino floreció.

Axioma 5. *A menudo no basta con hablar con "las personas reales". La averiguación exterior puede requerir un plan determinado, con una estructura detallada, para obligar a que los ejecutivos salgan de su ambiente e interactúen con diferentes niveles de la empresa. Esto resulta especialmente necesario cuando se inicia un proceso de calidad.*

6 Claridad

¿Cuándo es nuevo lo nuevo?

El antiguo problema de distinguir lo que es valioso de lo que es sólo novedoso fue encarado hábilmente por John Hamilton Moore en el prefacio de su libro sobre navegación, en 1798. El texto y la caligrafía pueden parecer raros (la mayor parte de sus letras parecen efes, como en algunos de los mejores escritos de Thomas Jefferson), pero su conclusión sigue siendo valedera:

Sé muy bien que hay personas que para demostrar su capacidad superior en algún club, criticarán algunas cosas y dirán que no ven nada nuevo, etc. A esos críticos debería decírseles que un triángulo era un triángulo antes de la época de Euclides y por eso lo es ahora; pero si ordenar, simplificar y hacer que la navegación esté al alcance de la capacidad más común con todas las tablas útiles contenidas en un solo libro que no ha existido antes, eso puede llamarse nuevo o, por lo menos, adelanto. Lo que yo haya logrado queda a criterio de la Marina.

Prefacio de la 3a. edición, aumentada,
del libro de navegación de Moore
por John Hamilton Moore
Maestro de navegación, hidrógrafo y cartógrafo
para su Alteza Real el Duque de Clarence
Stationeer's Hall, Londres
1798
Precio, encuadernado, 8 chelines

Axioma 6. Si después de las lecturas y las discusiones sobre la calidad usted es capaz de articular su pensamiento con más claridad, aunque no se trate de una innovación, puede decirse que es nuevo..., o por lo menos mejor.

7 Confianza

Una antigua historia sobre la delegación de responsabilidad

Chip Bell es un consultor de empresas y autor; vive en Charlotte, Carolina del Norte. También es un maravilloso narrador, un maestro al usar un episodio de su propia experiencia, mientras crecía en Georgia del Sur, para demostrar cómo los individuos y las empresas deberían dirigir sus negocios. Bell cuenta una historia sobre Leroy Clark, el almacenero de su pueblo natal:[3]

> Gracias a él conocí la ocupación denominada "comerciante". Leroy era cortés, competente y ansioso por ayudar a todo el que entrara en su pequeño almacén muy bien surtido de todo. Si usted le hubiera dicho a Leroy que tenía "dedicación por el cliente", él habría puesto una expresión rara, pero era la verdad. Leroy conocía mucho sobre las estrategias de servicio y los sistemas de entrega amistosa al cliente, de recuperación del servicio y de dar poder, aunque no había estudiado administración de empresas.

En el tema de dar poder, Bell cuenta esta historia sobre Leroy:

> Dudo de que la expresión "otorgar poder" alguna vez pasara por los labios de Leroy, pero él otorgó poder a su único ayudante. Un día mientras luchaba para abrir una caja de judías, el joven se avergonzó por los crudos insultos raciales que le dirigían un par de adolescentes blancos y ruidosos. Leroy se acercó con calma a los groseros muchachos y les dijo que se fueran. Antes de que se alejaran y no pudieran escuchar, se dirigió al ayudante y le dijo:
> —Abel, voy al banco. Tú sabes lo que tienes que hacer, así que quedas a cargo de la tienda.
> Eso parece poca cosa, pero en una ciudad de Georgia, tan conservadora, a principios de la década de 1950, era otorgar poder con mayúscula. Leroy no era un santo, ni totalmente ajeno al prejuicio racial que prevalecía en su comunidad. Pero sabía que si este joven era tratado con respeto, probablemente exhibiría confianza y competencia cuando sirviera a los patrones de la tienda. Me pregunto qué pensaría Leroy

hoy si supiera que sus prácticas de liderazgo son seguidas con frenesí por las comisiones gubernamentales sobre "autoestima" y por los ejecutivos que cobran en un año más de lo que Leroy ganó en toda su vida.

Es una buena historia sobre el tema de la confianza y su manifestación pública: la delegación de poder.

Axioma 7. *La confianza se transmite a los empleados con el comportamiento diario. No basta con decir que se confía en alguien: debe demostrarse.*

8 Confusión

DCT = Disminución de la Calidad Total. Cuando no hay sincronización entre los ejecutivos y los empleados

A causa del proyecto en el que estoy inmerso (la defensa de un contratista) la mayoría de los trabajadores asisten a clases de DCT de uno o dos días de duración para controlar la calidad total. El director del proyecto asignó personas para las citas, confeccionó la lista para los comentarios, le hizo cambios y luego redactó la lista definitiva antes de entregarla.
Así, todos trabajaron rápidamente por la calidad y para satisfacer a sus clientes internos y externos o, más bien, deberían haberlo hecho si no hubieran perdido la lista por el camino.

Paul, un observador de la vida

La calidad en abstracto es algo bastante claro. Pero la aplicación de la calidad puede originar confusión y desacuerdo incluso en el nivel más básico. En parte resulta grave, y en parte, no. Las listas extraviadas resultan un problema trivial comparado, por ejemplo, con el amplio vací. La Dirección respondió a cada punto.

Una respuesta "no" era una opción válida siempre que estuviera compañadap

Cuando se les preguntó: "¿Han creado una cultura corporativa que dé prioridad a la calidad?", contestaron que sí el 90 por ciento de los 500 ejecutivos de organizaciones de servicios que respondieron a la encuesta Harris de 1990 para John Hancock Financial Services. Cuando se les preguntó a los empleados si estaban satisfechos con "el esfuerzo de la empresa para mejorar la calidad", solamente el 29 por ciento se definió como "muy satisfecho", un 44 por ciento adicional admitió estar "bastante satisfecho", según la American Society for Quality Control (ASQC) al informar los resultados de su encuesta a 1237 empleados, dirigida por la Organización Gallup ese mismo año.

Los ejecutivos de servicios, por lo menos, estaban seguros de que sus compañías daban mucha importancia a la calidad y que los empleados conocían bien esa posición. Cuando Harris planteó la pregunta: "¿Cuál es la importancia de la calidad para el éxito supremo de su empresa?", el 98 por ciento de esos ejecutivos contestó "muy importante". El 92 por ciento también dijo que explícitamente habían otorgado autoridad a los empleados para que solucionaran los problemas del cliente.

La autoridad explícita no basta. La encuesta de la ASQC demostró que sólo el 66 por ciento de los empleados dijeron que nunca se les había pedido que decidieran algo respecto de aspectos significativos de su trabajo: casi una tercera parte menos. Esto sucede a pesar de los intentos sistemáticos de comprometer a los empleados en la mejora de la calidad. Cuando se les preguntó a los empleados si existían en sus empresas procesos para mejorar la calidad, de cualquier clase, el 79 por ciento contestó "sí" (en las empresas de dueños extranjeros el porcentaje era de 92) y la respuesta "se sugieren sistemas" fue la que prevaleció. Al ser interrogados respecto de si participaban en alguna de las distintas actividades, sólo el 63 por ciento de los empleados dijeron que lo hacían. Estos resultados están lejos del compromiso total.

Podemos concluir señalando que mientras los ejecutivos están deseosos de que los empleados se ocupen de mejorar la calidad, tanto los ejecutivos como los empleados no consideran las oportunidades de la misma manera. En parte, esto se relaciona con la filosofía. Con demasiada frecuencia la dirección adopta sistemas pasivos (por ejemplo: sugerencias sobre sistemas) a los que pueden contribuir los empleados que lo deseen. Una alternativa es que la dirección se conforme si todos se sienten impactados por las decisiones que se toman en nombre de la calidad. Cualquier enfoque es efectivo sólo marginalmente. Es más probable que los empleados contribuyan y reconozcan que tienen la oportunidad de hacerlo cuando la estructura es proactiva (por ejemplo: los equipos), porque les capacitan para llevar a cabo las decisiones. Los empleados parecen ser más conscientes del potencial de los equipos que los ejecutivos.

Consideremos los resultados de estas dos encuestas. En 1989, una encuesta de la ASQC/Gallup estudió a los ejecutivos y les pidió que calificaran los distintos métodos posibles para mejorar la calidad. Los ejecutivos presentaron la lista a los empleados durante la encuesta de 1990. Algunas de las respuestas comparativas (por ejemplo, el porcentaje que calificó al tema como muy importante) resultó revelador:

	1989 *Ejecutivos*	1990 *Empleados*
Motivación del empleado	53 %	64 %
Líder dedicado activamente	61 %	52 %
Equipos para mejorar la calidad	28 %	43 %
Más control sobre los proveedores	18 %	36 %
Resultados con mejor apoyo administrativo al grupo	16 %	34 %

Resulta difícil afirmar si las discrepancias produjeron cuestionamientos en los niveles de comprensión de muchos ejecutivos norteamericanos sobre lo que sucede dentro de sus organizaciones, o si sugirieron una verdadera falta de acuerdo en el tratamiento de los procesos de calidad.

Incluso los profesionales parecieron confundidos ante los matices y sutilezas de las herramientas disponibles para lograr la calidad. En una encuesta, en 1987, de ASQC/Gallup, entre los ejecutivos, se incluyó la pregunta siguiente: "¿Con qué frecuencia usa su empresa los siguientes programas o métodos?". Una de las nueve opciones ofrecidas (los que respondían podían marcar más de una respuesta) era "Control de calidad total", una expresión que parecería explicarse por sí misma. "Total" significa "total"..., ¿o no?

El 38 por ciento de los 615 ejecutivos (vicepresidentes y ejecutivos con cargos importantes de grandes y pequeñas empresas, de servicios y productos) aseguró que empleaba el control de calidad total "muy a menudo". El 30 por ciento manifestó que lo practicaba "a menudo". El 16 por ciento respondió que "a veces" y el 6 por ciento respondió que "rara vez". Sólo un 4 por ciento admitió no haber empleado nunca el control total de calidad en sus empresas y un 6 por ciento de esos gerentes de máxima importancia declaró no saber si en su entidad se había aplicado alguna vez el control total de calidad.

Para ser justos, a los ejecutivos no se les dio una elección entre "siempre" y "nunca". Esta encuesta no recoge cómo los que respondieron "rara vez", "a veces", "a menudo" o "muy a menudo" podían llevar a cabo un control "total". Esta es una elección entre "sí" y "no", total o no total, ¿no? Supongamos que la primera pregunta hubiera sido "¿Cuál de estos métodos usa usted para mantener su matrimonio?", con una opción de "fidelidad total". ¿Hubiera sido "a veces" una respuesta aceptable?

Los ejecutivos tienen la oportunidad de ordenar un campo confuso. Pero hasta que no sepan claramente lo que esperan de la calidad y cómo pueden contribuir los empleados, el caos estará a la orden del día.

Axioma 8. *Hasta que no se llegue a un acuerdo entre los ejecutivos y los empleados sobre cómo proceder para lograr la calidad, se desperdiciarán muchos esfuerzos o no se producirá ninguno.*

9 Consistencia

El choque de los valores crea un consumidor Jekyll y una empresa Hyde

Había sido otro largo día en la oficina. La directora del departamento de Garantía del Servicio pidió un aumento del presupuesto de su sección para poder contratar personal adicional. Tenía las cifras para justificar su petición.

Ella había preguntado:

—¿Quién es esa gente que se queja siempre y devuelve lo que ha comprado? Estamos trabajando mucho, lo que vendemos es mejor que lo que nuestro rival está tratando de comercializar... Sobre todo en cuanto al precio.

Entonces se produjo la llamada telefónica del hombre que había logrado llegar hasta la secretaria mintiendo sobre su identidad y el motivo por el que llamaba. Dijo que era un inversor importante, pero lo que quería era quejarse. Aseguró que tenía que hablar con el presidente porque necesitaba estar seguro de que *esta* vez harían algo. ¡Qué lenguaje!

Pero después llegaron las noticias de que las tasas de interés del banco iban a ser más altas de lo que habían pensado. La explicación era retorcida y se refería al "grado de riesgo".

La reunión de la tarde con su equipo había resultado peor todavía. La sugerencia de presentarse como candidatos al premio de calidad Malcolm Baldrige no había sido recibida precisamente con aclamaciones. El personal quería que se retardara esa solicitud; no veía cómo obtenerlo si no empleaba un par de años trabajando en la solicitud y consiguiendo toda clase de programas nuevos para practicarlos. Nadie había supuesto siquiera cuánto costaría o cuánto tiempo podría ocupar; querían investigarlo. Eso no tenía sentido. Le parecía recordar que había leído que uno de los ganadores en 1988 se fue a casa un fin de semana y rellenó la solicitud, la envió y ganó. Tan simple como eso. Quizás él seguiría adelante y lo intentaría.

El artículo sobre la empresa publicado en la edición vespertina del diario no había ayudado a nada. *Aquello* no había sido sólo un error suyo.

Y pensó: "Bueno, otro día, otro dólar..., o lo que cueste un dólar en estos tiempos. Es hora de irme a casa. Mañana lo encontraré de nuevo todo aquí".

De regreso a casa, vaciló ante el primer semáforo. Estaba en verde, su pie estaba apretando el acelerador pero el automóvil pensó un segundo o dos antes de arrancar...; el mismo problema que había tenido antes de enviarlo para que lo arreglaran. Se quejaría al mecánico por la mañana.

Decidió detenerse y comprar algo de postre para llevar a casa. Después de un día como el de hoy, lo merecía. Y a su familia le gustaría mucho. Después de mirar lo que se exhibía en la sección de congelados del supermercado, tuvo que elegir entre dos y optó por el más caro. Pensó que era lo mejor que podía hacer ya que ninguna de las marcas le resultaba conocida.

Cuando llegó a casa, su mujer le contó que en la tintorería no tenían listas sus camisas a las cuatro como habían prometido... alguien tendría que ir antes de las siete para recogerlas.

—Iré yo —dijo él—. Quiero decirles lo que pienso de ese mal servicio. En realidad me tienen harto.

Por lo menos había algo esa tarde que a él le gustaba. Al día siguiente era el cumpleaños de su hija menor y una vez que ella se hubiera acostado, él montaría el regalo: una bicicleta nueva. En realidad le gustaba andar por ahí haciendo esas cosas; era un gran cambio de ritmo y él siempre había sido un manitas.

Cuando abrió la caja lo primero que hizo fue examinar si estaban todas las piezas y los tornillos. Para su sorpresa, estaba todo. Media hora más tarde comprobó que el asiento no podía ponerse en su lugar por más que lo intentara. Tardó sólo unos minutos para encontrar el tornillo más largo que estaba dentro del tubo y que se suponía que sostendría el asiento.

—¿Ya no le importa la calidad a nadie? —preguntó su mujer mientras comían el postre. El pastel que había elegido estaba caducado. ¿Cómo pueden algunos producir semejante porquería?

Axioma 9. *Los norteamericanos, en su papel de consumidores, están volviéndose más sensibles a la calidad. El doctor Armand Feigenbaum había determinado que en 1979 se le daba a la calidad la misma prioridad que al precio en el 30 o 40 por ciento de las decisiones de compra tomadas por los clientes. En 1988, esa cifra había aumentado al 80 o 90 por ciento. Para ser competentes, los norteamericanos también deberán sensibilizarse en cuanto a la calidad en su papel de empresarios. No pueden seguir resintiéndose por que se les responsabilice de la calidad de sus propios bienes y servicios.*

10 Crecimiento

Los once principios del liderazgo

Los principios del liderazgo militar han ido creándose a lo largo de 25 siglos en situaciones en que el castigo por un error puede ser grave e inmediato. Comenzando en el siglo VI a.C. con el estratega chino Sun Tzu, estos principios han sido refinados y desarrollados hasta hoy en que son aplicados para enseñar las bases del liderazgo a los que tienen 18 años. También resultan una buena base para la maduración y el desarrollo personal a los líderes empresariales.

El Cuerpo de Marina de Estados Unidos recomienda 11 principios en el *Guidebook for Marines*, que se entrega a oficiales y reclutas; cada servicio tiene una lista similar. De una forma un poco condensada (y algo traducida), esos principios son universales:

- *Tome la responsabilidad.* Si usted desea dirigir, debe estar deseoso de asumir la responsabilidad de sus actos y de los de sus subordinados. Use la autoridad con juicio, tacto e iniciativa.

- *Conózcase.* Sea honesto cuando se juzgue. Trate de mejorar continuamente. Si cree que es el mejor de su departamento, admítalo para usted mismo. Luego propóngase ser el mejor de toda la organización.

- *Conviértase en un ejemplo para que otros le imiten.* Sus subordinados le toman como estándar de conducta correcta. El modo como se comporta influye más que cualquier instrucción que usted pueda dar o cualquier castigo que pueda imponer.

- *Desarrolle a sus subordinados.* Dígales lo que quiere que hagan y para cuándo. Si confía en sus propias capacidades, también tendrá confianza en la competencia de sus subordinados. Responda a las peticiones de consejo pero deje los detalles para sus subordinados.

- *Esté a su disposición.* Asegúrese de que los empleados comprenden claramente sus tareas. Explíqueles por qué se les pide que cumplan con ciertos deberes. Sea siempre consciente de su progreso y de los problemas que encuentra pero no les quite la iniciativa.

- *Ocúpese del bienestar de sus empleados.* Conozca sus problemas y asegúrese de que todos reciben la ayuda y los beneficios que necesitan, pero no espíe. Respete su necesidad de intimidad.

- *Mantenga a todos bien informados.* Actúe para detener los rumores; sólo causan desilusiones indebidas y enojos inmerecidos. Asegúrese de que la gente sepa que siempre puede acudir a usted para saber la verdad. Entonces, cuando haya algo que usted no pueda decirles, ellos lo comprenderán.

- *Establezca objetivos que puedan lograrse.* Establecer objetivos no realistas produce frustración y disminuye el ánimo. Si usted propone objetivos razonables, será más fácil obtener éxito.

- *Tome decisiones justas y a tiempo.* Si usted cree que ha

tomado una mala decisión, tenga el valor de cambiarla...,
antes que sea demasiado tarde.

- *Conozca su trabajo.* Manténgase al día respecto de los acontecimientos que se producen en su campo. Hable con las personas que han asistido recientemente a seminarios o con aquellas que han demostrado ser expertas en campos que a usted no le resultan familiares. No piense en cómo eran las cosas en "aquellos buenos tiempos".
- *Promueva el trabajo en equipo.* Cuando sea posible, asigne proyectos a todo el personal. Instruya a los empleados para que comprendan las contribuciones de cada uno al esfuerzo total. Insista para que cada uno lleve parte de la carga. Celebre los éxitos.

Axioma 10. *Si bien las aplicaciones pueden variar en el campo militar y en el comercial, los principios del liderazgo militar se basan en verdades fundamentales que los hacen apropiados para cualquier situación en la que una persona trate de controlar a otra.*

11 Desafío

Análisis del impacto de Frederick Taylor en los trabajadores norteamericanos

*Cualquier cambio que hagan los trabajadores
en el plan es fatal para el éxito.*
Frederick Taylor (1856-1915)

Konosuke Matsushita, fundador y asesor ejecutivo de la Matsushita Electric Industrial Company, conoce el mundo de los negocios norteamericano. Hasta 1991 su empresa tenía la concesión de los quioscos en el Yellowstone National Park. También posee Panasonic, Universal Studios y muchas otras organizaciones. Dirigiéndose a un público norteamericano a fines de la década de 1980, Matsushita trató el tema del negocio norteamericano:

> Nosotros ganaremos y ustedes perderán. Y no pueden hacer nada al respecto porque su fracaso es una enfermedad interna. Sus empresas se basan en los principios de Taylor. Peor aun, sus cabezas están taylorizadas. Ustedes creen firmemente que la buena administración quiere decir ejecutivos de un lado y trabajadores del otro. A un lado los hombres que piensan y al otro los que trabajan. Para ustedes, la dirección es el arte de transferir sin problemas las ideas de los ejecutivos a las manos de los trabajadores.
>
> Hemos superado la etapa de Taylor. Somos conscientes de que el negocio se ha vuelto terriblemente complejo. La supervivencia resulta muy insegura en un medio repleto de riesgos, de hechos inesperados y de rivalidad. Por consiguiente, una empresa debe contar con el compromiso de las mentes de todos sus empleados para sobrevivir. Para nosotros, la dirección es el compromiso intelectual de la totalidad de la fuerza laboral al servicio de la empresa... sin barreras funcionales ni de clase autoimpuestas.
>
> Hemos medido, mejor que ustedes, los nuevos desafíos tecnológicos y económicos. Hemos comprobado que la inteligencia de unos pocos tecnócratas (incluso la de los muy brillantes) resulta totalmente inadecuada para enfrentar esos desafíos. Solamente el intelecto de todos los empleados puede permitir que una empresa sobreviva a las variaciones y a los requerimientos de su nuevo medio. Sí, nosotros ganaremos y ustedes perderán. Porque no son capaces de desalojar de sus mentes el taylorismo obsoleto que nosotros no tuvimos nunca.

El 23 de febrero de 1990, el doctor Joseph M. Juran, pionero en el campo de la calidad, manifestó su opinión en "La búsqueda de la excelencia", una conferencia para ejecutivos en la que hablarían los ganadores de 1989 del Premio Nacional a la Calidad Malcolm Baldrige. Algunas de sus observaciones incluyeron la siguiente referencia al "Sistema de Taylor":

> Una observación más sobre las lecciones aprendidas relativas al uso de los recursos humanos. La mayor parte de nuestras empresas todavía conservan un residuo de magnitud considerable del sistema de Taylor, el hecho de separar la planificación de la ejecución. Ese sistema fue desarrollado el siglo pasado. Su premisa principal era que los supervisores y los obreros de aquella época carecían de la educación necesaria para planificar cómo debería realizarse el traba-

57

jo. De ahí que la planificación se asignase a los ingenieros. Los supervisores y los obreros sólo tenían la responsabilidad de llevar a cabo los planes.

En nuestro siglo, los niveles de educación han aumentado considerablemente y, por consiguiente, han destruido la premisa principal del sistema de Taylor. En general estamos de acuerdo en que el sistema resulta obsoleto y que debería ser reemplazado por otro. Sin embargo, a pesar de toda la experimentación reciente, todavía no estamos de acuerdo en cuál debería ser ese sistema. Entretanto no nos aprovechamos de la ventaja que nos ofrecen los obreros: su educación, experiencia y creatividad.

Los informes que hemos escuchado en esta conferencia incluyen las referencias al uso de equipos autodirigidos. Si me permiten que mire otra vez mi falible bola de cristal, opino que los equipos de trabajadores que se autodirigen serán el sistema que sucederá al de Taylor.

Axioma 11. *La sabiduría gerencial cambia con el tiempo. Mantenerse al frente en las tendencias actuales (incluyendo la tendencia hacia el mejoramiento de la calidad mediante una nueva relación entre la dirección y el personal) es un componente del liderazgo. La dirección debería aceptar el desafío o retirarse del campo de batalla.*

12 Desempeño
Diatriba sobre la calidad (o su falta)

En la primavera de 1987, un consumidor norteamericano (uno de los autores) decidió comprar una máquina nacional para cortar césped. Eligió una empresa norteamericana que usaba un motor norteamericano, una empresa que él sabía que cumplía un proceso formal de calidad.

En menos de dos meses de uso se quemó el motor, asustando al hijo adolescente del consumidor que estaba utilizando la máquina en aquel momento. El Departamento de Relaciones con el Cliente, en la empresa del cortacésped, y el fabricante del motor tardaron más de seis semanas para decidir quién tenía la responsabilidad de reparar la máquina. Tardaron otra semana en proporcionar un transporte para que llevara la máquina al taller.

A medida que avanzaba el verano, el consumidor se impacientaba. La máquina reparada funcionó una vez y con dificultad. El cliente volvió a hablar por teléfono y solicitó otra reparación. Así comenzaron las llamadas casi diarias al representante del fabricante ante el cliente, que finalmente accedió a que se efectuase esa reparación. Pero le dijo al cliente que tardaría varias semanas.

El consumidor cambió de táctica: exigió que le devolvieran el dinero. La empresa calificó de imposible esa solución. El representante del servicio al cliente y el director del proceso de calidad de la empresa le aseguraron al cliente que la empresa fabricaba un producto maravilloso y que el proceso de calidad aseguraba que éste continuaría de esa manera: completo y con datos estadísticos impresionantes. El consumidor explicó que a él no le interesaban las estadísticas, que lo que quería era que escucharan *sus* números: cada producto que les había comprado, había fallado.

Sin más elección que esperar varias semanas para la segunda reparación (el representante del servicio al cliente le dijo varias veces que no podía autorizar que le devolvieran el dinero), el consumidor telefoneó al presidente de la empresa. Comenzó con una descripción de todos los tratos que había tenido con los productos y la gente de esa empresa y repitió su deseo de que le devolvieran el dinero para comprar "un cortacésped japonés".

En ese momento la conversación experimentó un giro hacia lo exótico. Lejos de mostrarse conciliador, el presidente de la empresa pareció sentirse ofendido. También pareció confundido respecto de quién era el proveedor y quién el cliente. Sus palabras exactas fueron:

—Bien, usted debe de tener realmente un problema de calidad si trata a sus clientes de la misma manera como está tratándome a mí.

El consumidor respondió que en este caso particular, *él* era el cliente.

El presidente de la empresa accedió a devolver el dinero y,

unas tres semanas más tarde, el consumidor fue informado de que cuando entregara su máquina de cortar césped rota al centro de servicio de la empresa más cercana (a 80 kilómetros de su casa y cerrado los sábados), podía retirar el cheque.

¿Cuál es la conclusión? La empresa no tendrá el dinero que había recibido primero y tendrá a cambio una máquina defectuosa para cortar césped. Además, conseguirá un ex cliente enojado que no comprará jamás otro de sus productos y que le contará a quien le escuche cómo eran de deficientes los servicios y productos de esa empresa.

¿Qué otras opciones tenía la empresa? Suponiendo que todas las estadísticas que le ofrecieron al cliente fueran ciertas, probablemente sería justo afirmar que la máquina cortadora de césped que él había recibido era "una excepción". En el momento en que fue evidente para el taller que realmente había un problema, debieron haberle ofrecido otra máquina al cliente. En realidad, la nube de humo que había envuelto al adolescente cuando explotó el motor demostraba que ésa no era una situación común.

Debieron haber entregado en la casa del consumidor ese fin de semana una máquina nueva y haberle pedido la "defectuosa" para "examinarla". (Declaración que se sugiere: "¡*Hijo de su madre*! ¡Así que aquí vino a parar la defectuosa! Temíamos que se nos había escapado a la venta una mala este año. ¡Cuánto me alegro de que usted nos haya ayudado a encontrarla!".) De esa manera el consumidor hubiera estado seguro de que la empresa lamentaba el inconveniente y estaba decidida a encontrar el fallo para mejorar un producto que ya era excelente.

¿Cuál hubiera sido el resultado entonces? La empresa tendría en su poder una máquina defectuosa y hubiera tenido que "gastar" en una nueva, pero hubiese retenido lo que cobró. Además hubiera logrado la satisfacción del mercado consumidor que acudiría a esa empresa cuando buscara algún otro producto de los que ella fabrica.

Quizá lo más importante en función del proceso de calidad sea que esa actuación habría supuesto un fuerte mensaje en toda la organización. Si además el presidente hubiera felicitado públicamente al servicio de reparaciones por su control astuto e innovador de la situación, habría convalidado el apoyo del presidente a esos "objetivos de la calidad" de los que se habla tanto en la empresa: habría sido un claro acto de liderazgo.

Otra solución, no tan buena (ya que evidentemente el representante del servicio al cliente no sentía que tenía la autoridad para tomar ese compromiso), hubiera sido que el presidente se pusiera del lado del consumidor y arreglara personalmente la entrega de una máquina nueva. De la manera que actuó, su actitud y sus actos demostraron muy claramente que la calidad y el servicio al cliente no eran tan importantes como los argumentos para ganar.

Axioma 12. A menos que el equipo líder de la empresa esté preparado para respaldar sus declaraciones y comentarios con un desempeño de calidad, el dinero invertido en programas de calidad "a medias" debería utilizarse para ampliar el Departamento de Quejas.

13 Doctrina

Comprensión de las ideas de los doctores Deming y Peters a la segunda lectura

En una disciplina en que la doctrina suele dividirse con frecuencia en propuestas de calidad, ya sea como una ciencia o un arte, el doctor W. Edwards Deming y el doctor Thomas (Tom) Peters poseen respectivamente una reputación que lógicamente debería estar asociada entre ellos.

El doctor Deming, decano del movimiento mundial por la calidad, es conocido por la mayoría como un "fracaso estadístico". Es cierto que la educación y los títulos del doctor Deming están relacionados con la Estadística y que espera que la medida sea una parte integrante de cualquier esfuerzo en pro de la calidad.

Si se revisan sus 14 puntos, no aparece ni un número en ellos. Su libro *Out of the Crisis* es más una discusión sobre la filosofía de la dirección que una defensa del uso de los números cada vez que sea posible.

En cambio, Tom Peters, el tan popular conferenciante, autor y teórico de la dirección, con un doctorado en comercio, es considerado por la mayoría como un "humanista", alguien que tiene un enfoque suave del problema de mejorar la calidad. Quizá porque mezcla el humor con una dosis de fantasía en sus presentaciones, Peters se asocia más con el lado cálido y simpático de la teoría de la dirección que con los números implacables.

Sin embargo, su *Thriving on Chaos* recurre repetidas veces al uso de las medidas para disponer de datos con fundamento sobre los que basar las decisiones. Considerando que sus títulos corresponden a la ingeniería civil, esto no resulta sorprendente.

Por supuesto, ambos tienen razón. Solamente mediante un enfoque que combine la acumulación de los datos necesarios y el trato digno a los empleados puede lograrse la calidad a largo plazo.

Axioma 13. *La familiaridad con los escritos de los gurúes de la calidad puede proporcionarnos una comprensión inesperada. Los matices no siempre son obvios en una primera lectura.*

MACHINE COMPANY

POLITICAS

La Carthage Machine Company está dedicada a mejorar continuamente su capacidad para conocer y satisfacer las necesidades de sus clientes.

• • •

Para la mejor satisfacción de las necesidades de nuestros clientes se requiere que la empresa y sus empleados estén dedicados a una política de mejoramiento continuo de todas las funciones y operaciones.

• • •

Todos los departamentos tendrán objetivos específicos acordes con el compromiso establecido, y esos objetivos se medirán de continuo.

• • •

Nuestro camino hacia el logro de la mejora continua llevará la calidad de los productos y servicios Carthage a un nivel de primera clase.

Robert A. Skodzinsky
Presidente

Mark D. Robinson
Ingeniero principal

David G. Sabel
Tesorero / Director de Operaciones

Katie Pais
Inspectora

Darrel Vertanen
Gerente de Ventas

Milton E. Howard
Gerente de Planta / Nueva York

Gary Holmes
Gerente de Planta / Misisipí

Frederick C. Buduson
Coordinador del proceso de calidad

CARTHAGE
MACHINE COMPANY

PRINCIPIOS

*La Dirección General proporcionará liderazgo y trabajará activamente
en el proceso continuo de mejoramiento.*

* * *

*Creemos que las ganancias de calidad y productividad se producirán mediante
el control y las mejoras del proceso.*

* * *

*Usaremos métodos de control del proceso en nuestra operación
de fabricación.*

* * *

*Los objetivos anuales para mejorar serán desarrollados en cada departamento
por sus propios miembros.*

* * *

*Nos centraremos más en la prevención que en la detección
de los problemas.*

* * *

*Todos los empleados tendrán oportunidades para desarrollar las habilidades
normales y aprender otras nuevas.*

* * *

*Continuamente fortaleceremos las relaciones a largo plazo
con los clientes y los proveedores para lograr los objetivos
que nos beneficien a todos.*

Axioma 14. *Las declaraciones de políticas y principios deberían ser breves, claras y creíbles. Los empleados las usan como guía para determinar si sus acciones están de acuerdo o no con los estándares y valores del proceso de calidad de la empresa. Milliken & Company, que recibió en 1989 el Premio Nacional a la Calidad Malcolm Baldrige, inculca a sus empleados la política de la calidad imprimiéndola en el dorso de todas las tarjetas comerciales.*

15 Escuchar
¡Ojo! Aquí hay una historia

EL NIDO DE LA URRACA

Un cuento inglés

Hace mucho tiempo (cuando las aves hablaban en verso) el zorzal, el búho, el mirlo, el gorrión y la tórtola fueron a visitar a la urraca Madge. Se colocaron en las ramas vecinas y comenzaron a cantar al unísono:

Urraca Madge, urraca Madge,
¿cómo haces tus nidos
en esas altas ramas?
¿Nos lo quieres enseñar?

No hay nadie que lo sepa
tan bien como tú
co-co, tiu-juit,
tiu-ju tiu-ju.

65

Así que la urraca Madge levantó la cola, guiñó los ojos y dijo:

Sentaos a mi alrededor
y escuchadme
con mucha
atención.

Primero la urraca Madge cogió un poco de barro y con él hizo una torta.

—¡Oh! ¿Así es como lo haces? —exclamó el zorzal.

Cuit juat cuit
¡Ya sé! ¡ya sé!
Juat cuit juat
Me voy a trabajar.

Y el zorzal se fue volando. Aunque sólo había aprendido el primer paso para construir el nido. Entonces la urraca Madge cogió algunas briznas y las colocó en la torta de barro.

—¡Oh! ¿Así es como lo haces? —exclamó el mirlo.

¡Barro y briznas!
Ya he aprendido
Co-co-co
Cuit cuit cuit.

Y el mirlo se fue volando. Eso es todo lo que el mirlo aprendió sobre cómo hacer un nido. Entonces la urraca Madge puso otra capa de barro sobre las briznas.

—¡Oh, sabía eso antes de venir! —exclamó el viejo búho.

Tiu-ju tiu-juit

> ¡ya lo sabía
> antes de venir!

Y se fue volando.

Así que eso es todo lo que el búho aprendió sobre la construcción del nido. Entonces la urraca Madge puso un borde de plumas y ma-teriales blanditos en el interior del nido para hacerlo cómodo y confortable.

—¡Uf, basta! —exclamó el gorrión— ¡Ya he visto bastante!

> Chip chip chip chip.
> ¡Gracias, urraca!
> Tengo que irme.

Y partió volando muy apurado. Así que eso fue todo lo que el gorrión aprendió sobre la construcción del nido. Entonces Madge miró a su alrededor y vio que sólo quedaba la tórtola. Pero la tórtola no había prestado atención en ningún momento. Había estado hablando y hablando para escucharse. Madge tenía una brizna en el pico para rodear el nido y hacerlo firme y fuerte, cuando oyó a la tonta tórtola diciendo:

—Co co, usa dos, Taffy, usa dos. ¡Usa dos!

Y la urraca Madge dijo:

—No, no se usan dos. ¡Usa una! ¡Basta con una!

Pero la tórtola seguía repitiendo:

—Co co, usa dos.

—Basta con una —exclamó Madge—. ¡Sólo una!

Pero la tórtola no escuchaba. Sólo quería hablar sola:

—Co-co, usa dos.

Y entonces la urraca Madge exclamó:

¿Cómo puedo enseñar a esos pájaros tontos a construir su nido si no *escuchan* lo que digo?

Y se fue volando. Nunca más les explicaría cómo se hace un nido.

Axioma 15. *Este es un cuento para niños y es posible recibir el mensaje cuando el primer pájaro se aleja volando. ¿O no? La primera parte del cuento enseña una lección: si no se presta atención a las instrucciones es imposible realizar bien el trabajo. El último párrafo contiene otra lección: si no se escucha hasta el final, se enloquece a los demás. Como a la urraca, a los colaboradores no les gusta que no se les escuche. Por simple que le parezca el mensaje, escúchelo hasta el final.*

16 *Flexibilidad*

El uso de distintos estilos de liderazgo

Los líderes se rigen por tres opciones de estilos claros de liderazgo: autoritario, participativo y delegatorio. Su eficacia como líder depende de lo bien que comprenda estas tres opciones y de lo flexible que sea en su aplicación. Ninguna persona debería practicar un mismo estilo siempre ni evitar totalmente otro, si es un líder exitoso. La elección del estilo a aplicar en cada determinada situación convierte el liderazgo en algo difícil pero satisfactorio.

El liderazgo autoritario ha perdido prestigio. Aunque los subordinados pueden considerarlo criticable, hay ocasiones en que resulta apropiado:

- El líder está tomando una decisión en la que el tiempo resulta esencial.
- El líder tiene toda la información que necesita.
- Los subordinados tienen buen espíritu.

Esas ocasiones son rarísimas, pero muchos jefes eligen este estilo aunque sea inadecuado debido a su aparente simplicidad. No son necesarias las explicaciones ni las discusiones: el líder ordena a sus subordinados que cumplan la tarea deseada.

El liderazgo autoritario es ineficaz si se practica durante demasiado tiempo. En una empresa, sólo se mantiene un buen ambiente cuando predominan los estilos de liderazgo en los que se da participación y se delega. Sólo entonces los empleados reaccionarán a un enfoque autoritario, dándose cuenta de que se emplea en una situación no común y sabiendo que las explicaciones llegarán cuando el tiempo lo permita.

El liderazgo participativo es más complejo que el autoritario. Cuando el tiempo y las circunstancias lo permiten, el jefe incluye a sus subordinados en una discusión de la situación y de las opciones. Buscando sus opiniones y ayudándoles a comprender las posibilidades de la decisión, el líder no solamente se beneficia de los conocimientos de sus subordinados sino que también obtiene su apoyo para el camino a seguir. Al mismo tiempo el jefe facilita a sus subordinados la adaptación rápida si los acontecimientos no se suceden como se esperaba.

Con la práctica del liderazgo participativo, el líder retiene la autoridad y la responsabilidad de la decisión final; hace el llamamiento y es culpable si las cosas marchan mal. Después de pensar y discutir las diferentes opciones ofrecidas por los subordinados, el líder participativo anuncia la decisión y explica por qué la ha tomado.

El estilo más difícil del liderazgo es aquel en el que se delega. Si bien el jefe continúa teniendo la responsabilidad del resultado final de las decisiones que se hayan tomado, la autoridad para tomar la decisión se delega a un subordinado quizá con un mensaje entre líneas que expresa: "A mí me culparán si algo anda mal, pero quiero que usted esté a cargo de que se haga". Poner el éxito de la propia carrera en las manos de otros es la prueba más fuerte de confianza y respeto que una persona puede dar.

El beneficio del liderazgo que delega es enorme si resulta eficaz. Si el líder reúne un grupo de subordinados en quienes puede delegar autoridad con confianza, la capacidad de organización aumenta de manera significativa.

Axioma 16. Pueden aprenderse las técnicas de liderazgo. Aunque no se cuestiona que algunas personas sean líderes natos, la existencia de grandes directores no es excusa para que el resto no luche para llegar a ser un líder competente. Nadie usa el genio de Einstein en matemáticas como excusa para no ser capaz de equilibrar la cuenta corriente. La calidad comienza con el liderazgo. Y el aprendizaje del liderazgo empieza con el conocimiento de las opciones disponibles.

17 Humor

Déjelos riendo

Un proceso de calidad puede proporcionar muchísimas oportunidades para el humor. ¿Alguna vez ha visto al presidente de una empresa luchando con una boa constrictora o sirviendo helados? Estos hechos sucedieron en el contexto de un proceso de calidad. Si bien la calidad es un asunto serio, no descarta el humor. Divertirse y ser serio son actitudes que no se excluyen; los lugares de trabajo de Dickens no eran adecuados ni en su época.

Como en otros asuntos, depende del presidente o de un director dar el tono. En la Mutual de Omaha Companies, el presidente Jack Weekly es conocido como un hombre de negocios muy serio. Pero les resulta muy simpático a los empleados, en gran parte porque se arriesga frente a ellos.

Cuando se inició su proceso de calidad con la participación del ciento por ciento de los empleados, a principios de 1991, la empresa invitó a Jim Fowler, que estaba a cargo del programa *Wild Kingdom* de la Mutual de Omaha, para que colaborara en la presentación del proceso. Jim invitó a algunos de sus amigos del zoológico de Omaha. Uno de ellos era una boa constrictora de más de seis metros de longitud. Sin previo aviso invitó a Weekly al escenario para que le ayudara a mostrar la boa. Lo que hizo Weekly con la boa (incluyendo intentos sin éxito para que el reptil no invadiera el interior de su chaqueta y pantalones) produjo estallidos de risa y aplausos cuando Jim, finalmente, relevó a Weekly de sus deberes como asistente en el control del reptil.

En el Paul Revere Insurance Group, Aubrey K. Reid era presidente de la empresa cuando se introdujo el proceso de La Calidad Tiene Valor, en el que participaba el ciento por ciento del personal, en enero de 1984, y lo fue hasta su retiro 7 años después. Su capacidad de divertirse y de recurrir al humor para expresar el orgullo que le producían los logros de sus empleados, produjo beneficios espléndidos en el crecimiento y la estabilidad del proceso.

Un ejemplo de su participación voluntaria en una situación deliciosamente incongruente se produjo en 1988. Poco después de que Paul Revere recibiera una visita de los inspectores del Malcolm Baldrige National Quality Award (uno de los dos de la categoría Servicios en aquel año del premio Baldrige), todos los empleados recibieron invitaciones para tomar un helado en Aubrey Chestnut Diner para expresarles su agradecimiento. (El cuartel general de Paul Revere está en la calle Chestnut, en Worcester, Massachusetts.) El día señalado, cuando los empleados iban pasando en fila por la cafetería, se asombraron al ver a Aubrey y a sus colaboradores directos, con delantales especiales (con el logo del Chestnut Diner: una fotografía de Aubrey con un gorro de cocinero), sirviéndoles los helados.

Aquel mismo año, la celebración del 5º año de la calidad en Paul Revere fue iniciada con un "*rap* de la calidad": un vídeo que se exhibía en la gran pantalla del elegante Mechanics Hall. En el vídeo, los gerentes principales con sus sombreros y gafas de sol, interpretaban un *rap* bailado y hablado, con el que agradecían a los empleados su amplia contribución para aumentar continuamente la calidad de la empresa. Fue recibido con grandes aplausos y fue comentado durante meses.

Sin embargo, fuera de contexto, los esfuerzos por parte de los ejecutivos por ser "gente divertida" no funcionan. Al año siguiente, otra empresa, que había realizado varios intentos frustrados de comienzo de procesos de calidad, pero sin un grado importante de compromiso de la directiva, decidió imitar el éxito del equipo de Paul Revere. Hicieron también un vídeo de *rap* y lo mostraron en la reunión anual.

Todos se sintieron un poco avergonzados.

El humor sólo funciona cuando refleja la buena voluntad que existe dentro de la organización. Para demostrar sentido del humor y correr el riesgo de parecer loco, se requiere conocimiento y una sensibilidad especial para lo que sucede dentro de la empresa y no sólo un poco de valor y autoconfianza. La directiva está pidiendo de una manera muy real los corazones y las mentes de sus empleados cuando inicia un proceso de calidad al ciento por ciento. Parece justo que los empleados noten que los corazones y las mentes de los ejecutivos (y su sentido del humor) también lo intentan.

Axioma 17. *Humor: 1. La calidad de cualquier cosa que es graciosa o que apela a la comicidad. 2. La capacidad de expresar o apreciar lo que es divertido, cómico, etcétera (Funk & Wagnall).*

Los buenos líderes tienen sentido del humor y saben cómo y cuándo usarlo.

18 Identidad

La identidad de una corporación es todo lo que se dice de ella

Los valores de la empresa pueden comunicarse de maneras convincentes, no verbales, con resultados auténticos. El elegante Peabody Hotel en Memphis, Tennessee, debe su identidad única a un dicho que se convirtió en una tradición, una tradición que dice a los clientes: "Nos preocupamos por los detalles. Tenemos un pasado espléndido. Tenemos sentido del humor. Somos especiales".

A finales de la década de 1930, Frank Schutt, gerente general del Peabody, y un camarada de caza, Chip Barwick, Sr., volvían de un fin de semana de cacería en Arkansas. En aquellos tiempos era legal y común usar patos vivos para atraer las presas y se les ocurrió (tal vez un poco de whisky influyó en esta decisión) que poner a esos patos en la "fuente del Peabody, bella pero desierta", era una gran idea.

Aquellos primeros patos (tres pequeños patos ingleses) se establecieron como residentes ante el deleite general. Schutt era lo suficientemente listo como para reconocer que era una buena idea. Los patos se quedaron.

Ahora la "marcha de los patos" es un acontecimiento que se produce dos veces por día en el hotel. La propaganda del hotel describe el desfile de los patos:

La tradición empieza cada mañana a las 11 con la extensión de una alfombra roja de unos 15 metros que va desde la fuente hasta los ascensores del hotel. Edward D. Pembroke, el cuidador de los patos en el Peabody, que los ha entrenado y cuidado desde 1940, los llama golpeando el techo de su nido. Con estilo real, los patos marchan en fila hasta el ascensor y bajan al vestíbulo. Cuando se abren las puertas del ascensor, los patos, en fila, se desplazan por la alfombra roja, flanqueados por botones uniformados hasta la fuente de la entrada donde suenan las marchas de John Philip Sousa "Bandas y estrellas para siempre" o "Marcha del rey Algodón". Los patos se

73

zambullen en la fuente en la que pasan todo el día felizmente. Todas las tardes a las 5, la ceremonia se invierte y los patos del Peabody (un "pato líder" y cuatro pollitos) vuelven ceremoniosamente a su casa en la terraza del Peabody que tiene vistas al río Mississippi.

El Peabody ha establecido por sí mismo una identidad fuerte e imposible de desafiar entre los hoteles del mundo. Al realizar este acto único y cuidado muestra una actitud positiva hacia sus empleados y sus clientes. (Y realizarlo extraordinariamente bien resulta importante. Porque si los patos se desplazaran simplemente a su gusto por el vestíbulo dos veces por día, es probable que resultara raro pero molesto.) Los clientes consideran esta ceremonia como una demostración pública de la competencia y el nivel de atención que todo el personal del hotel presta a los detalles. Por supuesto, los huéspedes también reciben el tratamiento de la alfombra roja.

¿Influye en el personal lo de los patos? La directiva de Peabody piensa que sí. Por una parte cuando la gente se queda en Peabody les cuenta a sus amistades lo de los patos. No hay una propaganda mejor que la recomendación no solicitada de un vecino o un amigo. Recientemente una novela que fue *best-seller* usó a The Peabody como escenario y lo denominó "El gran Hotel del Sur". Y también el vestíbulo se llena totalmente dos veces al día. Muchos de los que van a ver a los patos toman una copa mientras esperan o llevan a su casa un recuerdo con una fotografía de un pato. Un pato del Peabody.

Axioma 18. *Le guste o no, toda empresa tiene una identidad como tal. Es responsabilidad de la empresa hacer coincidir la imagen externa con los valores internos. Con frecuencia esto puede lograrse con el uso de símbolos: Maytag y el hombre que hace la reparación; Disneylandia y el alegre Ratón Mickey; el Peabody Hotel y su desfile diario de patos.*

19 Interiorización
Fusión del instinto y el hábito

El 24 de febrero de 1989 voló una puerta del carguero de United Airlines, vuelo 811, mientras despegaba en Hawai hacia Nueva Zelanda. Nueve personas murieron en la explosión pero el avión pudo volver a Hawai sin más daños personales.

En el curso de las extensas entrevistas después del incidente, el piloto, capitán David M. Cronin, acreditó repetidas veces que él y su tripulación habían seguido el entrenamiento de "Uso de recursos en el liderazgo" como el factor más importante de su capacidad para volar con el avión alterado y aterrizar a salvo. En un momento en que el liderazgo autoritario hubiera sido la norma, Cronin y su tripulación supieron que existían otras alternativas.

El veterano de 35 años, de United, explicó que la instrucción destacaba la delegación de deberes dentro de la cabina y la importancia de tener miembros de la tripulación que cuestionaran las reacciones del capitán y ofrecieran sugerencias. Combinando la experiencia técnica con la instrucción en el liderazgo, la tripulación fue capaz de superar una situación que no estaba incluida en ninguno de los manuales de "cómo resolver".

Cronin describió cómo varias veces durante los 24 minutos de la emergencia, se tomaron tiempo para comentar los actos con los otros profesionales.

—En otros tiempos los miembros de la tripulación no discutían ni hacían algo hasta que el capitán se lo ordenaba. Esos tiempos terminaron —dijo Cronin.

Cuando se produjo la emergencia, el copiloto, Gregory S. Slader, dudó del procedimiento normal que consistía en extender los alerones para disminuir el descenso del avión. Se lo comentó a Cronin y éste le dijo que esperara. Slader estuvo de acuerdo.

El ingeniero de vuelo contribuyó usando un manual de procedimientos de emergencia para hallar la velocidad adecuada de aterrizaje para un avión con dos motores que no funcionaban y un problema de alerón (es una situación no cubierta en el texto).

Cuando estaban por aterrizar, Cronin aceptó la recomendación de Slader de extender los alerones más allá del punto que él, Cronin, creía que era el apropiado..., y el copiloto demostró que tenía razón.

Algunos de los viajeros de aquel vuelo comentaron a los investigadores que ese aterrizaje fue uno de los más suaves que habían experimentado.

Axioma 19. La falta de tiempo es la justificación más común del uso del liderazgo autoritario. En una emergencia, la mayoría de los líderes dirigen de manera instintiva. Sin embargo, el uso apropiado del liderazgo autoritario es más raro de lo que cree la mayoría, aunque haya desde el principio un fuerte interés por arreglar las cosas. El entrenamiento ayuda a que los individuos interioricen las habilidades de participación y delegación. El resto depende del individuo.

20 Inversión

Calidad: la mejor inversión en la década de los 90

Para tener éxito en la década de 1990, la directiva debe entender muy bien la relación entre la calidad y el costo. Los productos de calidad tienen menor costo de producción y, paradójicamente, pueden venderse a precios más altos en el mercado porque los clientes han sido preparados para pensar que la calidad tiene un costo extra.

La relación entre la alta calidad y el alto precio ha sido

destacada en dos encuestas encargadas por la American Society for Quality Control (ASQC) y llevada a cabo por la Organización Gallup. En la encuesta de 1988, se preguntó a los consumidores norteamericanos cuánto pagarían de más (en caso de que lo hicieran) por un producto de calidad.

Se les pidió específicamente que supusieran que habían decidido comprar un producto piloto a un precio particular y, luego, que decidieran si pagarían más por la garantía de que el producto realmente cumplía las expectativas que acompañaban al precio inicial. Si pensaban pagar más, se les preguntaba cuánto más.

Cuando el producto era un automóvil de 12.000 dólares, el 82 por ciento de los que respondieron a la encuesta dijeron que pagarían más. En realidad, para asegurar "la calidad que corresponde a un automóvil de 12.000 dólares" pagarían, en promedio, 2518 dólares más. De manera similar, el 94 por ciento respondió que pagaría 20 dólares por encima del precio básico de 30 para asegurarse de que los zapatos que compraban satisfarían sus expectativas.

En la encuesta de la ASQC del año siguiente, se les hizo una pregunta similar a los ejecutivos norteamericanos: "Si un consumidor norteamericano pudiera elegir entre dos productos (uno de calidad media y uno del que el consumidor piensa que es de calidad más alta pero cuesta más), ¿cuánto más piensa que el consumidor desearía pagar para lograr el producto de mejor calidad?".

Por un automóvil de 12.000 dólares la respuesta promedio de los ejecutivos fue 2674 dólares y por un par de zapatos de 30 dólares los ejecutivos opinaron que los consumidores pagarían 20 dólares más. Estas cifras son las mismas que eligieron los consumidores.

Los consumidores y los ejecutivos estaban de acuerdo: la gente está dispuesta a pagar más con la esperanza de que el dinero extra le produzca la tranquilidad mental que ofrecen los servicios y productos de confianza.

El otro factor de la ecuación introduce un tema interesante: ¿Acaso un aumento de precio garantiza que se cumplirán las

77

expectativas del consumidor asociadas con el costo inicial? En otras palabras, ¿le cuesta más al fabricante producir un artículo de calidad? La respuesta es no. Los productos y servicios de calidad son de producción *más barata* porque no incluyen el costo de desperdicio o garantía que hay que recuperar cuando se establece un precio.

Esta respuesta está confirmada por un estudio del "costo de la calidad" al que a veces nos referimos como el "costo de la insatisfacción" o "costo de la menor calidad". Cualquiera que sea su nombre, el concepto demuestra claramente que aparece un costo escondido cuando se fabrican productos de baja calidad, un costo que es muy real para toda organización, ya sea en la fabricación, en los servicios o en los sectores públicos.

Los componentes de este drenaje del presupuesto son la prevención, detección, compostura y corrección del error. El último componente es el más difícil de controlar ya que incluye la pérdida de negocios debido a los errores. Sobre todo lo que puede decirse con precisión sobre las pérdidas por corrección del error, es que lo más probable es que sean subestimadas.

En 1989, la misma encuesta de la ASQC entre los ejecutivos norteamericanos antes citada, incluyó el tema siguiente: "La baja calidad medida por la reparación, volver a producir y los costos del desperdicio, artículos devueltos, costos de la garantía, costos de inspección y pérdida de ventas se dice que cuesta billones de dólares anuales a los necios norteamericanos. ¿Cuánto cuesta la baja calidad en su empresa, expresada como porcentaje de la venta bruta?".

Las respuestas variaron ampliamente e indican que pocos ejecutivos comprenden lo costoso que es no fabricar el producto adecuado desde el comienzo, hacerlo a tiempo y siempre a tiempo:

Porcentaje estimado de ventas por mayor	Porcentaje de personas que respondieron
Menos del 5 %	45 %
5-10 %	18 %
10-19 %	8 %
20-29 %	5 %
30-49 %	3 %
50 % o más	*
No sabe	21 %
Total	100 %

* menos de la mitad del uno por ciento.

Las estadísticas, basadas en las medidas reales de una amplia muestra de negocios norteamericanos, indican que el promedio del costo de la calidad es sumamente alto: del 30 al 35 por ciento de las ventas brutas para una empresa industrial y entre el 30 y 32,5 por ciento para una organización de servicios. La mayoría de los ejecutivos encuestados en 1989 trabajaban para empresas superiores o bien muy pocos tenían noción del verdadero impacto del costo de la calidad.

Los ejecutivos que comprenden los ahorros potenciales e instituyen un proceso de calidad, que disminuye el costo de producir un servicio o producto, tienen una decisión interesante que tomar. Como los costos son ahora menores, pueden rebajar los precios, entrando en competencia y manteniendo por lo menos el mismo margen de ganancias. O una vez que han ganado una reputación sólida por calidad (y desde luego, disminuido los costos internos), pueden elevar los precios. Después de todo, los norteamericanos esperan pagar más por la buena calidad.

Axioma 20. *La atención a la calidad puede aumentar las ganancias de una empresa al disminuir los costos de producción, haciendo posible que cobre precios más altos, o ambas cosas. No hay una mejor inversión a largo plazo.*

21 Juicio

Puesta en práctica de la teoría del liderazgo: ¡izar la bandera!

Tres jóvenes tenientes llegaron juntos a la nueva base y se presentaron al sargento ansiosos por iniciar cada uno su primera tarea. El jefe de la base, un mayor viejo y sabio, tenía un problema. Había tres posibilidades de trabajo para los jóvenes tenientes, pero sólo una era deseable. Ofrecía la oportunidad de ascender en un futuro a general. El segundo trabajo era pura rutina y el tercero era decididamente aburrido. Examinando los antecedentes de los tres candidatos, el mayor no halló grandes diferencias entre ellos.

Para poder decidir a qué teniente le asignaría cada tarea, les propuso un problema:

—Necesito que se coloque un mástil esta tarde. Les voy a dar una lista del equipo del que disponen y les asignaré un sargento y cuatro soldados, todos excelentes. Quiero que cada uno de ustedes vaya durante una hora al lugar y al volver me diga cómo haría para levantar el mástil. Sus respuestas determinarán la tarea que se asigne a cada uno.

Una hora después, el mayor llamó a uno de los tenientes a su despacho y le preguntó:

—¿Cómo lo haría?

El joven oficial le mostró todos sus cálculos al mayor y le explicó cómo dirigiría a cada persona para que levantara el mástil. Afirmó que estaba seguro de que podrían seguir sus órdenes ya que el mayor había dicho que el sargento era capaz y, además, él mismo estaría allí durante la operación.

El segundo teniente le dijo al mayor que llevaría la lista del equipo y se reuniría con el sargento y los cuatro soldados para explicarles la tarea y pedirles sugerencias. Después de escucharlos y discutirlo con ellos, tomaría su decisión y se la explicaría. Entonces podrían empezar a trabajar. Pensaba que el equipo tendría muchas ideas buenas, ya que el mayor había hablado bien del personal.

El último teniente le dijo al mayor:

—Le ordenaría al sargento: "Sargento, coloque el mástil. Si me necesita, llámeme. Si no, avíseme cuando hayan terminado".

El mayor no tuvo problemas para tomar la decisión después de las entrevistas.

Axioma 21. *Si usted comprende los tres estilos de liderazgo, no tendrá ningún problema con la respuesta a esta situación: el enfoque de la delegación es el que hace el uso más eficiente del tiempo y de los recursos. Cualquiera que desee delegar (cuando eso es posible) dispone de tiempo para otras tareas. Sin embargo, a veces hay factores en una empresa que hacen que se tome otra opción que parece más adecuada. Quizá las costumbres de la empresa propicien el liderazgo participativo como norma. Quizás esos hábitos podrían cambiarse. Siempre hay opciones.*

22 Paradigmas
El dilema del nivel medio de la dirección: cómo vivir con la calidad

Fran y R. J. comenzaron el mismo día a trabajar en Smith Inc. En realidad, se conocieron en la sesión de orientación del empleado nuevo y se hicieron amigos. Trabajaban en distintos departamentos pero sus responsabilidades eran similares.

Los dos estaban entusiasmados con el comienzo de su "primer trabajo real". En realidad, durante aquella primera semana, ambos pensaron varias cosas que podían hacerse mejor en sus respectivos departamentos. Parecía un poco presuntuoso ofrecer consejo tan pronto y quizá ninguno de ellos solo hubiera tenido el valor de acercarse al gerente con sus ideas, pero se daban valor mutuamente.

Y los dos tuvieron la misma respuesta:

—Sí. Está bien. Miren, nosotros trabajamos de la manera como se trabaja por aquí, porque así hacemos las cosas en esta empresa. Incluso más, me gusta la forma como hacemos las cosas; siempre ha sido beneficiosa para mí y satisface al jefe. Pero, le diré que usted parece una persona joven, inteligente, aplicada y sincera. ¿Por qué no anota las cosas que le gustaría cambiar? Y tenga usted ese cuaderno mientras trabaja duro y no fisgonea. Quizás en unos doce años pueda tener este trabajo. Y entonces podrá hacerlo todo como quiera. Hasta entonces, las haremos a mi manera. ¿Alguna pregunta?

Ninguno de los dos formuló preguntas. Pero después de un par de largas discusiones, los dos decidieron hacer caso de la sugerencia y llevaron sus cuadernos. A ambos les gustaba la empresa y querían hacer carrera en Smith Inc.

Anotar las ideas se convirtió en algo de rutina. Nadie más conocía la existencia de los cuadernos y quizá sin la decisión común, los dos hubieran abandonado el proyecto.

Tuvieron suerte y ambos fueron ascendidos a la Dirección media al mismo tiempo.

Mientras Fran y R. J. estaban acomodándose en sus respectivos escritorios en el primer día de sus nuevas tareas, justo cuando cada uno iba a coger el gastado cuaderno "Mi idea", depositaron un informe en cada una de sus bandejas de "Entrada". Provenía del señor Smith (bueno, en realidad, de Smith III, que era el Smith de esa época) y decía: "Al lanzar nuestro esfuerzo en pro de la calidad de esta semana, quiero recordarle a cada uno que está en la dirección, una vez más: diríjanse a sus empleados en busca de ideas. Ellos saben cosas que nosotros, en la Dirección, no sabemos".

La primera idea que cruzó por las mentes de Fran y R. J. fue "¿Qué tal el cuaderno 'Mi idea'?".

R. J. estaba tan enojado que trabajó poco aquel día. Fran encontró una nota para una nueva clase de instrucción titulada

"Los gerentes medios y la crisis a mitad de la carrera: ¿quién dijo que *ellos* podían pensar?", en el diario mural en el pasillo y se inscribió de inmediato.

Cuando Fran le contó a R. J. lo del curso, aquella tarde, cuando viajaban (compartían un automóvil hacía más de 10 años), R. J. no manifestó ningún interés.

—Escucha —dijo R. J.—, lo tengo todo pensado. Trabajaré con alguno de esos equipos de calidad de los que habla todo el mundo, pero les diré sobre qué tienen que trabajar... Sobre las ideas del cuaderno "Mi idea".

A Fran le pareció que eso podía funcionar pero trató de convencer a R. J. de que se apuntara al curso. No tuvo éxito.

El curso resultó interesante: trataba sobre el cambio de papeles desde el de minidictador (por más divertido que fuera) al de entrenador y maestro, un director de "hurras", un recurso y, sobre todo, un líder.

En la primera reunión entre Fran y el equipo de líderes del departamento, Fran ofreció su cuaderno como un recurso posible: hasta les contó cómo lo había empezado y cómo el proceso de calidad de alguna manera le había fascinado. Todos rieron juntos al leer un par de ideas viejas que actualmente sonaban tontas y encontraron alguna que todavía parecía bastante buena.

—Dejaré esto en la mesa fuera de mi oficina —dijo Fran—. Si quieren usarlo, háganlo.

Mientras tanto, R. J. estaba en guerra. Los equipos de calidad en el campo de R. J. recibían las ideas del cuaderno para que fueran evaluadas. Se esperaban las recomendaciones para su aplicación pero siempre se retrasaban por alguna razón.

Fran y R. J. empezaron a evitar la conversación sobre el proceso de calidad mientras viajaban juntos. Pero a los dos les resultaba difícil no tratar el tema, aunque Fran detestaba escuchar las quejas de R. J. y el entusiasmo de Fran era demasiado para R. J. Cuando Fran dijo:

—Hay 15 ideas de mi cuaderno que se han desarrollado y aplicado..., hasta tal punto que casi no las reconozco.

Los dos coincidieron de manera tácita en declarar insalubre el tema del proceso de calidad. Ninguna de las ideas de R. J. había sido aplicada.

Cuando ascendieron a Fran, dejaron de viajar juntos.

Axioma 22. *Los gerentes de nivel medio tienen un problema especial con la mayoría de los procesos de calidad. Es indiscutible que el papel de esos directores sufrirá un cambio notable: de microgerentes y directores a entrenadores y recursos. Este modelo nuevo proporciona oportunidades atractivas para la cooperación y la innovación.*

23 Perseverancia
El fantasma de los programas antiguos

—¡Bah! —exclama el presidente de la empresa—. No necesitamos programa alguno o proceso complicado o lo que sea para poner a esta empresa en forma. Necesitamos a alguien que tenga un par de buenas ideas para mejorar la calidad y estaremos pronto en el tema. Mañana mismo anunciaré que esperamos que todos trabajen de un modo más inteligente y participativo.

Al concluir bruscamente la reunión de colaboradores, el presidente decidió que ya había tenido bastante por ese día. Así que le dijo a su secretaria que cancelara todas sus citas para el resto de la tarde y se fue a casa. Aunque allí no hubiera nadie, por lo menos respiraría tranquilidad y no tendría que escuchar ninguna teoría más sobre las finanzas y sobre cómo sacar a la empresa de su pequeño atraso.

Una vez en casa no tenía mucho que hacer. En su caso, "el negocio" y "la vida" eran intercambiables. Ni siquiera recordaba la última vez que se había tomado un sábado libre, ni mucho menos una tarde a mitad de semana. "Quizás una siesta me cure este dolor de cabeza", pensó.

Se tumbó en el diván y pronto estaba profundamente dormido.

Pensó que había oído el reloj del recibidor tocar las tres, lo que lo sorprendió ya que no tenía un reloj en la entrada. Un hombre de aspecto triste, vestido con un traje muy conservador, apareció junto al diván, a unos 50 centímetros del suelo.

—¿Quién es usted? ¿Cómo entró? ¿Y cómo lo hace? —preguntó el presidente de la empresa mirando el espacio entre los pies del hombre y la alfombra.

Con gran sorpresa se dio cuenta de que no estaba alterado. En realidad ni siquiera se había molestado en sentarse.

—Pues bien, esto va a sonar un poco desfasado —dijo el desconocido—, pero soy el fantasma de los antiguos programas.

—Está bromeando...

—No, lo digo en serio. Estoy aquí para recordarle algunos de los programas que usted impuso en la empresa en las últimas décadas y cómo fracasaron estrepitosamente —dijo el hombre—. Y ahora viene la parte incómoda: tendrá que tomar mi mano para que podamos hacer juntos un pequeño paseo.

El presidente de la empresa ni siquiera se dio cuenta de que se había levantado del diván, pero cogió la mano del hombre (supuso que era lo mejor que podía hacer porque quizá tenía un revólver) y tuvo la sensación de viajar.

Se detuvieron en un lugar que le resultó familiar.

—Ah, ésta es mi empresa..., hace 25 años. ¿Qué les ha hecho a los demás? —preguntó el presidente de la empresa.

—Nada. Estamos hace 25 años y nadie puede vernos ni oírnos, pero nosotros podemos oírlos a ellos. ¿Quiere escuchar lo que dicen esos dos que están allí?

Flotaron sobre la fuente de agua fresca donde dos jóvenes estaban conversando.

—Finalmente tuve la respuesta sobre la sugerencia que deposité en el buzón —contó el primero.

—¿Qué opinan? —preguntó el segundo.

—Dicen que están estudiándola y que me agradecen que la haya enviado.

—¿Cuándo la mandaste?

—Veamos…, estamos en julio…, fue después de Navidad… Hará unos seis meses.

—Sí, eso es lo que se tarda aquí. Una vez yo envié una idea. Recibí un rotundo "no" seis meses más tarde. No quise volver a hacerlo.

—¿Qué piensa de esto? —preguntó el hombre extraño al presidente de la empresa.

—Es un chico avispado, no se da cuenta de que el comité de dirección tiene muchas otras cosas que hacer además de leer sus ideas alocadas. Hay que llevar un negocio —respondió el presidente—. Ese chico me resulta familiar, pero no creo que trabaje para mí.

—Debe de resultarle conocido —dijo el hombre extraño—; actualmente es su competidor más importante. Pero vamos, tenemos que detenernos unas cuantas veces.

De nuevo la sensación de viajar. De nuevo un ambiente conocido: su edificio, pero más próximo en el tiempo.

—¿Y ahora, qué? —preguntó el presidente de la empresa.

—¿Se acuerda de esos tres que están ahí? —preguntó el hombre—. Son los costosos integrantes del equipo de consultores que contrató para que estudiaran la eficiencia y el trabajo de diseño.

—Ah, sí, al principio no vi sus cronómetros —dijo el presidente—. Trabajaron bien para nosotros. Resultaron caros, como todos los que solucionan problemas, pero cambiamos un par de cosas por aquí.

—Le sugiero que vaya a escuchar a los dos trabajadores que están hablando al lado de la fuente —dijo suspirando el extraño.

—¿Tres en esto? —preguntó el primero.

—¿Cuál es el problema? Expusieron algunas ideas bastante buenas —dijo el segundo—. No es que no podamos mejorar la manera de hacer las cosas por aquí.

—Sí, lo sé, pero pienso en sus propuestas. ¿No te parecen conocidas? La mitad de lo que dicen es lo que nosotros les dijimos en aquella reunión para obtener opiniones y la otra mitad es lo que tú y yo hemos hablado docenas de veces. Ahora sé lo que significa una reunión para recoger opiniones. Quiere decir que ellos no van a compartir el éxito. ¿Sabes lo que cobran esos individuos?

—Y si saben tanto —dijo el presidente de la empresa—, ¿por qué no hablan?

—¿Cómo? —preguntó el extraño—. ¿A través del buzón de sugerencias?

—No, les dimos oportunidades. Muchísimas. Mi puerta siempre estaba abierta.

—Veamos cuáles eran esas oportunidades...

Otra vez la sensación de viajar. El mismo lugar.

—Esto me resulta muy familiar —observó el presidente—. Muy parecido a lo que es hoy...

—Lo es.

—¿No debería acompañarme un nuevo fantasma? —quiso saber el presidente.

—No se aflija, he recibido la instrucción apropiada y ésta es una zona gris, de todos modos —respondió el espectro.

—Le tomo la palabra. ¿Y ahora, qué? —preguntó el presidente de la empresa.

—¿Recuerda aquel programa "Una idea por hora" que usted terminó hace poco? ¿El que duró un mes entero e instaba a los empleados a que le enviaran ideas para mejorar las cosas? Seguro que se acuerda, el de las tazas de café y todo eso... Bueno, éste es el día después del lanzamiento.

—Déjeme suponer. ¿Debería ir a escuchar a las dos jóvenes que están al lado de la fuente?

—Usted capta con rapidez.

—No vas a creer esto —decía una voz rencorosa—. Anoche, en el camino a casa, tuve una gran idea para ahorrar mucho tiempo en nuestro departamento. Estaba tan entusiasmada con la idea que hasta la redacté en cuanto llegué a casa. Mi marido creía que me había vuelto loca. Esta mañana cuando he llegado he ido a ver a mi jefe con mi gran idea. ¿Sabes lo que me ha dicho?

—Tengo miedo de preguntar —manifestó la segunda.

—Me dijo: "Ha llegado demasiado tarde, ya se ha acabado lo de una idea por hora". Así que yo dije: "Está bien, así que no voy a conseguir una taza de café ni un viaje a Hawai. Pero sigue siendo una buena idea y podría ayudar". Me respondió: "No tenemos tiempo para estudiarla. Vamos a estar ocupados durante los próximos meses tratando de considerar todas las ideas que han presentado hasta ahora. Vuelva a trabajar". ¿Puedes creerlo?

—¿Aquí? Seguro. Lo que me sorprende es que hayan pensado durante un mes que somos inteligentes.

—¿Comprende? —preguntó el extraño—. Sus empleados tienen toda clase de ideas para mejorar las cosas pero usted va a tener que facilitarles el modo de contribuir. Pues bien, creo que ya le he proporcionado bastante sobre qué pensar ahora. Volvamos a su casa.

—Espere un momento; ¿no me va a visitar algún amigo suyo que pueda mostrarme mi empresa en el futuro? —preguntó el presidente cuando se dio cuenta de que estaba de nuevo en el salón de su casa.

—Amigo mío, si usted no ha aprendido lo suficiente del tiempo que pasamos juntos, su empresa no tiene futuro.

Axioma 23. *El fracaso de los esfuerzos del pasado puede proporcionar claves valiosas para un futuro curso de acción. En este caso, los programas para mejorar la calidad fracasaron cuando se aplicaron, al establecer una estructura que capacitara a los empleados para participar de manera activa en todo momento. Aprenda las lecciones de la experiencia y persevere, aunque ningún fenómeno sobrenatural le impulse a la acción.*

24 Prioridades

¿Otra vez?

Es más fácil tratar con los clientes que con los empleados. Usted puede cortar la comunicación con los clientes.

Axioma 24. Sólo una vez.

25 Realidad
Tres mitos referentes a la calidad

A medida que los procesos de calidad ganaban popularidad en Estados Unidos durante la década de 1980, aparecieron algunos mitos que pasaron como "lo que se sabe". La popularidad de por lo menos tres de esos mitos puede atribuirse a su utilidad para capacitar a los líderes para racionalizar el retraso de los esfuerzos eficientes en la mejora de la calidad. Esto que "sabe todo el mundo" resulta muy negativo para entrar en acción:

Mito 1: *"Los procesos de calidad sirven para arreglar problemas. Solamente las empresas que padecen verdaderos problemas necesitan esas herramientas; a las empresas sólidas se les aconseja dirigir sus energías hacia otra parte".*

Lo opuesto resulta más cercano a la verdad. Probablemente, las empresas con problemas tengan una mentalidad de crisis, incluyendo un gran porcentaje de escépticos recalcitrantes. No es el momento de intentar la institución de un cambio de cultura. Es más probable que los procesos de calidad tengan éxito en empresas saludables que intentan pasar de una posición competitiva fuerte a otra de dominio de su campo: la calidad es para obtener ventajas y para crear oportunidades. Esta táctica también puede resolver problemas, pero por cada Xerox y Ford Motor Company que luchan contra el desastre, hay docenas de empresas cuya paciencia y/o capital son insuficientes para que puedan sobrevivir si esperan demasiado tiempo para dedicarse a la calidad.

Mito 2: *"Los esfuerzos norteamericanos para lograr la calidad en el servicio son 'primitivos'. Las empresas inteligentes esperarán* *hasta que no se incida sobre la calidad del servicio antes de comprometer recursos".*

Si esto fuera cierto, ¿por qué la probabilidad de pasar un buen rato en un parque de atracciones, de ingerir una comida agradable o de hacer una declaración precisa a un banco es notablemente mayor que la de tener un automóvil norteamericano libre de impuestos? Todos tienen sistemas complejos de producción y entrega del producto final, pero los que trabajan en servicios es más probable que cumplan con las expectativas. Los procesos de calidad son apropiados y pueden tener un impacto positivo en cualquier colectivo de seres humanos con un propósito común: ya sea el de producir bienes, entretenimiento, servicios financieros, atención de la salud, gobierno, educación o cualquier otro. No hay excusa para no esforzarse, ni siquiera en el servicio.

Mito 3: *"Un proceso de calidad tarda mucho tiempo en producir beneficios".*

En realidad, se necesitan varios años para que un proceso de calidad y los cambios culturales que lo acompañan de manera inevitable se establezcan con firmeza. Pero los resultados positivos comienzan de inmediato. Los empleados están siempre ansiosos por resolver problemas de largo plazo si se les da la oportunidad y puede esperarse que algo mejore la situación desde el principio. Esperar a comenzar un proceso de calidad porque tarda bastante en alcanzar su objetivo es ilógico. El tiempo pasa. En la década de 1970 una pregunta adecuada para predecir el éxito del negocio era "¿Quién es bueno?". En la década de 1980, la pregunta ideal para juzgar las posibilidades era "¿Quién está mejorando?". La pregunta para la década de 1990 es aún más sofisticada: "¿Quién mejora más rápidamente?". Los que se quedaron en la puerta de entrada esperando el momento ideal para empezar a mejorar la calidad, pronto habrán quedado tan atrás que será difícil que vuelvan a recuperar una buena posición.

Axioma 25. *Mire más allá de los insidiosos mitos sobre la calidad. Muchos mitos son populares porque proporcionan una excusa para la pasividad. La realidad es que no hay mejor momento como el presente para iniciar un proceso de calidad.*

26 Recursos

Inversión de tiempo, dinero y materiales en un proceso de calidad

El título del libro de Phil Crosby, *Quality is Free* [La calidad es gratis], no fue un equívoco expreso. Un proceso de calidad consume recursos de varias formas. Lo que Crosby señala es que cualquier esfuerzo en pro de la calidad se paga solo a la larga.

El tiempo es la inversión más obvia. Además de su propio tiempo, la directiva emplea miles de horas del tiempo de sus trabajadores. Por ejemplo, una empresa de 1000 personas, que alienta a sus empleados a reunirse en equipos de calidad durante 30 minutos una vez por semana, está usando 500 horas por semana para su propio mejoramiento. El entrenamiento en los métodos de calidad también exige tiempo. Afortunadamente uno de los subproductos de la mejora de la calidad es el aumento de la eficiencia. En resumen, el ahorro de tiempo.

Los gastos directos también son parte de la inversión. Incluyen los costos asociados con la contratación de consultores y del personal adecuado para realizar el proceso día a día, la creación y mantenimiento de los cursos de entrenamiento, el diseño y la aplicación de un programa de reconocimiento y celebraciones, así como los gastos que surgen de las decisiones que se toman sobre la calidad. ¿Son necesarias todas esas inversiones?

El actor Steven Wright sostiene que "a todas partes se puede llegar caminando..., si se tiene tiempo". En el mismo sentido, nadie necesita realmente contratar un consultor, porque cualquier persona inteligente del personal podría diseñar un proceso de calidad factible sin ayuda exterior..., si quisiera emplear mucho tiempo. Sin embargo, los consultores pueden ahorrar a una persona o a una empresa muchas horas de investigación, y evitar que vuelva a inventarse la rueda.

Para capitalizar mejor el gasto de la contratación de consultores, el truco es usarlos como "consultores", no como fuentes del "único camino verdadero". Una empresa puede incorporarlos, acceder a un contrato de corto plazo que determine que el consultor deje atrás (sin continuar la relación con la empresa) todo lo que se ha desarrollado o adquirido y proceda a extraerle toda la información útil antes de despedirlo.

Alguien *tiene* que dirigir el proceso de calidad día a día; la carrera de alguien avanzará o retrocederá según el éxito del proceso. A menos que la empresa sea muy pequeña (menos de 50 personas), el puesto debe ser a jornada completa. Pero no debería convertirse en un miniimperio. Por ejemplo, en el Paul Revere Insurance Group, el proceso de calidad para más de 3000 trabajadores está dirigido por cinco personas. En comparación, antes de que el nuevo director, James Broadhead, desmantelara en 1990 el Departamento de Calidad de Luz y Fuerza de Florida (una empresa con más de 9000 personas), tenía un exceso de 100 empleados.

El trabajo de dirigir el proceso de calidad es considerado por los que lo han hecho, el que ocupa el segundo puesto en la empresa: posterior solamente al del presidente o director de ésta. El nivel de energía, las innovaciones constantes, el esfuerzo continuo para mejorar todo lo que sea posible pueden resultar una gran diversión. También es satisfactorio saber que se está contribuyendo a que no sólo unos centenares sino miles de individuos adquieran el control de una parte importante de sus vidas, y al mismo tiempo se está convirtiendo a la empresa en otra más fuerte y rentable.

El entrenamiento no es optativo. Según el tamaño y la experiencia del departamento de Instrucción, puede elegir entre desarrollar sus propios cursos para apoyar el proceso de calidad o comprar los cursos y adaptarlos a la empresa. Con el desarrollo del proceso, se debe tener cuidado en asegurar que los cursos de instrucción se perciban como "propios" de los instructores y de la empresa.

Una inversión en instrucción (que incluye el equipo de entrenamiento y los cursos) puede reducirse de manera significativa si la organización compra la totalidad de los derechos para cualquier material que adquiera de un vendedor. Ese tipo de arreglo posibilita a la empresa el cambio o la puesta al día del curso a medida que se aprenden las lecciones y se desarrolla el proceso de calidad. También evita pasar por el ritual anual de comprar nuevas copias de libros viejos a 200 dólares cada una y tener que "renovar la cuota de préstamo".

Los gastos de capital resultantes de las ideas que nacen de un proceso de calidad deben ser juzgados por sus propios méritos y no simplemente porque son "ideas sobre la calidad". En algunas empresas, un porcentaje de los fondos ahorrados por ideas de calidad anteriores se entrega al director del proceso de calidad, para que lo use como fondo para desarrollar con rapidez las ideas particularmente atractivas.

La última categoría (el reconocimiento y las celebraciones) es una inversión más discutida. El motivo de este apartado es el agradecimiento, que no debe considerarse como un incentivo. Cuando los empleados toman responsabilidades adicionales, *merecen* que se les agradezca. Sí, requerirá tiempo decir "gracias" oportunamente. Sí, costará tanto como 50 o 100 dólares por persona al año la creación de un programa para decir "gracias" a todas las personas que lo merezcan, de manera simbólica y material. Pero, como toda inversión en un proceso de calidad, es un gasto rentable.

Un chiste muy difundido en las empresas norteamericanas dice que es muy duro permanecer dedicado al dragado del pantano cuando uno se encuentra constantemente hasta las caderas entre cocodrilos. La inversión en un proceso de calidad está destinada a dragar el pantano; mantener la inversión supone la promesa a los propietarios, empleados y clientes de que la población de cocodrilos disminuirá.

Axioma 26. *Esté preparado para un gasto inicial para solventar la calidad. Hay que pagar por el tiempo, los materiales y los expertos. Después de los costos iniciales, el proceso de calidad cubrirá más que sus propios gastos. Los profesionales de la calidad calculan, de manera conservadora, que un proceso de calidad bien dirigido rinde un mínimo de 5 a 1 de ganancia sobre la inversión.*

27 Requisitos
Algo más que una conversación: un plan de acción para la dirección

La calidad por exhortación es un enfoque a corto plazo y siembra las semillas de su propia destrucción; la calidad a largo plazo exige mucho más. No basta con asegurar a los empleados que "esta vez lo digo en serio. Es verdad, lo digo en serio. Vamos a convertirnos en una empresa obsesionada con la calidad. Si no lo hacemos, lo consideraré un fracaso personal".

Por más sentimental que resulte, cuando la directiva limita la búsqueda de la calidad a declaraciones y a buenas intenciones, los empleados hacen lo mismo. Lo necesario no es hablar sino actuar. Primero, exigir a los gerentes que inviertan el tiempo, el ego y el esfuerzo requeridos.

Los subordinados perciben cómo pasan el tiempo los directores. Invertir tiempo en aprender sobre la calidad manifiesta un compromiso para obtenerlo. Cualquier gerente puede convertirse en una especie de experto en el tema si lee lo adecuado .

y si asiste a un seminario o dos. Quizás una visita a otras empresas que tienen fama de hacer las cosas bien, sería apropiada.

Tomarse tiempo para hablar con los demás sobre la calidad es otro punto importante por motivos de estilo y contenido. Cuando se corre la voz en la empresa de que el jefe ocupa un tiempo valioso hablando sobre la calidad con otras personas, de todos los niveles, el mensaje de que la calidad tiene prioridad será claro. Y al mismo tiempo, participando en esas conversaciones, un ejecutivo aprende muchísimo más sobre la empresa y sobre las preocupaciones de los empleados.

Tomarse tiempo para definir un proceso de calidad para la empresa es también una buena inversión. Al asegurarse de que un proceso es perfectamente adecuado para la empresa, los directores facilitan a cualquiera que convierta la calidad en una parte de su trabajo.

Por varias razones, la definición de los procedimientos para la participación en el proceso de calidad de una empresa debe confeccionarse principalmente por sus directores. Si los altos ejecutivos sólo ordenan al equipo de gerencias que trabajen en los detalles ("aprobaremos lo que ustedes digan"), su propio compromiso será puesto en duda. Si contratan a un grupo consultor para hacer el trabajo ("ya lo han hecho antes, conocen esto mejor"), el proceso será siempre conocido como el de los consultores. Cuando los consultores se vayan, también se irá el promotor del proceso. La alternativa más eficaz a largo plazo es formar un comité de ejecución de la calidad para definir el proceso de calidad de la empresa.

El compromiso de tiempo (lo más precioso con lo que un ejecutivo contribuye en una empresa) resultará pesado al principio. Un comité de dirección de la calidad, según la dimensión de la empresa, puede exigir reuniones semanales durante un período de varios meses. Además del tiempo necesario para leer, pensar y discutir fuera de las reuniones.

Cuando el proceso haya sido definido y lanzado, no se exigirá tanta dedicación de tiempo a los ejecutivos. Los requerimientos "se limitarán" a mantenerse al día del estado del proceso, a estar informados respecto de los avances en el campo de la calidad, a participar en ceremonias de reconocimiento y actos similares, a asistir a las reuniones ocasionales (por ejemplo, mensuales) del comité de dirección de la calidad y, una vez que el proceso tenga éxito, a cumplir compromisos como dar conferencias para ayudar a otras empresas, sobre todo a las de los proveedores.

Los gerentes de primera línea también deben participar en el proceso. El diseño del proceso de calidad es el punto de intersección del tiempo y el ego. La manera más eficiente de convencer a los empleados de que los gerentes participan de manera personal en la calidad es diseñar un proceso de calidad que exija respuestas idénticas en todos los niveles de empleados. Un proceso de calidad bien definido que requiera la participación del ciento por ciento de los empleados no es para los tímidos. Exige optimismo y valor por parte de la dirección; supone que todos los que trabajan tendrán un papel activo.

La prueba con la tintura de tornasol para determinar el grado de seriedad de la dirección sobre la calidad es simple: ¿quién cambia de conducta? No basta con orientar los cambios sobre las conductas de otros en nombre de la calidad; la conducta personal de los directores también debe cambiar..., y toda la empresa debería saberlo.

El director que introduce a una empresa en un proceso de calidad tendrá que ser sumamente visible. No es el momento para la timidez. Cuando un director actúa positivamente para mejorar la calidad, debe hablarse de ello. No basta con ser activo: también es necesario ser evidente.

Trabajando para mejorar su contribución personal, un director se sensibiliza ante las dificultades que debe sortear cada miembro de la empresa cuando intenta cambiar algo. También le proporciona tema de conversación cuando se encuentra con alguien en el ascensor.

La demostración de compromiso más satisfactoria que puede realizar un ejecutivo es participar activamente en los problemas de reconocimiento, gratitud y celebraciones que son intrínsecos a un proceso de calidad bien definido. Los actos para felicitar a los empleados deberían ocupar una parte importante del tiempo del ejecutivo.

De nuevo, las razones de estilo y esencia entran en juego. Tomando parte, hablando con la gente y agradeciéndole lo que ha hecho bien, el director indica una vez más la importancia del proceso. Y, otra vez, al escuchar el motivo de agradecimiento a los ganadores, el director puede comprender lo que sucede dentro de la empresa.

Los ejecutivos de alto nivel que se comprometen personalmente juegan un papel vital en el proceso de calidad. Sin su participación, cualquier proceso de calidad notaría su falta.

Axioma 27. *El compromiso personal de los directores resulta esencial para el éxito de un proceso de calidad.*

28 Responsabilidad

¿Quién hace qué en un modelo de "caja negra"?

El liderazgo eficaz ha sido comparado con una "caja negra" en la que la responsabilidad del líder es asegurar que los datos que se registren en la caja (personas, recursos, información) basten para producir el resultado que se espera de ella. Los detalles de lo que sucede dentro de la caja negra sólo preocupan si el resultado no es el esperado o si hay motivo para creer que los efectos dentro de la caja violan los estándares éticos o profesionales.

La responsabilidad del trabajo en la caja recae en los encargados de la tarea. El líder, por lo tanto, debe exigir puestas al día periódicas sobre lo que sucede en la caja para controlar el estado de los proyectos bajo su dirección. A veces, el líder es invitado a la caja para aconsejar o ayudar en la resolución de un problema, pero aun así es aconsejable la cautela. Los líderes en todos los niveles saben que deben preocuparse por la estrategia para dirigir a sus subordinados, no por los detalles de la forma como se lleva a cabo una tarea asignada.

En la guerra del Golfo en 1991, el general estadounidense Norman Schwarzkopf en un instante se convirtió en un héroe de leyenda para los norteamericanos y en un héroe muy real para sus subordinados por practicar el liderazgo de la caja negra. Uno de sus subordinados era el general Walt Boomer (del Cuerpo de Marina de Estados Unidos), un marino responsable del flanco derecho (constituido por dos divisiones de Marina) de las Fuerzas Aliadas. Schwarzkopf explicó a Boomer lo que esperaba de la Marina y, después de conferenciar con sus ayudantes, Boomer volvió con tres alternativas. Al final de la presentación de cada una de las posibilidades, Schwarzkopf simplemente dijo:

—Sí, eso funcionaría.

Es casi seguro que "el impetuoso Norman" prefería uno de los tres planes de Boomer (y tendría algunas ideas para mejorarlo) pero se negó la oportunidad de elegir alguno de ellos. El ataque en el flanco derecho era responsabilidad de Boomer; por consiguiente éste debía tener la autoridad para hacerlo de la manera que prefiriera. Una restricción similar es posible y necesaria en cualquier posición directiva en una empresa. No es fácil; la tentación de aconsejar puede resultar avasalladora. Se requiere una cantidad enorme de fuerza de voluntad (y de confianza) para no inmiscuirse en los detalles de la tarea que le corresponde a un subordinado.

La ventaja del liderazgo tipo caja negra es clara. Sólo porque Schwarzkopf concedió a Boomer la dirección total del proceso del que era responsable, éste pudo reaccionar con confianza a los constantes cambios de la situación. Se pierden momentos preciosos, o días, si los subordinados se sienten obligados a jugar al "Mamá, ¿puedo?" cada vez que es necesario algún cambio en un plan detallado que se les ha pedido que cumplan.

En la práctica del liderazgo tipo caja negra, el general Schwarzkopf coincidió con un enfoque del liderazgo que no sólo se encuentra en toda la historia militar sino que está poniéndose de moda otra vez en los altos niveles del Departamento de Defensa. A mediados de 1980, el Secretario Asistente de Defensa en lo que concierne a instalaciones envió un paquete compacto con los oficiales de comando de Instalaciones Militares que tomaban parte en un programa llamado "Instalaciones Modelo". El paquete contenía un reglamento de bolsillo, un manual de cinco páginas para la operación de instalación (que reemplazaba a un libro de 380 páginas) y una página que contenía las directrices para la Dirección de una Instalación. La tarjeta definía los enfoques y los resultados esperados de este liderazgo de caja negra:

INSTALACIONES MODELO:
UN EXPERIMENTO EN DESREGULACION

Los comandantes dirigen sus bases a su manera,
más que a la manera de Washington

Las instalaciones modelo deberán:

- Esforzarse para lograr la excelencia
- Probar métodos nuevos, arriesgarse a fracasar
- Invertir algunos ahorros para mejorar la instalación
- Hospedar a visitantes

Los cuarteles generales deberán:

- Ayudar a los Comandantes del Modelo a lograr rápidamente la autoridad que necesitan
- Tratar de no dirigir bases ni suponer lo que piensan los comandantes
- Proteger el presupuesto planificado sin derrochar dinero ni desperdiciar los ahorros
- Descubrir lo que sucede y difundirlo

INSTALACIONES EXCELENTES:
LOS FUNDAMENTOS DE LA DEFENSA

La esencia del liderazgo tipo caja negra es que el líder cree que virtualmente todo subordinado (en cualquier nivel), si se le dan la oportunidad, la preparación y el apoyo, se esforzará sinceramente para realizar un buen trabajo. Además, el líder cree que las decisiones tomadas más cerca de la acción se producen más rápido y mejor. Puede resultar visceralmente más satisfactorio prescindir de la responsabilidad de dirigir y trabajar en las trincheras donde está la acción, pero los buenos líderes saben que no pueden evitar la solución de detalles que no les conciernen.

Axioma 28. *El enfoque estilo "caja negra" del liderazgo significa delegar tareas a los subordinados sin ocuparse de los detalles. No significa que el líder no sea necesario: el líder sigue siendo el responsable de lo que sucede dentro de la caja y de los resultados que se obtengan.*

29 Simplicidad
Veinte máximas sobre la calidad

La validez o utilidad de una teoría o sistema de dirección no es directamente proporcional a su complejidad.

Todas las organizaciones están perfectamente diseñadas para obtener los resultados que logran.

Más grande no significa necesariamente mejor: mejor es mejor.

La contabilidad acorrala a las personas y limita su actividad; la responsabilidad igual a la autoridad las desafía y amplia sus horizontes.

Aunque el capitán del barco vea claramente el puerto, no sirve de nada si los tripulantes continúan remando en direcciones diferentes.

La persona en cuya bandeja de "entrada" usted vacía su bandeja de "salida" es su cliente.

Un "problema" es la distancia entre el lugar en el que usted está ahora y en el que podría estar..., por bueno que usted sea en la actualidad.

Los gerentes en todos los niveles deben devolver a sus subordinados la autoridad que han estado usurpándoles lentamente en el transcurso de los años.

Un programa piloto es un esfuerzo para evitar la creación de algo significativo o difícil.

"Dirección participativa" resulta anticuado. El lema debería ser "Liderazgo participativo".

La responsabilidad de contribuir con la calidad es una condición de empleo, tan natural como cumplir el horario, asistir a una clase de instrucción o recoger el cheque.

Irónicamente, el grupo de clientes que se ignora más es aquel con el que es más fácil comunicarse: el de los empleados.

Hay dos obstáculos comunes para el compromiso de los directores con un proceso de calidad: "Esto parece demasiado fácil" y "Esto parece demasiado difícil".

Que una organización juzgue un proceso de calidad por su dificultad y alto costo es tan válido como que un profesor de la Facultad califique los exámenes escritos por su peso y por el número de notas a pie de página.

Cuando cada idea para mejorar debe pasar por el procedimiento de aprobación de superpuestos "Mamá, ¿puedo?", antes de su aplicación, las pequeñas ideas se perderán.

Los trabajadores norteamericanos creen que "productividad" significa "pretender el puesto de trabajo de otro". Ellos saben con seguridad que "disminuir el tamaño" o "tamaño adecuado" significa: "Están despidiendo gente".

Sólo tome medidas que hagan una diferencia.

La calidad es un proceso comercial que se ordena, aunque no siempre resulte ordenado.

"La confianza es como una burbuja de cristal. ¿Alguna vez trató de arreglar una burbuja de cristal?"

Un alumno de tercer grado

"Hay que evitar dos enfoques para mejorar: los sistemas sin pasión y la pasión sin sistema."

Tom Peters

Axioma 29. *Lo simple puede ser profundo. A veces unas pocas palabras alcanzan el corazón del problema.*

30 *Totalidad*

Suma de todos los ingredientes de la receta para la calidad

Aumentar la calidad exige un cambio en la cultura corporativa. Esa es la conclusión de Roland A. Dumas, en un artículo para *Quality Progress*. [2] Dumas compara los intentos de la mayoría de las empresas de adoptar el programa de un gurú a una lección de cocina surrealista:

Busque un especialista y pregúntele cuál es el ingrediente clave de una buena tarta. Consiga ese ingrediente y cuézalo. Tírelo. Encuentre otro especialista y pregúntele qué ingrediente cree que es el esencial. Consiga ese ingrediente y cuézalo. Tírelo todo. Repita. Repita.

Después de muchos años de investigar los programas de calidad en organizaciones de todo el país, mis colegas y yo hemos creado esa analogía para aplicar a la mayor parte de los programas. Si una empresa preparase una tarta de la misma manera que introduce un sistema de calidad, la receta diría así.

Los gerentes procesarían una serie de ingredientes perfectos, de una manera aparentemente lógica, y descartarían los productos que, en ocasiones, contaminan las herramientas y el medio. Este método de cocer en serie es paralelo a lo que sucede en el programa típico de una empresa cuando adopta el programa de un gurú, incluido el prejuicio respecto de una sola herramienta. Cuando el programa no logra el resultado deseado es reemplazado por el de otro gurú, y así sucesivamente. Al final, se obtiene muchísima experiencia, un costo muy alto y la frustración porque no se logra la calidad total.

Si bien Dumas dice que esto podría tener algún valor como experiencia de aprendizaje, las empresas que comprenden, desde el principio, que la calidad es una cuestión de liderazgo, tienen la ventaja. En un estudio se compararon los gastos de instrucción y desarrollo producidos para lograr la calidad total, con los problemas que experimentaban las empresas típicas:

Comprobamos que un 80 por ciento de los gastos eran para la instrucción técnica y la instalación de sistemas nuevos. Menos del 20 por ciento estaba relacionado con el liderazgo y con el cumplimiento de los programas.

Cuando se preguntó a los encuestados dónde estaban los problemas principales, se invirtió la relación. El 80 por ciento de los problemas estaban asociados con el liderazgo, el apoyo y el compromiso, y el 20 por ciento estaba relacionado con las habilidades técnicas. En otras palabras, el principio de Pareto se mantenía: el 80 por ciento del esfuerzo iba a arreglar el 20 por ciento de los problemas.

El problema real es que los gerentes compran sistemas para instalar en la organización pero no comprenden realmente la filosofía subyacente y tampoco apoyan los programas de calidad que han iniciado. Por lo general los niveles superiores de la empresa delegaban responsabilidades con demasiada ligereza y continuaban exigiendo acciones que eran incompatibles con los nuevos estándares de calidad. En las entrevistas, los gerentes principales demostraban que habían adquirido los sistemas técnicos y de dirección que resultarían adiciones estratégicas o producirían cambios en los negocios. Por lo general ignoraban que el éxito de los sistemas para la calidad total exige un cambio en la actitud y en la conducta.

Las empresas pueden aprender de la experiencia ajena. Dumas ofrece siete consejos clave para evitar los errores comunes:

Algunos asuntos resultan bastante comunes, por lo que se pueden dar algunos consejos generales en el campo del desarrollo y la aplicación del esfuerzo por la calidad en las organizaciones de toda la Nación (Estados Unidos). Esos puntos no sustituyen de ninguna manera las directrices de Deming, Juran u otros especialistas. Más bien son consejos empíricos que pueden reforzar o suplementar la directiva de la empresa. Son los puntos que, aunque pudieran figurar en programas formales, suelen no ser comprendidos por muchas empresas.

1. La calidad es un asunto del liderazgo gerencial. La cuestión fundamental es la forma como la gerencia piensa, se comporta y estructura los sistemas.
2. Cuide lo fundamental. Introducir sistemas y tecnologías nuevos cuando la gente no tiene las habilidades fundamentales para trabajar en ellos es la receta para el desastre.
3. Ponga en acción los sistemas y el cambio tecnológico junto al cambio social. Las personas son más receptivas a las nuevas formas de trabajo y gerencia en conjunto cuando los sistemas están cambiando. Llevar a cabo un cambio social y técnico requiere actividad sinérgica.
4. Céntrese en algunos conceptos básicos. La definición de la calidad debería relacionarse con facilidad en la tarea de cada uno. Debería ser simple y práctica.
5. Unase a la generación poscarismática. No permita a los famosos especialistas tomar las decisiones que le corresponden a usted. Ninguno de ellos tiene la respuesta completa, pero al mismo tiempo todos tienen algo valioso que decir. Aprenda de todos ellos y luego sea su propio guía.
6. Amplie su campo. Aprenda de las organizaciones de diferentes

industrias, incluso de aquellas que no van tan bien como la suya. Amplíe el campo de su esfuerzo para incluir la calidad en las decisiones de la gerencia, el proceso de venta, la contratación, la propaganda, la instrucción y en cualquier otro aspecto del negocio. Todos influyen en la satisfacción del cliente.

7. Concéntrese en un enfoque dirigido por el valor. Sobre todo, la calidad es una ética, un valor más importante que el beneficio. Cuando se mantiene como estándar más alto, hay más fe en los empleados. El crédito financiero reflejará mayor satisfacción del cliente y aceptación del mercado que lo que reflejaría un enfoque de reducción del costo.

Dumas dice bien: "Ningún sistema de organización debería adoptarse hasta que la gerencia comprendiera su papel en el liderazgo mediante el ejemplo y en la creación de una ética de la calidad que sea apoyada por sus propios sistemas y su conducta cotidiana".

Axioma 30. *La comprensión y el compromiso parciales con la calidad sólo pueden producir un éxito parcial o un fracaso total. El éxito completo exige un proceso completo. La única posibilidad de que triunfe realmente un proceso de calidad en una empresa es atacando de forma simultánea todos los asuntos del liderazgo, la participación y la medida.*

31 *Trabajo doméstico*
Un proceso de calidad comienza en casa

La dirección de una empresa se enfrenta a dos conjuntos principales de clientes. Uno es el grupo de personas y organizaciones que pagan por los servicios y/o productos de la empresa. El otro está constituido por los empleados. Sin la cooperación de este último grupo, la lealtad del primero está siempre en peligro.

Es impensable exhortar a los empleados para que proporcionen productos y servicios del agrado de los clientes, sin crear antes un ambiente de trabajo libre de preocupaciones. Una de las responsabilidades principales de la dirección es cuidar los detalles del trabajo doméstico para crear y mantener un ambiente en el que no sólo sea posible sino probable que el mejoramiento continuo se convierta en una norma.

Los empleados deben ocuparse de varios asuntos, desde la seguridad hasta los horarios flexibles, desde los beneficios hasta el cuidado de los niños. Preguntándoles se descubre lo necesario para establecer el conjunto de condiciones que produzcan la armonía. Es el mismo procedimiento que se emplea cuando se quiere saber lo que desean los clientes.

Una buena opción es una "encuesta de la actitud", una encuesta que se entrega a todos los empleados y que trata de sus opiniones sobre la organización más que sobre los servicios o los productos. Esas encuestas pueden adquirirse (quizás en una asociación industrial) o redactarse en la empresa. La ventaja de comprar una encuesta estándar es que contendrá todos los datos necesarios, capacitando a la organización para comparar la relación que tiene con sus empleados con las que existen en otras empresas. Si se usa una encuesta estándar, pueden añadirse algunas preguntas sobre la organización.

Como en cualquier encuesta, lo más importante es la aplicación de los resultados. Deben publicarse inmediatamente. Las respuestas estándar deben quedar claramente definidas. Puede anunciarse que cualquier pregunta que obtenga el 30 por ciento o más de respuestas negativas o que tenga un 10 por ciento más de puntos "negativos" que lo normal en la industria será tratada específicamente.

Las declaraciones de intención no son suficientes; deben llevarse a cabo. Ya que se pidió a los empleados que identificaran los problemas, es aconsejable que también colaboren en la determinación de las soluciones posibles. Los empleados de cada nivel en cada departamento pueden contribuir al esfuerzo. Así, la directiva tiene la oportunidad de recoger un conjunto fresco de ideas sobre cuáles son las preocupaciones que tienen mayor probabilidad de seguir siéndolo.

El Paul Revere Insurance Group enfocó de este modo su proceso de La Calidad Tiene Valor. La empresa adquirió una encuesta de actitud en un grupo de la industria del seguro y la amplió para incluir algunas preguntas específicas de Paul Revere y entregarla a todos los empleados.

Las respuestas "negativas" se dividieron en seis grupos lógicos: supervisión, deberes e instrucción; clima del grupo de trabajo/comunicaciones; salario y beneficios; oportunidad para ascender/seguridad en el trabajo; lugar de trabajo; horarios de trabajo. Se pidieron voluntarios para tratar estos temas.

Cada tema se entregó a un equipo de acción integrado por personas que cumplían distintas funciones y estaban en distintos niveles. A los equipos se les proporcionó la cooperación total de los miembros indicados de la dirección y la oportunidad de hacer sus recomendaciones directamente a la gerencia. Todos los empleados recibieron el informe del equipo especial, completo y con recomendaciones.

A los equipos no se les prometió que lo que recomendaran se aplicaría. Se les prometió una atención especial y una vigilancia. La Dirección respondió a cada punto. Una respuesta "no" era una opción válida siempre que estuviera acompañada por una buena explicación.

El equipo de horarios de trabajo dirigido por Sharon Gaudreau, por ejemplo, resumió las preocupaciones del empleado en las cuatro preguntas siguientes:

"¿Está satisfecho con su horario de trabajo?"

"¿Le agrada la opción de horario flexible que tenemos?"

"¿Está satisfecho con los beneficios del permiso por enfermedad?"

"¿Está satisfecho con los beneficios de las vacaciones?"

Las recomendaciones finales se basaron en:

- Entrevistas a más de 500 empleados de toda la empresa, para lograr una comprensión de los problemas y las preocupaciones de todos los empleados en cada departamento.
- La revisión de los estudios anteriores de la empresa y las ideas de calidad.
- La comparación de encuestas y políticas de otras empresas (locales, de la industria del seguro, etcétera).
- Los estudios de documentos y material referentes a distintos tipos de horarios de trabajo.

Las recomendaciones del equipo ocupado en este tema produjeron cambios significativos en la política del día por enfermedad y de las vacaciones. Los cambios fueron aprobados con rapidez por el presidente de la empresa. Además, se creó un programa piloto de horario flexible, y otra recomendación para cambiar la semana de trabajo se dejó para un estudio posterior. Todos los resultados y sus fuentes se publicaron para toda la empresa.

El deseo de la dirección de que intervinieran los empleados en el proceso de toma de decisiones fue una demostración más de la dedicación de Paul Revere al proceso de calidad en general y, en particular, de su opinión de que los empleados son inteligentes y bien intencionados.

Axioma 31. La Federal Express Corporation tiene razón. No basta con que los empleados tengan la respuesta a "¿Qué espera usted de mí?"; también es necesario que sepan "¿Qué gano con eso?". Las empresas que cuidan a sus empleados tienen empleados que cuidan a los clientes.

PARTE II

Sobre la participación

32   "Ab initio"

El marco para la participación

Pertenecemos a una especie inteligente y el uso de nuestra inteligencia nos proporciona placer. El cerebro es como un músculo; cuando lo usamos nos sentimos muy bien.

Entender da alegría.

—*Carl Sagan*
El cerebro de Broca (1979), Cap. 2

La rivalidad exhibe lo mejor de los productos y lo peor de las personas.

—*David Sarnoff (1891-1971)*

Para que las personas sean felices en el trabajo, se necesitan tres cosas. Deben ser adecuadas para la tarea. No deben practicarla demasiado. Y deben tener la sensación de éxito cuando la realizan.

—*John Ruskin (1819-1900)*
Prerrafaelismo (1851)

Axioma 32. *La participación presupone que usted está tratando con adultos inteligentes, colaboradores y capacitados. Si los compañeros de trabajo no responden a esa descripción, la participación les alentará a comportarse como si lo hicieran.*

33 Autonomía

Lo que puede hacer un empleado sin el apoyo empresarial

El objetivo de todo proceso de calidad es aumentar la satisfacción del cliente mejorando los procesos de producción de bienes y servicios. La mayoría de las discusiones sobre los procesos de calidad se producen a nivel general: ¿qué puede hacer una empresa para lograr el mejoramiento continuo? Pero también interesa en el micronivel: ¿qué puede hacer un empleado?

En una organización todos tienen clientes internos y todos tienen una descripción del trabajo (ya sea formal o informal). Sin embargo, rara vez un empleado se fija en los requerimientos de su trabajo y luego en lo que hacen otros empleados para descubrir si las especificaciones de su trabajo concuerdan con las expectativas de otros empleados. Incluso el intento informal de descubrir lo que los clientes internos desean realmente es un paso en la dirección correcta.

Como ejemplo, examinemos el caso de Rose. Rose entró en una empresa financiera de servicios cuando salió de la escuela secundaria; sus buenas notas y sus habilidades como dactilógrafa la ayudaron a ganar un empleo en un momento en que resultaba difícil acceder al mercado laboral y así comenzar su vida en el mundo de los negocios.

Aprendió la mecánica de su empleo de la misma manera que le aprenden muchos empleados nuevos: de la persona a la que estaba reemplazando, que había estado esperando que contrataran a alguien para poder pasar a un departamento diferente debido al ascenso. Tuvieron una "coincidencia" de tres horas.

En un momento, durante las frenéticas tres horas (lo primero que había dicho la "experta" que se mudaba de sección fue: "No tenemos mucho tiempo, así que limítate a escuchar") recomendó: "Ah sí, todos los martes, a la 1.00 de la tarde, esta caja con tarjetas va a aparecer sobre tu escritorio. Deja lo que estés haciendo en ese momento, ordénalas alfabéticamente y ponlas sobre el escritorio que está detrás del tuyo, porque Gloria trabajará después con ellas. En cuanto tengas práctica, sólo tardarás una hora y diez minutos".

Rose cumplió en seguida con la rutina y se desenvolvió bien. Era evidente su calidad de trabajadora, y cuando la calificaban siempre obtenía sobresaliente.

Todos los martes, a la 1.00, su mundo se detenía mientras ponía las tarjetas en orden alfabético. Una semana lo hizo en menos de una hora.

Y luego llegó aquel martes, justo después de la celebración de su segundo aniversario en la empresa. Rose acababa de poner la caja con las tarjetas ordenadas sobre el escritorio de Gloria y volvió a su propio escritorio, cuando recordó algo que quería decirle.

Cuando retrocedió vio que Gloria tiraba todas las tarjetas a la papelera. Rose reaccionó como hubiera hecho cualquier otra persona del negocio:

—¿Qué estás haciendo? —preguntó asombrada.

—Oh —dijo Gloria sorprendida— no las uso más... No las uso desde que hace un año y medio empecé a recibir una lista.

Rose no había estado perdiendo su tiempo ni el de la empresa adrede en ese año y medio. Había estado realizando las tareas exactamente como se las habían explicado. Lo que no había hecho era hablar con su cliente, Gloria, la persona a quien ella pasaba su trabajo. Nunca le había preguntado:

—¿Alguna vez usas estas tarjetas? ¿Prefieres que haga otra cosa para ti?

Esa falta de comunicación no existe solamente en los escalones más bajos de una empresa. Esto es un "ejercicio de la calidad" para un ejecutivo. La próxima vez que usted llene ese informe mensual (ya sabe, el que tiene todos los párrafos para la descripción, el que requiere que usted y su secretaria pasen unas tres horas buscando información), después de firmarlo, no lo introduzca en el correo interno de la empresa. Haga las copias suficientes para todos los que figuran en la lista de distribución (por lo general a la izquierda de la última página, debajo de su firma: podría necesitar ayuda para traducir el código) y entréguese-los en mano. Cuando entrega una copia a cada persona, pregúntele: "¿Usted lee esto? ¿Cuáles son las partes útiles? ¿Hay algo más que le interesaría ver en este informe?".

Es probable que la respuesta más frecuente sea:

—En realidad no siempre lo leo, pero lo archivo.

La segunda respuesta común suele ser:

—¿Qué informe es? ¿Está seguro de que lo recibimos todos?

La tercera puede ser una variante de:

—Ah, sí, uso el número del párrafo 3 b en mi informe mensual. Me alegro de que usted siempre llegue a tiempo.

Si usted se limita a acortar el contenido del informe reduciéndolo a un tercio y la lista de distribución a la mitad, vale la pena el esfuerzo.

Esto sucede dentro de una empresa, fuera de la vista del público. Los clientes que pagan recorren un largo camino hasta definir qué nivel de servicio podrá proporcionarle el empleado que lo atiende. El trabajo pobre (que incluye el innecesario) llega al cliente externo, ya sea en forma de mayor costo o de falta de tiempo o información.

Axioma 33. *Si la filosofía corporativa no cambia un ápice, si no proporciona una estructura y preparación, hay un paso que ahorra tiempo y dinero y que cualquiera puede dar. Pregunte a sus clientes internos qué es lo que desean. Hay un grado de autonomía para cada uno.*

34 Cambio

El cambio se produce

Nuevas propagandas

*Francamente, compañero, pienso que estos cambios están
produciéndose con demasiada rapidez...*

Jim Borgman
Cincinatti Enquirer [2]

Axioma 34. *¿No sería mejor tener la responsabilidad de decidir
qué cambios se harán, en lugar de tener que adaptarse a los ya
efectuados?*

35 Cánones

Los cuatro cánones de la participación

Un canon es una base para el juicio, un estándar o un criterio. Un proceso de calidad puede juzgarse según cuatro cánones de participación.

- **Canon 1.** *Todos están involucrados.* La participación no es voluntaria. Casi el total de los empleados divide a una empresa en activistas y observadores. El enrolamiento no voluntario de cada empleado no significa, sin embargo, que el ciento por ciento estén entusiasmados con la calidad desde el primer día del proceso. Significa que existirá un mecanismo que permitirá que cada individuo participe en la mejora continua de la empresa, aunque alguien no "entre en el problema" hasta varios meses después del comienzo oficial del proceso.
- **Canon 2.** *Todos tienen clientes.* Si se define al "cliente" como "alguien a quien usted proporciona un servicio, un producto o una información", la oportunidad que tiene cada empleado de ser activo en el proceso de mejora continua resulta fortalecida.
- **Canon 3.** *Todos tienen objetivos referentes a la calidad.* En un proceso serio de calidad, cada empleado tendrá objetivos personales referentes a la calidad junto con una comprensión de cómo sus objetivos individuales colaboran con los logros de la unidad y los objetivos de la empresa. Esos objetivos se desarrollan mediante discusiones entre los individuos, entre las parejas, los clientes y, por último, con el supervisor.
- **Canon 4.** *La aplicación se realiza de abajo hacia arriba; el compromiso y el apoyo, de arriba abajo.* Un proceso de calidad debe ser estructurado de manera que cada uno provoque un impacto sobre el sistema, no solamente para que el sistema haga un impacto en cada uno.

Axioma 35. *Todo proyecto humano en el que participen dos o más personas debe basarse en la comprensión de las reglas por parte de todos.*

36 Celebraciones

A veces hay que celebrar una fiesta

Las fiestas forman parte de la tradición humana. Desde la época en que un hombre arrastraba la cena dentro de la caverna, llevándola por la cola, hasta la llegada a casa con el trofeo del distrito, el logro de un objetivo ha sido siempre una buena excusa para celebrarlo. El mismo principio existe en los negocios, y no debería limitarse a que los ejecutivos del más alto nivel compartan una botella de champán muy caro para celebrar una gran venta o un buen año.

Todo tipo de celebración es apropiada: grandes y pequeñas, para ocasiones especiales o acontecimientos anuales, públicas y privadas. Cualquier celebración de una empresa suele contener un breve mensaje de negocios, pero tenga presente que lo mejor es que sea breve y que quede bien. Use el humor. Sea un poco cursi. Alardee, goce... ¡Diviértase!

La calidad es un tema ideal para una fiesta. La Pecten Chemicals Inc., Houston, Texas, invitó a un conferenciante, enunció los objetivos de la empresa para ese año y actuaron unos coros de la empresa. Un grupo de empleados hizo cantar a todos una marcha conocida como la "Canción del equipo de Pecten" y otro grupo cantó con la música del "Himno de la Marina":

Desde un hotel importante
a las costas del Japón
entregamos nuestros productos
por tierra o mar o aire
cumplimos con nuestros clientes
y lo haremos siempre así

porque somos integrantes
del Pecten Politic Team

La Fluoroware, Inc., Chaska, Minnesota, convocó a una fiesta especial para festejar el día ZDDay [Día de Defectos Cero] y agradecer a los empleados sus esfuerzos. La fiesta empezó con un paseo en bote por un pequeño lago (tan pequeño que hubiera sido muy fácil rodearlo en automóvil). A cada empleado se le regaló una nevera portátil con el logo "Amante de la calidad". Adentro había una camiseta, un silbato, un paquete con salvavidas (¿qué más para un crucero?), un sacacorchos y un yoyó; "Amante de la calidad" estaba impreso en todas las superficies planas. Después hubo un almuerzo, discursos y agradecimientos.

También hubo celebración en Carthage Machine Company, en Carthage, Nueva York. Lanzaron su proceso de calidad con una fiesta comunitaria en la que estuvieron presentes la banda de la escuela secundaria, funcionarios de la ciudad y jubilados, y se sirvió una inmensa tarta. McCormack y Dodge hicieron algo más discreto en Natick, Massachusetts. En un almuerzo, los ejecutivos de la empresa recibían a los empleados en la puerta y les daban tres carteles que celebraban el proceso de calidad sin límites.

Cualquier organización con un proceso estructurado de calidad encontrará muchas oportunidades para celebrar. La Paul Revere Insurance Group en Worcester, Massachusetts, comprometió a los altos directivos para que reconocieran los esfuerzos del equipo durante el año. Esos ejecutivos dirigieron más de 1500 ceremonias de agradecimiento durante los primeros cuatro años y medio del proceso "La Calidad tiene Valor". Una vez al año, todos los miembros de la empresa se reúnen en Mechanics Hall para una puesta al día del proceso "La Calidad tiene Valor" y para entregar los premios del año a los equipos y a los jugadores más destacados. La empresa ha mostrado vídeos del equipo de directores principales cantando y bailando, presentó en diapositivas a los empleados, regaló jarros, emblemas, globos: cualquier cosa para generar entusiasmo. Una vez al año, la empresa también celebra una Qualifest, una feria que da a los equipos la oportunidad de alardear de sus logros.

Pero a la Paul Rever no le bastan los acontecimientos de rutina. En 1988, cuando la empresa esperaba una visita de los inspectores para el premio Baldrige, en la cocina se prepararon 1400 galletitas con forma de una Q (de Quality) para entregar a los ejecutivos con el desayuno. Programas de corto plazo, tales como uno que capacitaba a los empleados para cambiar una nota de agradecimiento por un cactus con un "Aténgase a la calidad" impreso en un papel autoadhesivo, para añadirle un pequeño aliciente al proceso.

Haga celebraciones a menudo. Confiar en un acontecimiento anual es un error. Si los premios anuales se presentan en el contexto de un proceso de calidad, en el que virtualmente cada persona del público ha recibido el agradecimiento de la empresa una o más veces durante el curso del año anterior, las felicitaciones al público serán sinceras. Si ningún otro premio o agradecimiento se da ese año, divide a la empresa en dos grupos: la minoría que ha ganado y la mayoría que no lo ha logrado.

La celebración sirve de excusa para aumentar la solidaridad, la lealtad y el espíritu de cooperación. Combinando las ocasiones privadas con las fiestas públicas, se asegura a los empleados que se aprecian sus esfuerzos y que toda la empresa está comprometida en mejorar de manera continua.

Axioma 36. *Si aparece un motivo para celebrar, haga una fiesta. Si no aparece, busque un motivo para celebrar.*

37 Comunicaciones

Mejora de la comunicación: control de la recepción. Escuche

El "Departamento de Comunicaciones de la Empresa" en muchos casos no hace honor al nombre. Si reflejara la realidad, debería denominarse "Departamento de Difusión de la Empresa", ya que casi todas sus actividades están dirigidas a la entrega de mensajes. Desde las presentaciones personales a los vídeos y a los carteles (con todos los pasos intermedios), los especialistas deben proporcionar la frase adecuada o desarrollar alguna propaganda visual. Pero la difusión es sólo la mitad de las comunicaciones eficaces.

La "recepción" posee la misma importancia y, sin embargo, en la mayoría de las empresas se supone que se produce de manera espontánea. En las pocas ocasiones en que existe un intento de la empresa de asegurarse de que un mensaje haya sido bien transmitido, suele referirse a mensajes hacia el exterior de la empresa: por ejemplo, las relaciones públicas y la propaganda. Raramente se intenta calibrar la recepción interna. Se podrían comparar estas comunicaciones internas con el hecho de pegar una nota sobre una piedra con un cartelito de "Sin devolución" y tirar la piedra contra una pared.

Toda la Dirección es responsable de la recepción interna y eso la convierte en un problema sumamente complejo. Este problema incumbe a un ejecutivo que inicia una comunicación y trata de saber si lo que se ha recibido coincide con lo que trataba de transmitir. A la inversa, cuando un ejecutivo recibe una información, su superior tiene la responsabilidad de asegurarse de que escucha y comprende lo que la persona que ha enviado el mensaje intentaba decir. Esto evita un futuro intercambio de "Pero yo se lo dije" y "No, no me lo dijo".

Por supuesto que las probabilidades de éxito aumentan considerablemente si la transmisión es clara y concisa. Peter Baida, que escribe en *American Heritage*, acusa a los ejecutivos de olvidar lo fundamental: "He recibido notas tan cargadas de palabrería directiva que me sonaban al equivalente literario de un asalto a mano armada". Esto vale para los informes de rutina y para las declaraciones de "valores" sobre la calidad o sobre la "visión".

También se recomienda que el mensaje sea consistente. Ray Kroc, fundador de McDonald's, señaló que "Si tuviera un ladrillo por cada vez que he repetido el lema 'Calidad, servicio, limpieza y valor', creo que podría haber construido un puente sobre el océano Atlántico". Esas declaraciones tienen valor sólo si la gente las comprende bien. Si se comprenden y se difunden por repetición, pueden utilizarse como motivo de unión entre los miembros de la empresa.

Hablar con la gente, con mucha gente, es la única manera de estar seguro de que un esfuerzo en comunicaciones está funcionando. Expresiones que incluyen frases como "Lo que usted está diciendo quiere decir..." o "¿Me he expresado con claridad? ¿Qué oyó usted?" deben formar parte de la conversación con los miembros de la empresa. No piense que la recepción está garantizada; eso es demasiado arriesgado. Sin comunicaciones efectivas para suprimir barreras, una entidad se transforma con rapidez en una colección de grupos semiindependientes.

El aspecto más ignorado de las comunicaciones en una empresa es el de "escuchar". Pocos ejecutivos afirmarían que nada aprenden de las personas que compran sus productos y servicios. Sin embargo esos mismos ejecutivos actúan como si sus empleados tuvieran pocas cosas interesantes que proponer. Consideran las comunicaciones internas como un vehículo para dar a conocer sus opiniones, pero raramente las piden a los que están más abajo en la escala de la empresa (si no necesitan una información determinada para tomar una decisión concreta).

La razón de esta conducta miope reside en la incapacidad de reconocer que, a diferencia del poder empresarial, el conocimiento no está relacionado con la jerarquía. Aunque es correcto suponer que el jefe tiene el poder de dirigir a sus subordinados para que realicen ciertas tareas, el conocimiento no funciona así. Si una persona está en el nivel "X + N" (su jefe), no es una suposición válida que sepa todo respecto de los niveles "X" y "X - N" (el suyo y los inferiores).

Pero si el personal cree que el conocimiento es algo jerárquico, se elimina la comunicación hacia arriba en la escala de la empresa. Por ejemplo, si alguien detecta un problema que provoca una pérdida de eficiencia, podría pensar: "Creo que aquí hay un problema..., así que mi jefe también debe de haberse dado cuenta, ya que para mí es evidente... Pero mi jefe no hace nada para arreglarlo...; tal vez debe de saber algo que yo no sé, para que acepte que este trabajo resulte ineficaz... Por lo tanto, supongo que debo seguir realizándolo así, lo mejor que pueda".

La verdad es que el jefe no ha notado esa ineficacia y que, si se le hiciera ver, no ordenaría que el trabajo se realizase igual.

La responsabilidad de cambiar esta pauta reside en la persona que ostenta el nivel "X + N". Este individuo debe empezar a ignorar los años de entrenamiento dedicados a enseñar a cada miembro de la empresa a "escuchar lo que viene desde arriba" y "repetirlo hacia abajo". En lugar de eso debe "escuchar lo que viene de abajo", e incluso ingeniárselas para conocer esa sabiduría tan escondida.

Escuchar desde abajo llega con suposiciones y directrices propias:

- No toda la sabiduría está por encima de usted en la escala empresarial. Escuchar lo que viene de arriba sólo proporciona una parte del saber.
- Escuchar lo que viene de abajo proporciona mayor información para tomar decisiones. Nadie debe avergonzarse por no saber algo pero debe hacerlo si se niega a escuchar.
- Aunque esté en la cima o en la base de la empresa, es imposible que tome decisiones inteligentes careciendo de información precisa. Retener información es autoderrotarse.
- Escuchar bien supone actuar en consecuencia con el resultado de lo que se ha aprendido.
- La forma puede preceder al contenido. Las reglas formales (por ejemplo, la resolución de conversar con tres empleados todos los lunes por la tarde) son formas excelentes de iniciar nuevas costumbres.

Axioma 37. *Las comunicaciones son esenciales para un buen proceso de calidad.*

38 Creatividad

Búsqueda de empleados que atiendan al cliente y deseen hacer un esfuerzo extra

Crear y mantener un alto nivel de calidad en una empresa de servicios es un gran desafío porque son muchos los empleados que tienen contacto personal con los clientes externos (es decir, los que pagan). Por otra parte, precisamente porque existe esa estrecha conexión, el potencial de los empleados para satisfacer al cliente es enorme.

Esto añade una carga adicional a los empleados de una empresa de servicios. No sólo deben respetar las especificaciones técnicas de su empleo, sino que deben hacerlo con la actitud apropiada. Un trabajador de una cadena de producción de una herramienta, que esté de mal humor pero que tenga bien enraizado el hábito de hacer las cosas cuidadosamente, todavía puede hacer productos "aptos para el uso". Pero si un camarero está de mal humor y lo proyecta sobre el cliente, lo demás poco importa.

También hay una diferencia en lo que se refiere a la recuperación. Por ejemplo, un empleado de hotel atento y con agilidad mental puede convertir el descubrimiento de una cucaracha muerta en la cama de una habitación en la oportunidad para hacer un cliente para toda la vida. Por otra parte, no importa lo cuidadoso (o alegre) que esté un miembro de una cadena de montaje, si otro falla en la realización del trabajo el producto puede quedar inutilizado.

Un "arreglo" creativo puede durar poco, pero puede recuperar el tiempo que necesita la empresa de servicios para corregir el proceso que ha ocasionado el problema, antes de que otro cliente resulte afectado. El profesor Dick Chase, de la Escuela de Comercio de la Universidad de California del Sur, cuenta la historia siguiente:

Mi esposa y yo estábamos cenando en la planta baja de un

restaurante mexicano, muy popular, en Boston. Mientras esperábamos que nos sirvieran nuestros platos, vimos un ratoncito caminando junto al zócalo. *Venía* de atrás de algunas cajas de cerveza Corona, *miraba* a su alrededor y se *escapaba*. Esto sucedió varias veces, y nosotros y otros clientes observábamos con interés, mientras la pareja sentada a la mesa más próxima al ratón ingería el maíz sin haberlo visto. En ese momento llegó el encargado del restaurante para pedir disculpas por la lentitud del servicio; explicó que uno de los hornos estaba estropeado y que esperaba que algunas cervezas, como atención de la casa, nos ayudasen a pasar el tiempo. Por supuesto agradecimos el gesto y le advertimos, susurrándole, que había un ratón junto al zócalo y que esperábamos que pudiera hacer algo sin perturbar a los comensales que ignoraban la presencia del roedor. Su respuesta fue clásica:

—¿Un ratón? Es Harry: hace años que está aquí. Todos lo conocen. ¿Saben lo bueno que es tenerlo aquí? No hay ratas en nuestro restaurante porque los ratones y las ratas no pueden vivir juntos.

Chase comentó sobre la situación:

—El error del servicio era una combinación entre la lentitud y la evidencia de suciedad. El encargado controló ambas situaciones con aplomo, haciéndonos saber su preocupación por la espera y convirtiendo a Harry de un riesgo para la salud en algo simpático. (No volví a ver a Harry en otras visitas pero pregunté por él.)

Que un empleado se sienta lo suficientemente comprometido con la empresa como para aumentar el esfuerzo personal es la clave de la calidad del servicio. Si el empleado se siente respetado, comprende la identidad y los objetivos de la empresa, participa de ellos y procura mejorar continuamente la empresa. Así aumenta la probabilidad de que el empleado haga un esfuerzo extra en favor de la empresa.

Axioma 38. *Lo que opina el que recibe el servicio suele ser la definición de calidad que hacen los clientes externos. No importa lo que diga el manual de la empresa: el usuario sólo cree en sus experiencias personales. Esto añade mucha presión a los empleados que atienden al público en una empresa de servicios, porque deben ser creativos cuando se trata de satisfacer las necesidades del cliente.*

39 Cuestiones

Impedimentos empresariales para lograr la calidad

El departamento de Instrucción de una importantísima institución de servicios realizó una encuesta entre los estudiantes que participaban en las 44 clases que se daban como preparación para el inminente proceso de calidad de la empresa. La encuesta pretendía descubrir cuáles serían, según los estudiantes, los obstáculos para establecer un eficiente proceso de calidad en la empresa. Cinco puntos fueron mencionados por el 75 al 90 por ciento de los encuestados:

Falta de recursos/plazos no realistas

Compromisos no realistas; sistemas anticuados; falta de personal; intervalos insuficientes; todo para ayer; exigencias no realistas de los usuarios; fechas de finalización inflexibles; los mejores empleados tienen todo el trabajo y los otros ayudan poco; congelamiento de los superiores; plazos obligatorios; terminales insuficientes para acceder a los datos; tiempo insuficiente para marcar las pautas de introducción del nuevo producto.

Falta de comunicaciones

Departamentales; interdepartamentales; la estructura de la directiva obstaculiza las comunicaciones; no tener el cuadro entero de lo que deseamos lograr (filtrado); falta de comunicación honesta, por ejemplo: ningún aumento para nosotros pero los ejecutivos reciben uno; falta de detalles en todos los ámbitos; insuficiente acceso a los niveles superiores; demasiadas personas en el proceso; demasiada atención en poner el punto sobre la i y la rayita en la t, no en la intención global; comunicaciones equivocadas; suposiciones en contra de nosotros.

Falta de entrenamiento

Interno y de los clientes; falta de conocimiento/experiencia; falta de entrenamiento cruzado; imposibilidad de seguir el ritmo de la tecnología; supervisor que no desea poner un empleado a disposición; entrenamiento insuficiente cuando se pasa a una nueva tarea; falta de entrenamiento a tiempo; habilidades perdidas cuando el entrenamiento no las usa; falta de entrenamiento de los empleados y de los clientes respecto de los nuevos productos; ¿qué está disponible?

Falta de trabajo en equipo/cooperación

Responsabilidad: el crédito para usted, la culpa para mí; señalar con el dedo (en lugar de hallar la solución); no querer aceptar la responsabilidad: no es asunto mío; busque el 1, no hay equipo; falta de cobertura de las vacaciones: nadie elige el trabajo; la cooperación desapareció con la reorganización; la gente no comparte la información; la competencia entre los departamentos (y entre las personas); falta de esfuerzo del equipo (incluso dentro del mismo local); mala coordinación entre los grupos; charlas absurdas en los departamentos; demasiado culpar a otro; no compartir el conocimiento (no ayudar a otros para que pidan ayuda); falta de atención al trabajo en equipo.

Falta de definición

Requisitos imprecisos; "Cuando llegue a mi nivel, faltará la definición"; no hay tiempo para definirlos; falta de compromisos escritos (acuerdo de servicios) de los clientes internos principales; cambio de requisitos; definiciones incompletas.

Además, entre un 45 y un 75 por ciento de los estudiantes que respondieron, mencionaron obstáculos en las categorías siguientes: políticas, prioridades en conflicto, planificación/dirección pobre, y liderazgo/dirección/toma de decisión.

Finalmente estas categorías fueron mencionadas por menos del 45 por ciento: falta de comprensión de la definición de los procesos del trabajo, ánimo del empleado, papeleo, resistencia al cambio, falta de lenguaje estándar, ambiente de trabajo, falta de reconocimiento, reorganización/cambio constante y el uso de consultores.

Resulta lamentable pero no sorprendente que, en consecuencia, la empresa sufriera una larga huelga. Varios años más tarde, todavía esperan iniciar su proceso de calidad.

Axioma 39. *Los empleados se dan cuenta en seguida cuando la dirección abdica de la responsabilidad. La distribución de los* *recursos, las comunicaciones, la instrucción, la cooperación del equipo de trabajo y la definición de las especificaciones son todos asuntos de la dirección. Si la dirección no desea resolver estos problemas, no puede esperar que los empleados resuelvan problemas en sus zonas de trabajo.*

40 Dar poder
Un cuento sobre una sorprendente participación

El jefe se había autoproclamado discípulo del consultor Mough, de Antigua (véase *Una antigua fábula*, página 25). Le encantaba tomar medidas. Cuando descubrió los escritos de Mough, aplicó las lecciones en su empresa y se produjo un inmediato impacto beneficioso en el nivel inferior. Se ahorraba dinero y se aumentaba la productividad.

Pero el progreso, equilibrado después de un par de años, y la falta de nuevas medidas parecieron ayudar. En realidad, hasta hubo empleados que renunciaron a tomar más medidas.

Entonces el jefe oyó algo sobre "el otorgamiento de poder". Se decía que la clave del futuro estaba en los "empleados a los que se les había otorgado poder".

Eso sonaba bien, así que el jefe examinó la situación y comenzó a elegir a sus mejores empleados. Cuando todos los factores para la evaluación de los empleados coincidían en que uno en particular era el mejor, el jefe le mandaba a buscar y le invitaba a su despacho.

El empleado, de pie frente al escritorio del jefe, escuchaba:

—Usted es un buen empleado. Los tests de capacidad lo prueban. Tiene muy buenas calificaciones así que le anuncio que le otorgo poder.

Con frecuencia esta noticia inesperada provocaba al empleado lágrimas de felicidad y emoción.

Un día George fue invitado al despacho del jefe.

—George —dijo el jefe—, usted es uno de los mejores; los resultados lo indican. Tiene excelentes calificaciones. Por consiguiente pasa a la categoría de empleado al que se le ha otorgado poder.

George comenzó a sonreír, pero repentinamente dejó de hacerlo y preguntó:

—Señor, le agradezco el honor, pero ¿qué significa?

—¿Qué significa? —repitió el jefe— ¿Qué quiere decir con qué significa? Significa que le otorgo poder.

El jefe se sintió incómodo. Nadie le había preguntado nada antes.

—Pues bien —continuó George—, no quiero parecer desagradecido porque en realidad me siento muy halagado y encantado, pero ¿qué significa que se me otorga poder? ¿Cómo han cambiado las cosas? ¿Debo delimitarlo también? ¿Qué puedo hacer ahora y qué no debo hacer de lo que estaba haciendo antes de que se me otorgara poder?

George era sincero y se sentía molesto; el jefe se dio cuenta.

El jefe era un hombre justo. Dijo:

—¿Podemos volver a conversar sobre esto? ¿Qué le parece la próxima semana?

—Gracias —dijo George—. En realidad no quiero causar inconvenientes, pero si usted desea que vuelva, lo haré la semana que viene. Gracias de nuevo.

El jefe llamó al director de Medida, Investigación y Desarrollo y repitió la pregunta de George. El director citado dijo:

—No estoy seguro. Pero he oído hablar del poder y figura en el título de varios libros y artículos.

—Le dije que tendría la respuesta dentro de una semana —dijo el jefe—. ¿Por qué no empezar viendo qué es lo que hacen los otros empleados a los que se les otorgó poder?

—Buena idea —dijo el director de MI&D—. Me ocuparé de eso inmediatamente.

Dos días más tarde, el director de MI&D informó:

—Todos los EP (empleados con poder) opinan que se sienten muy felices con su designación. Me han dicho que el otorgamiento de poder los hace "sentir bien" y que verdaderamente aprecian el tiempo que usted les dedicó.

—Sí —dijo el jefe—, pero ¿qué significa? ¿Qué es lo que están haciendo de manera diferente?

—Nada, al parecer —dijo el director de MI&D—. Algunos comentaron que habían pensado hacer algo pero que no estaban seguros de cuáles eran los límites, así que no lo hicieron. Ah sí, también dijeron que los empleados de otras empresas les envidian porque se les ha otorgado poder. Ser un EP supone una mejora de posición.

—Pero, ¿qué significa? ¿Hemos medido el impacto del otorgamiento de poder en nuestros empleados?

—Creo que no. Cuando usted comenzó este programa, tuve una conversación con un colega que ocupa el mismo cargo que yo en otra empresa de esta misma ciudad y me comentó que el otorgamiento de poder a los empleados no se podía aplicar como una medida determinada, sino que era algo más grande que eso. Como ya teníamos bastante trabajo, no tratamos de profundizar en el asunto.

—¿Todavía mantiene buenas relaciones con esa persona? —preguntó el jefe— ¿Podría pedirle que viniera para conversar?

—Ella está esperando fuera en este momento —respondió el jefe de MI&D, complacido porque había sabido cuál sería la reacción del jefe.

—Por favor, invítela a pasar.

El jefe y la amiga del director de MI&D hablaron durante varias horas aquel día y el siguiente. El jefe quedó sorprendidísimo cuando se enteró de que las directrices de Mough para Antigua eran solamente una parte del cuadro: nunca había oído hablar de Lawrence y Curleigh.

A finales de semana, George se presentó en el despacho del jefe justo a tiempo. Entró y tomó asiento.

—He estado pensando y hablando mucho durante la semana pasada, George —dijo el jefe—. Quiero agradecerle que me plantease aquella pregunta la semana pasada. Todavía no tengo la respuesta completa para usted, pero tanto yo como mis colaboradores inmediatos estamos trabajando en ello. De todas maneras puedo darle una respuesta parcial que le permitirá empezar.

—Eso me satisface —dijo George—. En realidad yo no quería causar tanta molestia. Siempre me ha gustado mucho trabajar aquí.

—El comienzo de una respuesta a su pregunta es "La autoridad iguala a la responsabilidad" —dijo el jefe—. Sospecho que también eso será todo, pero debemos aprender mucho antes de comprender la respuesta en su totalidad. Una amiga mía dice que "La autoridad iguala a la responsabilidad" significa "Otorgar poder con límites definidos: los límites definidos proporcionan libertad de acción a una persona". Eso tiene sentido para mí, George. ¿Qué le parece?

—Pues bien, a ver si lo he entendido; "La autoridad iguala a la responsabilidad" suena un poco como si me hubieran otorgado poder para cambiar aquellas cosas de las que yo soy responsable. ¿Es algo así?

—Muy bien, George. Mi nueva amiga lo dice con más fuerza. Ella dice: "Si el objetivo está ahí, ellos pueden cambiarlo y su jefe reconoce que no es justo culpar a alguien que esté haciendo solamente lo que le han dicho que haga porque no tiene poder para cambiarlo". Vamos a incorporar esa filosofía en toda la empresa en los próximos meses, así que creo que ser un empleado al que se ha otorgado poder ya no resultará algo especial.

—¿Opina que no? —preguntó George.

Axioma 40. *Incluso una iniciativa concienzuda de la directiva puede parecer palabrería si las palabras se usan sin ser comprendidas. En el caso de otorgamiento de poder, cada uno debiera no sólo estar alerta a la posibilidad de cambio sino que también debería hacer los cambios necesarios. Sólo entonces mejorará continuamente la calidad.*

41 Diversión

Lo decimos en serio: organice algo divertido

Como sucede con el concepto de calidad, la idea de asegurar que el lugar de trabajo sea una fuente de alegría posee un aspecto muy práctico. Los individuos que encuentran agradable el lugar de trabajo realizan mejor sus tareas. Cuando las personas logran satisfacción, aprecian el humor inevitable del ambiente y elaboran un juicio honesto de la importancia relativa de sus diferentes tareas, trabajan con mayor eficiencia.

La seriedad y la diversión no son incompatibles. En realidad, son complementarias. Pensemos en las historias al respecto. Sin sentido del humor y sin sentido de la proporción, no existen grados de seriedad. Todo se convierte en una crisis de mandíbulas tensas. Y cuando aparece una emergencia verdadera, se repite la fábula del muchacho que gritaba "¡El lobo!".

Esas dos cualidades (el sentido del humor y el sentido de la proporción) son tan preciosas que deberían conservarse cuidadosamente cuando se descubren en un subordinado y apreciarse profundamente cuando las manifiesta un superior jerárquico. Se debe diferenciar el humor auténtico de la broma sin sentido y el juicio equilibrado de la negativa a tomar las cosas en serio. Debe propiciarse el primero y descartarse el último.

Incluso existe un gran número de evidencias de que la risa beneficia la salud; de que una buena carcajada disminuye el ritmo cardíaco y la presión sanguínea y aumenta la circulación hacia el cerebro, descargando endorfinas, los conocidos analgésicos bioquímicos que producen la "euforia del corredor".

Por suerte, la conciencia en aumento del impacto positivo del humor como un componente natural del ambiente de trabajo, se traduce en acción. Las empresas han comenzado a contratar "estrategas de celebraciones" o a establecer "comités de celebraciones" que tienen, como deber principal o secundario, la responsabilidad de ayudar a los empleados a ver el lado positivo del día de trabajo.

David J. Abramis, en *Psychology Today*, ofreció las siguientes directrices para producir un trabajo más agradable:[3]

Haga un esfuerzo consciente para divertirse. Propóngase objetivos para usted y sus subordinados —tales como asistir a las reuniones de la empresa con mayor regularidad o establecerse desafíos a usted mismo— como marca objetivos más tradicionales de acción y logro. Debería considerar la diversión como un objetivo cuando establece las metas a alcanzar.

Comunique la noticia. Haga que la gente sepa que divertirse en el trabajo es apropiado, aunque no lo haya practicado en el empleo anterior. Comparta su idea de que la diversión puede ser productiva además de agradable y destaque que tanto el individuo como la empresa deben colaborar para conseguir que el trabajo sea divertido.

Ayude a los supervisores y a otros directivos a divertirse y sugiera tácticas para que ellos puedan ayudar a sus empleados a hacer lo mismo. Su influencia es crucial, para bien o para mal. Cuando preguntamos: "¿Qué haría que su trabajo fuera más divertido?", algunas personas contestan: "Que desaparezca mi supervisor".

En el otro extremo, un vendedor explicaba cómo su jefe "estableció un día entero de diversión y juego mediante una olimpíada de ventas". Es un deporte en el que equipos de vendedores compiten entre sí. Otro supervisor "trata de comenzar la reunión semanal con un chiste". Un hombre nos comentó que en una empresa manufacturera "nuestros gerentes bromean continuamente. Y eso reduce la tensión en las 60 horas semanales de trabajo".

Pregúntele a la gente qué la divertiría. Como el resultado es diverso, es necesario proporcionar la diversión adecuada para cada persona y cada situación.

Use las recompensas y el agradecimiento para hacerle saber a la gente que se la valora. Organizaciones tales como la Domino's Pizza de Detroit, North American Tool & Die, un productor de metal troquelado de San Leandro, California, y otras…, reconocen el éxito de fiestas, premios, celebraciones y palmaditas en la espalda. De cada gerente y supervisor se espera que reconozca los éxitos y los logros, grandes o pequeños. Las recompensas no tienen que ser formales ni burocráticas; pueden ser espontáneas y personales, adecuadas a las circunstancias.

Cree acontecimientos. Diseñe o aumente el número de actividades planificadas que añaden diversión al trabajo: concursos, reuniones a cargo de la empresa, deportes. Todos pueden ayudar. Pero el beneficio mayor proviene probablemente de la creación de la diversión en el trabajo, en las interacciones sociales en grupos y en las interacciones con los superiores.

Contrate personas que estén interesadas en la diversión y que sean capaces de divertirse. Por ejemplo, en la Dreyer's Grand Ice Cream, las personas no ascienden a supervisores a menos que tengan la capacidad de crear diversión y despertar el entusiasmo de los demás. Puede ser más fácil contratar esta capacidad que entrenar a un profesional amargado para que se ría.

Comentamos la actitud de las empresas más avanzadas en la actualidad. Refiriéndonos a su "cultura" y al hecho de que constituyen una "familia". Solamente las familias cuyos miembros disfrutan estando juntos, permanecen juntas durante mucho tiempo.

Axioma 41. *"Silba mientras trabajas."*

—Los siete enanitos

Alternativa del axioma 41: *"Sé feliz en tu trabajo".*

—Mao Tse Tung

42 Eficiencia
Los detalles significan muchísimo

Una red para pescar con agujeros grandes sólo atrapará peces grandes. Una red con agujeros pequeños atrapará los peces grandes y también los pequeños. Cuando se saca la red del mar, el peso total de los peces pequeños probablemente superará el peso de los pocos peces grandes que han sido atrapados.

Los procesos de calidad necesitan tejer redes que puedan pescar ideas grandes e ideas pequeñas. Centrarse solamente en las grandes ideas (las ideas "salvadoras") disminuye la eficacia del proceso de calidad desde su comienzo. Sin embargo muchos programas establecidos hoy, de manera abierta o disimulada, desalientan la presentación de pequeñas ideas de alguno de estos modos:

- Las empresas insisten en que todas las ideas deben presentarse al gerente antes de su aplicación.
- Los empleados saben bien el valor del tiempo del gerente. En aquellas situaciones en que un grupo reconoce que es la única oportunidad que tendrá de dirigirse a los gerentes durante ese mes (o año), no "desperdiciará" tiempo en las ideas que "solamente" disminuyen los errores o "solamente" ahorran unos pocos minutos o un poco de dinero.
- Las empresas proporcionan incentivos como un porcentaje de lo que se ahorra.

Un error común de los sistemas del buzón de sugerencias es que reduce la posibilidad de que un empleado "venda" su idea a la gerencia. También asegura virtualmente que no habrá ninguna pequeña idea que se presente en la reunión mensual (o quincenal) del Comité encargado de las sugerencias.

Los japoneses poseen incluso una palabra para la filosofía del aumento de la mejora: *kaizen*. Aunque no están en contra de las grandes innovaciones, piensan que las empresas que alientan las pequeñas ideas se benefician mucho. Por ejemplo, Toyota ha creado un sistema de sugerencias durante las dos últimas décadas y en la actualidad reciben más de 2,6 millones de ideas al año de sus empleados. Esto supone un promedio de más de 60 ideas por empleado al año (y por cada idea se da la misma cantidad de reconocimiento monetario). Uno de los motivos de esta notable tasa de participación es que el 95 por ciento de las ideas se aplican.

Muy pocas de esas 2,6 millones de ideas son grandes ideas con consecuencias importantísimas. En realidad, muchas son bastante limitadas en su impacto. Pero si uno pudiera multiplicar 2,6 millones por pequeñísimo el producto sería inmenso.

Las empresas que alientan la exposición de las ideas pequeñas están apostando al favorito. Es mucho más fácil encontrar 100 personas que puedan mejorar las cosas en un uno por ciento, que encontrar un mago que pueda mejorar las cosas el ciento por ciento. Los magos son grandiosos; la confianza en los magos, no. Si uno de cada cien empleados tiene un mal día, aun así existe la probabilidad de un 99 por ciento de mejora. Si un mago tiene un mal día...

Axioma 42. *Si el movimiento por la calidad en Norteamérica alguna vez se organizara lo suficiente como para elegir su propio himno, éste debería ser "Los detalles significan muchísimo". El flujo continuo de pequeñas ideas es el corazón y la mente del mejoramiento de la calidad. Mantenerse alerta ante cada oportunidad facilita el surgimiento de las grandes ideas.*

43 Equilibrio

Pros y contras de la participación del empleado

En un artículo titulado *Employee Participation and Involvement*, los profesores David Levine y George Strauss de la Universidad de California, Berkeley, incluyeron el análisis siguiente de los beneficios teóricos de la participación del empleado:[1]

1. La participación puede producir mejores decisiones. Suele suceder que los trabajadores tengan información que no posee la

dirección. Además, la participación permite una variedad de puntos de vista. *Por otra parte*, los trabajadores pueden estar menos informados que los directores y las premisas sobre las que se basan para tomar sus decisiones pueden ser diferentes. Además, si las decisiones se toman en grupo, la reacción al cambio de medio debe ser especialmente lenta.

2. Es más probable que las personas respeten las decisiones que han tomado ellas mismas. No sólo saben mejor lo que se espera de ellas, sino que ayudar a tomar una decisión las compromete a cumplirla. *Por otra parte*, una vez que se han comprometido a respetar una decisión, los empleados pueden resistirse a cambiarla.

3. El proceso mismo de participación puede satisfacer necesidades no pecuniarias tales como la creatividad, el éxito y la aprobación social. *Por otra parte*, no todos desean fervientemente la creatividad y el éxito, o ya lo satisfacen lo suficiente fuera del trabajo.

4. La participación puede mejorar las comunicaciones y la colaboración; los empleados se comunican entre ellos y no necesitan que toda esa comunicación fluya a través de la gerencia, ahorrando tiempo a los directivos. *Por otra parte*, la participación consume tiempo.

5. Los trabajadores que participan se supervisan a sí mismos y disminuyen así la necesidad de supervisores que trabajen a jornada completa y, consecuentemente, disminuyen los costos laborales.

6. La participación aumenta la sensación de poder y dignidad. Esto reduce la necesidad de demostrar el poder luchando contra la dirección y restringiendo la producción. *Por otra parte*, una vez que se ha establecido el precedente de la participación, resulta muy difícil retirar ese "derecho".

7. La participación aumenta la lealtad y la identificación con la empresa, sobre todo si se aplican las decisiones del grupo. *Por otra parte*, los grupos unidos por la participación pueden unirse también contra la dirección para restringir la producción y evitar el cambio.

8. La participación, con frecuencia, conlleva el establecimiento de objetivos. Y existe evidencia suficiente de que el establecimiento de objetivos es una técnica efectiva de motivación.

9. La participación enseña nuevas habilidades a los trabajadores y les ayuda a preparar e identificar a los líderes.

10. Si la participación se produce en grupo, se añade un nuevo elemento: la presión del grupo para respetar las decisiones tomadas.

11. Cuando el sindicato y los líderes de la dirección participan

juntos para resolver problemas sobre una base que no es de rivalidad, esa relación mejorada puede desbordar para mejorar en general las relaciones sindicato-dirección.

Es obvio que la participación también tiene sus desventajas. Además de las mencionadas ya, están los costos de instrucción de los empleados y los gerentes y, quizá, los costos del nuevo diseño tecnológico. Pero, como resultado, las ventajas de la participación superan a las desventajas en la mayoría de los puestos de trabajo. Por ello, si se introduce adecuadamente, la participación puede convertirse en una herramienta poderosa para aumentar la productividad.

Los doctores Levine y Strauss concluyeron el artículo con estas "Políticas recomendadas":

- El gobierno debería crear subsidios para la investigación, los proyectos de demostración y la extensión de la investigación sobre la participación. Este esfuerzo disminuirá el costo de introducir la participación y ayudará a evitar los errores que otros hayan cometido.
- La Administración debería alentar la introducción de la participación en las Agencias Federales. (El artículo tiene una fecha anterior a la fundación Federal Quality Institute.) Las ventajas potenciales de la participación de trabajadores comprometidos, la flexibilidad, la mayor calidad, etcétera, resultan valiosas tanto en el sector público como en el privado.
- El Acta Nacional de Relaciones Laborales debería revisarse para aclarar que los programas de participación son legales tanto en los lugares donde el sindicato tiene poder como en los que no lo tiene, mientras su propósito no sea prescindir del sindicato ni evitarlo.
- La continuidad del empleo es una condición importante para los planes de participación. El aliento a los planes de participación es, por consiguiente, uno de los muchos beneficios asociados con el empleo de jornada completa. Proporcionar el seguro de desempleo parcial para trabajos parciales (por ejemplo, cuando se comparte un empleo), aumentar la tasa de experiencia del seguro de desempleo e invertir los fondos asegurados por el Acta de Instrucción para compartir empleos, para trabajadores que aún no han sido despedidos, reducirá el subsidio indirecto que las empresas que despiden trabajadores reciben de las que luchan para mantener a la totalidad de sus empleados.
- Los planes de participación suelen requerir alguna inversión inicial de tiempo y esfuerzo antes de comprobar sus ventajas. Las

acciones que el gobierno podría efectuar para alejar el horizonte de los directores e inversores facilitaría la inversión en la participación.

- Se necesita investigar más, especialmente para comprender cómo evitar los errores que provocan el fracaso de muchos programas.

Axioma 43. *En general, las ventajas de la participación superan a las desventajas.*

44 Estabilidad

Vitalidad y longevidad
de un proceso de calidad

Desconfíe del consultor de calidad que no espera resultados inmediatos de un proceso de calidad. Cuidado con el consultor de calidad que advierte que los resultados serán más lentos a medida que el proceso envejece. En realidad, el significado de estas opiniones es: "Piense que deberá pagar mi sueldo como consultor durante largo tiempo" y "No me culpe cuando su proceso de calidad languidezca y muera".

Por desgracia, algunas empresas convierten esas predicciones en profecías autosatisfactorias antes de encogerse de hombros y buscar otra GI (Gran Idea). No tiene por qué ser así. Un proceso de calidad puede ser sorprendentemente estable. Cuidadosamente preparado y bien iniciado, un proceso puede empezar rápidamente y con resultados asombrosos. Además, con un apoyo constante, puede contribuir en mucho al poder de una empresa.

Tratemos el tema de la preparación. No resulta extraño que

las empresas con procesos exitosos de calidad dediquen un año o más a diseñar el proceso antes de su lanzamiento oficial. Necesitan tiempo para investigar las alternativas, elegir una opción, entrenar a los empleados en las técnicas, asegurarse de que todos reciben la orientación necesaria y establecer una estructura (programa de seguimiento, de reconocimiento, de comunicaciones, etcétera).

Durante ese período, la empresa ya logra resultados aunque no sean visibles. Se producen cambios en la cultura corporativa a medida que la empresa lucha para aceptar nuevos papeles para los directivos y los empleados, técnicas nuevas, objetivos nuevos. La calidad global se concibe como un viaje, no como un destino. Esto se refleja en la comparación que todos los profesionales de la calidad tienden a emplear: la diferencia entre un programa y un proceso.

Un programa es algo que tiene un comienzo y un punto final definidos. Temporal por naturaleza. Un proceso es algo permanente, algo que estará con la empresa hasta que se derrumben las paredes. Aunque tiene un comienzo definido, no tiene final. Está diseñado para producir un cambio permanente y para comportarse continuamente como un agente de cambio.

Raramente se advierte la importancia de los resultados tempranos intangibles de un proceso de calidad si no es retrospectivamente. Al principio, las empresas no familiarizadas con la cultura de la calidad se impresionan más ante resultados tangibles. Pretenden ahorrar tiempo y dinero, volumen de actividad, aumentos de ventas y un centenar de objetivos concretos más como prueba de la eficacia de la calidad. Es más probable que les impresionen las estadísticas del Paul Revere Insurance Group, Worcester, Massachusetts, en las que el primer equipo registró, en el sistema de seguimiento, 90 minutos después de su lanzamiento: que llevaba de 120 a 140 ideas a la práctica por semana durante los primeros dos años; que una idea sola ahorró 196.000 dólares; que uno de los primeros talleres de análisis de valor ahorró 618.000 dólares; que se consiguió que la empresa recuperara la posición número uno en el mercado de su producto después del primer año.

Nada de esto podría haber sucedido sin los cambios sutiles, y a veces no tan sutiles, durante la fase de preparación. Las empresas que experimentan esos resultados tempranos de sus procesos de calidad los merecen.

A veces, la fase de entrenamiento misma comporta ahorros significativos. Avatar International, una empresa de entrenamiento de Atlanta, Georgia, en sus sesiones de entrenamiento trabaja sobre situaciones de la vida real más que sobre casos estudiados o simulacros. En sus talleres, con los 21 gerentes de diferentes plantas de la Sewell Plastics Corp., cuyo cuartel general está en Atlanta, los participantes tuvieron dos ideas magistrales. La primera ahorró a la empresa 518.000 dólares en la producción de su producto; la segunda suponía un ahorro potencial de más de dos millones en los costos de inventario.

La longevidad del proceso de calidad es otra preocupación de muchas empresas. La experiencia en programas anteriores hace creer que los procesos de calidad tienen una vida natural limitada. Parte de esa ansiedad se disipa mediante una preparación adecuada. También ayuda a reconocer que el proceso de calidad debe someterse a modificaciones para mantenerlo en contacto con la realidad. Un proceso de mejoramiento continuo, que no se actualice continuamente a sí mismo, sería hipócrita.

La experiencia proporciona mayor seguridad. El proceso de calidad cambia la forma de realizar el trabajo. Sensibiliza al personal sobre las posibilidades de mejoramiento y le proporciona las herramientas para lograr resultados. Mientras la empresa mantenga una actitud que favorezca el desarrollo del proceso, las posibilidades son ilimitadas.

Un líder de un equipo de calidad se asombró porque le pidieron que calculara cuándo el equipo se quedaría sin ideas:

—¿Por qué deberíamos quedarnos sin ideas? Todo lo que hacemos es tratar de mantenernos en el nivel o un poco a la cabeza del mundo que nos rodea. Mientras la empresa siga logrando nuevos clientes, formando nuevos equipos y preparando nuevos productos y procedimientos, no podemos quedarnos sin ideas para mejorar.

El proceso en esa empresa tiene ocho años de existencia.

Axioma 44. *Un proceso es muy diferente de un programa. El primero está planificado para cambiar la cultura corporativa: de inmediato y permanentemente. El segundo es un acontecimiento aislado. Deléitese con su proceso de calidad desde el principio..., y viva feliz para siempre.*

45 Estructura

Gráficos para enlazar las soluciones con los problemas

Las empresas de todo tipo se enfrentan a tres categorías generales de oportunidades de mejora: continuas, periódicas y episódicas. Pueden superponerse y lo hacen, pero para los propósitos de la discusión, el mejoramiento continuo responde a la pregunta "¿Estamos haciéndolo bien?"; la mejora periódica responde a la pregunta "¿Estamos haciendo lo correcto?", y la episódica trata de definir "¿Dónde nos hemos equivocado y qué haremos al respecto?".

Los empleados de todos los niveles pueden responder a la pregunta "¿Estamos haciéndolo bien?". El mejoramiento continuo requiere que un empleado conozca sus ideas para mejorar la calidad (aunque esas ideas se le ocurran hoy o mañana o pasado). Para ello se necesita alguna estructura formal para conocer las ideas y para servir al propósito de la empresa de valorar las ideas de los empleados.

Los enfoques del mejoramiento continuo son variados y tienden

143

a reflejar el grado de confianza que la dirección de la empresa desea otorgar a sus empleados. El método más antiguo y más común es el buzón de sugerencias. Suele ser un sistema pasivo, que exige el nivel más bajo de compromiso por parte del empleado y que concentra el poder en manos de la dirección. Con diligencia y pasión, incluso el viejo buzón de sugerencias puede ser un tesoro de ideas, pero demasiado a menudo se usa solamente como un medio para que el empleado piense en la empresa.

Los círculos de calidad constituyeron el intento inicial de proporcionar ventajas al equipo de trabajo que trataba los problemas que obstaculizaban la calidad en una empresa. Mientras se registraba un número significativo de éxitos tempranos, los círculos de calidad tendían a tener una vida media perturbadoramente corta, en gran parte porque se decidía incorporar voluntarios que no pertenecieran a la dirección (la mayoría de las veces, un 10 por ciento de la fuerza laboral) y retener toda la autoridad de decisión en el nivel directivo. Sólo se comprometieron los más entusiastas, incluso ellos se cansaron después de un tiempo.

Los círculos de calidad ofrecen otra desventaja. Con frecuencia se constituían para tratar un solo problema y desaparecían cuando se solucionaba. El mejoramiento continuo requiere equipos permanentes. El enfoque que garantiza fuerza y longevidad es el que comúnmente se denomina "Equipos de Calidad". Estos equipos, que pueden tener una o varias funciones, se encuentran en todos los niveles de una empresa y se les otorga carta blanca para ejercer una autoridad igual a su responsabilidad.

El modelo más refinado está constituido por los grupos de trabajo autodirigidos. En este caso, el grupo de trabajo tiene la responsabilidad y la autoridad para decidirlo todo, desde los horarios de trabajo hasta la contratación y el despido del personal. A cambio de esta autonomía, se comprometen a lograr objetivos de trabajo previamente acordados con los directivos.

No existe un proceso de calidad que satisfaga a todo el mundo. Ni tampoco una empresa está totalmente comprometida con un sistema particular, una vez que comienza a ocuparse del tema de la calidad. Por ejemplo, una empresa que pudo haber empezado en la década de 1980 con un programa de Círculo de Calidad y puede decantarse posteriormente por el equipo de calidad.

Otra oportunidad para mejorar la calidad sucede a intervalos. El mejoramiento periódico se produce en dos ocasiones: cuando una empresa intenta decidir si los procesos de trabajo utilizados son todavía viables (después de un período de crecimiento, por ejemplo) o cuando está desarrollando nuevos productos y servicios. Las empresas pueden anticipar cambios asociados con estos acontecimientos y evitar situaciones de crisis. Enfrentarse a este desafío también forma parte de un esfuerzo bien diseñado de calidad.

Para las oportunidades periódicas existen varias metodologías. Dos de los enfoques más comunes (el análisis de valor y la estadística) se discuten en la sección *sobre la medida*. Comparten la capacidad para calificar los procesos que se usan en ese momento y comprobar si todavía resultan rentables (y si alguna tarea particular sigue siendo necesaria) o si es necesario crear procesos nuevos. La dirección suele estar muy comprometida en estos esfuerzos.

A pesar de las mejores intenciones de todos, aparecen problemas no previstos. Estos casos se producen en una empresa se preocupe o no por obtener la calidad, aunque el número de inconvenientes sería menor con un proceso de calidad, que permite que la organización sea menos vulnerable a los problemas de esta categoría. La reacción normal a la emergencia de una "oportunidad" episódica es la formación de un equipo (comité o grupo de trabajo) que se reúna con el único propósito de resolver la situación. Cuando aparece la solución, el equipo se deshace.

Aunque un proceso de calidad no evita esos episodios, sí contribuye a su solución. En el contexto de un proceso de calidad, los miembros de este equipo de corta duración proporcionan a la mesa de reunión sus habilidades bien ejercitadas en las comunicaciones y en la resolución de problemas; están acostumbrados a compartir información y recursos en un ambiente de "todos ganamos". Cuando se lleva a cabo un proceso de calidad, las empresas están más alertas a los acontecimientos episódicos, y los problemas se resuelven con mayor rapidez y de manera más permanente.

En todo caso, el mejoramiento de la calidad depende del conocimiento de las opciones disponibles y de la utilización de las más apropiadas. La calidad por exhortación tiene una cualidad consistente: no sirve. Debe haber una estructura específica para resolver los problemas. No importa cuál sea esa estructura sino cómo es llevada a la práctica de una manera constructiva y consistente.

Las empresas que solventan todo el espectro de desafíos a la calidad suelen referirse a sus esfuerzos como dirección de la calidad total (DCT). Si bien la expresión dirección de la calidad total resulta algo inexacta, todos coinciden en que incluye una visión coherente de la empresa y el uso de una variedad de técnicas (desde los buzones de sugerencias hasta la puesta en común de ideas sobre un problema) para modificar la empresa y tener una visión de futuro.

Axioma 45. *El compromiso y la participación de cada empleado son necesarios si una empresa pretende obtener el máximo beneficio de un proceso de calidad. Para variar las formas para lograrlo y diseñar el proceso de calidad, la dirección debe tener en cuenta los tres tipos de oportunidades para la calidad: continuo, periódico y episódico.*

46 Fortalecimiento

El comienzo de un líder de equipo

Estimado líder de equipo:

¡Felicidades! Ha terminado el curso de entrenamiento para líder de un equipo de calidad. Ya tiene el equipo. Ya ha fijado fecha para su primera reunión. Y..., ¿ahora qué?

¿Está empezando a darse cuenta de que hay un millón de otras cosas además de la calidad? Primero, piense en el tiempo que va a trabajar en el proceso de calidad como si fuera una inversión. Como cualquiera otra inversión, será un poco difícil, pero la experiencia de centenares de empresas (y miles y miles de personas) es que la ganancia vale el esfuerzo.

El tiempo que usted y su equipo invierten ahora será recompensado en varias ocasiones durante los meses siguientes mientras ponen en práctica ideas de calidad para realizar mejor sus tareas, tanto para sus clientes como para ustedes mismos. No solamente ahorrarán tiempo a la larga, sino que serán capaces de suprimir los obstáculos que suelen convertir el trabajo en un caos.

Al preparar su primera reunión, usted se sentirá más confiado si pasa algún tiempo con el programa de seguimiento de la idea de calidad para asegurarse de que tiene un conocimiento adecuado de sus características. Otra posibilidad es leer un poco más sobre el tema. Resulta verdaderamente interesante ya que tiene muchísimos artículos y libros al abasto.

En la primera reunión del equipo, puede interesar y comprometer a sus componentes de varias maneras: 1) explique el entrenamiento que ha recibido; 2) defina claramente los conceptos de "calidad real", "calidad en la percepción" y "cliente", e invite a la discusión; 3) colabore para confeccionar una lista de todos los clientes que usted y los miembros de su equipo atienden con regularidad y entonces, si le parece apropiado, 4) pida una lista de ideas posibles para ocuparse de ellas en las próximas semanas y meses (no soluciones, sólo problemas).

Si elabora una lista de clientes, una manera de continuar sería pedir al grupo:

—Y ahora, ¿con quién quisieran empezar? Trataremos con todos a la larga, pero ¿con quiénes les gustaría empezar?

Si, en cambio, ya ha decidido un cliente, pregunte al equipo qué piensa de sus expectativas y si difieren de alguna manera de las especificaciones actuales para su trabajo. En la medida de lo posible, en una reunión posterior, invite a varios clientes y pregúnteles directamente cuáles son sus expectativas. Decida cómo evitar la diferencia entre las especificaciones y las expectativas. A veces lo más adecuado será utilizar los procedimientos de pasos múltiples que le han enseñado para resolver estos problemas. Otras veces la solución será una cuestión de "Pero, ¿por qué no lo dijo? Empezaremos a hacerlo mañana". Confíe en su propio juicio.

Si parte de una lista de aspectos que deben mejorarse, destaque de nuevo que todo lo de la lista será considerado en su momento. Es lícito trabajar sobre más de un proyecto a la vez. Trate de identificar a los interesados en participar en algún proyecto de mejora.

Probablemente sea una buena idea comenzar con algunas ideas relativamente pequeñas. Recuerde el consejo dado a un boxeador aspirante sobre la clave de una carrera exitosa: "Elige siempre a alguien a quien puedas golpear". Ponerse en condiciones favorables resultará rentable con el tiempo.

Inicialmente, el entusiasmo y los deseos de participar del equipo dependerán de la actitud del líder. Quizá por eso a usted le llaman "líder del equipo" en lugar de "director del equipo". Esta es una oportunidad excelente para practicar las verdaderas habilidades del liderazgo. Buena suerte..., y diviértase.

Axioma 46. *El entrenamiento formal del líder del equipo es sólo el comienzo. Los líderes de equipo merecen todo el apoyo que puedan conseguir; al fin y al cabo, están adquiriendo nuevas habilidades para el beneficio de la empresa. En la práctica, ese apoyo puede reafirmar las lecciones aprendidas en el curso.*

47 Individualismo

La acción colectiva también funciona para los individualistas

Japón logra el máximo de las personas comunes, organizándolas para que se adapten y tengan éxito. Norteamérica, trabajando muchísimo para que puedan adaptarse individualmente, les permite tener éxito.

—*James Fallow*
The Atlantic Monthly

Los norteamericanos siempre han sido contrarios a los grupos; sus héroes desde hace mucho tiempo han sido los *cowboys* que renegaban de la sociedad, que se abrían su propio camino. Como resultado de esto, cuando se produjo el impacto de los productos de calidad japoneses en el mercado norteamericano en las décadas de 1970 y 1980, sugiriendo la superioridad del enfoque japonés más uniforme en el trabajo, se produjo algo parecido al pánico. ¿Los trabajadores norteamericanos deberían renunciar a su duro individualismo para tener éxito en el nuevo orden económico?

En realidad, la elección no estriba entre la acción individual y la acción colectiva, aunque los primeros "expertos" en el campo de la calidad rechazaron a muchos hombres de negocios norteamericanos (directores y subdirectores por igual) planteando el debate de esa manera. La mejor elección consistía en diseñar un método de acción colectiva que permitiera cierta libertad a los talentos individuales. Dirigidos adecuadamente, los norteamericanos pueden actuar, y lo hacen, de acuerdo con sus mejores intereses. Sin embargo insistirán en que se consideren sus opiniones individuales y que se les otorgue independencia de acción cada vez que sea posible. Y así se ha funcionado en Norteamérica desde hace tiempo.

Un caso ilustrativo sucedió hace más de 200 años. Antes de la llegada del barón von Steuben a Valley Forge, en el invierno de

149

1777, el ejército norteamericano normalmente resultaba ineficaz. Formado principalmente por hombres contratados por un
año, era capaz de tener algunos momentos brillantes pero el éxito
a largo plazo parecía fuera de su alcance. Los hombres sólo
querían cumplir su contrato y nada más.

La introducción de un general prusiano (sobre todo uno con
las credenciales como las de Steuben) no parecía una buena ju-
gada. Después de todo, los prusianos eran bien conocidos por su
estilo autocrático de liderazgo. Por suerte, von Steuben no era un
prusiano común.

Su sabiduría (y su éxito) se basaron en el reconocimiento de
que el soldado norteamericano con el que estaba tratando era
muy diferente del europeo. Los soldados europeos habían sido
entrenados durante largo tiempo para desplazarse y luchar como
una unidad sin preguntar. Los norteamericanos en cambio
querían saber "por qué". Así que von Steuben les explicaba todo
detalladamente y ellos lo escuchaban.

Los norteamericanos querían entrenarse antes de que se les
asignaran las tareas, de manera que von Steuben les entrenó,
añadiendo una nota de humor que su inglés defectuoso ampliaba.

Las comunicaciones abiertas no suponían que los soldados no
pasaran por prácticas exhaustivas y que no arriesgaran realmente
sus vidas cuando era necesario. Significaba que eran tratados
como parte de la solución, como seres humanos racionales que
podían contribuir y a quienes debería escucharse.

Después del invierno en Valley Forge, el ejército de la revolución
norteamericana, instruido por von Steuben, nunca fue derrotado.

Hay muchos ejemplos de la actividad en grupo en la cultura
norteamericana: desde las caravanas de carretas hasta las
reuniones de amigas para hacer colchas y construir los graneros,
desde los partidos políticos a los sindicatos y asociaciones de
padres y maestros. En muchos aspectos resulta más fácil y más
natural empezar a actuar independientemente si se es un
individualista que juzga cuándo y cómo sus actos pueden contribuir al esfuerzo de un equipo y no alguien cuya identidad
depende de un equipo. El individualismo norteamericano es una
ventaja.

Axioma 47. *Cuando la participación logra que la contribución de cada uno sirva a la empresa, está usando una de las fuerzas de Norteamérica.*

48 Iniciativa

Bancos, aviones, pizzerías y oficinas de correos... Un popurrí de servicios

En Suecia, un caballero entró en un gran banco, lleno de gente, para efectuar unas operaciones de rutina. Era evidente que temblaba y se sorprendió ante la larga cola. Después de atraer la atención de un cajero, el caballero explicó:

—Tal vez pueda ayudarme. Ultimamente he estado enfermo y tomo unos medicamentos que suelen producirme mareos. No me importa esperar mi turno, pero creo que si trato de estar de pie en la fila, podría desmayarme. ¿Podría conseguirme una silla y alguien que ocupe mi lugar hasta que sea mi turno?

El cajero miró la fila y al caballero, y respondió que ellos atendían por turno; nadie había solicitado un tratamiento especial antes. ¿Podría por favor permanecer en la fila? Sólo debería esperar unos minutos.

Veinte minutos más tarde, el caballero comenzó a sentirse mal y de nuevo propuso esperar su turno, pero sentado.

—No me importa esperar, pero me siento cada vez más mareado —le dijo al cajero.

Este le aseguró que la fila avanzaba con rapidez; si volvía a su lugar, pronto llegaría su turno.

El caballero volvió a la fila.

Cuando volvió en sí estaba rodeado por empleados de banco

151

que le miraban con ansiedad. Tras rápido cambio de impresiones decidieron que podía hacerse una excepción. Como no cabía duda de que ese hombre no podía esperar en la fila, los empleados lo enviaron a una sala y le pidieron que esperara sentado ahí.

Y en seguida se olvidaron de él.

—De los archivos del Centro
de Investigación de Servicios
de la Universidad de Karlstad, Suecia

El joven detrás del mostrador de USAir era rápido pero amigable. Considerando que la pareja estaba despachando 11 piezas de equipaje, la combinación resultaba atractiva. El aeropuerto era pequeño y había mucha gente esperando el vuelo siguiente. Se oían voces preguntando por el vuelo: ¿saldría a tiempo? ¿Tarde? ¿Por qué puerta?

Disculpándose por un momento, el joven controló el tablero de vuelos para comprobar cuál era la puerta y luego telefoneó para saber si el avión había llegado.

—El vuelo 340 tiene salida por la puerta 2 —anunció al público en general y luego extrajo dos cartones con números de abajo del mostrador.

De un lado del cartón estaba el código oficial y en el dorso figuraban dos letras: "I" y "N". Al notar el interés de la pareja, el joven comenzó a explicar:

—El aeropuerto es muy pequeño para un tablero electrónico y la línea aérea no proporciona nada para que la gente sepa lo que está sucediendo. Así que usé "Salida libre" para pintar "IN" al dorso del cartel y lo muestro en cuanto sé que el avión está aquí. No responde a todas las preguntas pero ayuda. Así la cola para despachar el equipaje es más corta ya que no tengo que dar explicaciones tan a menudo.

La multitud se dispersó, otros se detuvieron para leer el cartón, con las etiquetas del equipaje junto con los billetes y los deseos de un vuelo agradable.

—¿Adónde me dirijo para el vuelo 340? —preguntó una voz ansiosa.

—Por la puerta 2, a su izquierda —respondió el joven sonriendo a la persona que preguntaba y a la pareja. Luego, dirigiéndose a la fila, agregó:

—El siguiente, por favor.

Una carta relataba lo siguiente:

> Decidí que me enviaran una pizza. Un lugar llamado Blackjack Pizza (que ignoro si tiene muchas sucursales) continuamente deja propaganda en mi puerta, así que decidí probarlo. En el folleto figuraban dos establecimientos, los dos cercanos. Miré en el plano y elegí el que me pareció que estaba más cerca, llamé por teléfono y encargué el pedido.
>
> Veinte minutos más tarde, sonó el teléfono. Evidentemente esperaba que fuera el repartidor que me llamaba para que le indicara el camino. Pero me llamaban de la pizzería para decirme que yo no estaba en su zona y darme el número del otro establecimiento.
>
> Por supuesto, las preguntas inmediatas fueron:
>
> 1) ¿Por qué tardaron 20 minutos (tiempo en el que Domino's hubiera despachado una pizza a mi domicilio) en decirme que no podían entregármela?
>
> 2) En vez de llamarme a mí, ¿por qué no llamaron e hicieron el pedido al otro establecimiento? ¿No están relacionados?
>
> Como dije, no conozco ese lugar, pero dudo de que progrese. Tiré el cupón, me preparé algo para comer en casa y decidí no volver a pedirles nada. Hubiera deseado tener las ganas de hacerle las preguntas al empleado, pero aunque lo hubiese hecho, él sólo era el encargado de recoger los encargos en el mostrador.

—Paul, un observador de la vida

Poco después recibí una postal que me comunicaba que Blackjack Pizza había cerrado.

El hotel Orlyonok, cerca del estadio Lenin, no es conocido por recibir muchos occidentales, pero está preparado para ello el correo en el recibidor. La mujer mayor que atiende en el mostrador había creado un sistema para realizar transacciones en cualquier idioma. Debajo de una parte de la tapa del mostrador hay muestras de las postales disponibles. Debajo de otra, los números 1 al 31 se ven con claridad. Señalando primero uno y luego el otro, es posible comprar la cantidad deseada de cada postal. Lo que hay que pagar se calcula entonces en un ábaco y se indica usando los números y una sonrisa.

Al ver cómo personas de diferentes nacionalidades efectuaban esas transacciones, un observador tuvo el impulso de tratar de comunicar lo inteligente que era el sistema. No hubo intercambio ni de una palabra, pero sí del significado. Indicando la exhibición en el mostrador, el extranjero aplaudió suavemente. Dándose un golpecito en el costado de la cabeza, la mujer detrás del mostrador adoptó una expresión de astucia y guiñó el ojo.

—*Moscú, Rusia*

Axioma 48. *Si los empleados se sienten capaces de resolver problemas, deben hacerlo. Esta actividad tiene lugar a pesar de las políticas corporativas y no por su causa. La falta de iniciativa a menudo está relacionada directamente con los reglamentos que limitan las alternativas o con la instrucción inadecuada. Dos cosas que están fuera del control del empleado.*

49 *Maestría*

El entrenamiento en el empleo no es un buen sistema de aprendizaje

¿Recuerdan el juego en que una persona susurra una historia a otra y esta persona trata de contar la historia, con tanta precisión como sea posible, a otra, y así siguiendo a una cadena de receptores/transmisores que viven y respiran? La diversión del juego se produce cuando la última persona de la cadena dice en voz alta la historia que le han contado.

La versión para adultos de ese mismo juego para niños se llama entrenamiento en el trabajo (ET). Y resulta tan precisa como lo que ocurre en el juego para niños. Cuando una persona entrena a otra, intencionadamente o no, transmite sus propios prejuicios y preferencias sobre la técnica para realizar una tarea determinada. En vez de amoldarse continuamente a los estándares definidos, el desempeño de la tarea se aparta más y más de la realización correcta del trabajo o de la realización del trabajo correcto.

Muchos empleados se han visto obligados por su jefe (interesado en el dinero) a recurrir al ET, lo que en épocas de declaración de impuestos supone con frecuencia una prolongación de los problemas de la empresa al recortar el entrenamiento. Es inevitable que esto provoque una declinación del estándar para productos y servicios.

Las mejores empresas, las que dominan el mercado, tienen una orientación común hacia el entrenamiento: lo consideran no como un gasto sino como una inversión. El consejo de Tom Peters, el gurú de la dirección, es simple: "Si su empresa funciona bien, duplique el presupuesto de entrenamiento; si su empresa no va bien, cuadruplíquelo".

Además del impacto en el desempeño, los programas de entrenamiento influyen positivamente en la motivación. Un empleado nuevo que debe asistir de inmediato a clases de orientación de la empresa, seguidas por una serie de cursos de entrenamiento para sus tareas específicas, sabe que él es valioso para la empresa. La alternativa es amarga. Ser arrojado a la piscina para aprender a nadar no resulta con los niños pequeños ni tampoco con los empleados nuevos. Los sobrevivientes en cada caso guardan un rencor que dura mucho, mucho tiempo.

Axioma 49. *El aprendizaje continuo, la vuelta al aula en busca de instrucción formal y la relación formal con un tutor son necesarios para adaptarse al cambio rápido. Las empresas que incluyen en su currículum temas relacionados con la calidad, además de las habilidades laborales tradicionales, están mejor preparadas para el futuro.*

50 Memoria
¿Qué sucede cuando se jubila la memoria de la empresa?

Una gran fábrica del Sur de Connecticut decidió subcontratar una parte del producto que antes fabricaba ella misma. Junto con las especificaciones y directivas del contrato, dieron al nuevo subcontratista el molde que había estado usándose exitosamente en la empresa desde hacía años.

En los primeros 36 meses no se rechazó ningún material fabricado por el subcontratista. Cada pieza engranaba con precisión donde se suponía que debía hacerlo, exactamente como cuando la fábrica misma la producía.

Pero un día la tasa de rechazo saltó del cero al ciento por ciento.

Los resultados de tal defecto eran predecibles. Sin el componente que fabricaba el subcontratista, la producción de la línea de montaje se detuvo entre muchas acusaciones. El subcontratista juró que no habían hecho nada diferente; todavía estaban usando el molde original y siguiendo los mismos procedimientos que habían seguido durante años. El fabricante estaba igualmente seguro de que nada había cambiado en su fábrica.

El fabricante estaba equivocado. Resultó que Fred se había jubilado. Fred había sido la primera persona en manipular esa pieza particular. Siempre había sido la primera persona. Hiciera la pieza quien la hiciera, él era quien quitaba la pieza del molde.

Cuando la pieza había sido diseñada y se había fabricado el molde, Fred había notado una protuberancia en la superficie de la pieza. Fred supuso que provendría de algún pequeño defecto en el molde y limó la protuberancia. También entró en acción para tratar de corregir el defecto. Mencionó el problema y lo que él opinaba al respecto, a sus superiores. Habló de eso varias veces.

Nada ocurrió, así que adquirió la costumbre de llevar una lima en el bolsillo. Cada vez que recibía una parte nueva, lo primero que hacía era limar el pequeño bulto. Después de un tiempo, lo hacía de manera automática y dejó de mencionar el asunto a los demás.

Y luego se jubiló.

Axioma 50. *Los empleados de menor jerarquía constituyen la memoria de la empresa. Saben más sobre los productos, los servicios y los procesos usados que lo que ellos mismos (o cualquier otra persona en la empresa) tienen conciencia. Aunque se los ignore, continúan cumpliendo su trabajo lo mejor que pueden y eso se convierte en rutina; no son conscientes de lo especiales que son sus conocimientos y contribuciones.*

51 Negociación
El trato con los puristas de la calidad

Las empresas agradecen los esfuerzos de sus empleados por el mismo motivo que Ricitos de Oro muestra su gratitud a los Tres Osos: primero, lo merecen, y segundo, les alienta a repetirlo. Pero cualquier proceso de calidad se enfrentará a unos pocos "puristas" que discutirán lo primero, dudarán sobre el segundo punto y se concederán el derecho de resguardar la santidad de toda la operación.

Estos puristas suelen aparecer justo antes de que se manifieste el reconocimiento al empleado en cuestión o al equipo de empleados que ha logrado el éxito. Su argumento es:

—Esperen, no hay motivos para recompensar a alguien por hacer *eso*. Figura en la descripción del trabajo; debieron haberlo hecho siempre.

Si bien esto podría ser verdad, no tiene importancia. Y es mejor emplear otra táctica: "De acuerdo, supongamos que esto está incluido en la descripción del trabajo; ¿lo practicaban antes los empleados? ¿Lo están haciendo ahora? ¿El proceso de calidad ha actuado como un catalizador, como un medio para llegar desde donde estaban hasta donde están ahora? Muy bien, entonces lo agradecemos".

Sólo porque alguna tarea se incluya en una somera descripción del trabajo no significa que se cumpla día a día en la práctica. Si un empleado recibe su sueldo durante meses, aunque no haya realizado esa tarea particular, es una prueba evidente de que la empresa no considera que ese trabajo se incluya entre las "cosas que uno debería hacer". Cuando una persona (o un equipo) decide llevar a cabo *cualquier mejora*, incluida en la descripción del trabajo o no, el reconocimiento sirve para señalar la ocasión y para redefinir la comprensión del empleado sobre el trabajo "real".

A los puristas también les resulta difícil distinguir entre un incentivo y un agradecimiento. Tienen razón cuando discuten los incentivos porque degeneran rápidamente y se convierten en derechos. Sin embargo, lo que los puristas no entienden es que los empleados que sienten que la empresa valora auténticamente sus esfuerzos tienden a continuar la búsqueda de formas para mejorar la calidad.

Distinguir entre un agradecimiento y un incentivo resulta fácil en un ambiente social. Usted no provoca una nueva invitación a cenar obsequiando a sus anfitriones con una botella de vino o un ramo de flores, pero aumenta la probabilidad de que vuelvan a invitarle como muestra de agradecimiento. Ser oportuno es parte de la diferencia. Se agradece después del hecho que provoca la gratitud. También existe una comprensión mutua de lo que significa la interacción. Cuando las empresas recompensan la conducta que desean que se repita, deben estar seguras de que todos saben que están recompensando al personal y no sobornándolo.

El purista de la participación también detecta los motivos que inducen a los empleados a mejorar la calidad, pero sólo aprueba los motivos más altruistas. Hecho que manifiesta mostrando antipatía hacia la inclusión de cosas materiales (dinero o bonificaciones) en cualquier plan de reconocimiento y celebraciones. Los puristas dicen:

—No deberían hacerlo. Si se recompensa a la gente con algo de valor material por haber hecho mejoras, los empleados empezarán a cumplir su trabajo por un mal motivo.

Es un argumento académico interesante. Desde un punto de vista exclusivamente comercial, lo importante no es el motivo por el que los empleados mejoran la calidad sino que lo hagan. Si la motivación del empleado proviene de una muestra de agradecimiento en forma de una radio-reloj, por la lealtad esotérica a la empresa o por una profunda admiración hacia algún ejecutivo, ¿a quién le importa? La mejora es la misma. Aunque idealmente, la calidad misma es el motivo supremo.

Para algunas personas, un regalo con valor tangible (por pequeño que sea) resulta una expresión de aprecio. Para otras, el reconocimiento personal resulta más impactante; personas diferentes reaccionan a tipos diferentes de motivación. Por eso, una empresa dedicada al establecimiento de un proceso formal de calidad debería incluir un programa variado de reconocimiento.

Axioma 51*. Los puristas de la calidad resultan valiosos porque obligan a que el pensamiento justifique ciertos pasos que a veces se dan instintivamente. ¿Le sorprende el axioma? No debería. Parte del mejoramiento de la calidad es comprender por qué algo funciona o falla. Habrá muchísimas preguntas molestas. Sólo cuando se han negociado las respuestas puede procederse con confianza.*

52 Personalidades

Las grandes mentes siempre piensan igual (o no)

Ha terminado la reunión. Usted sale furioso al recibidor porque ha desperdiciado toda la tarde. ¡Tanta charla y ninguna decisión! Se acerca su compañero de trabajo y dice:

—¿No crees que estamos avanzando demasiado rápido con el proyecto, Ross? Casi no tenemos datos y ya nos presionan para que tomemos decisiones.

La misma reunión. Opiniones diferentes.

El primer paso para la solución del conflicto es el respeto por las personalidades individuales. Las personas se interesan por asuntos diferentes; consiguen la información de diversas maneras; la procesan de formas distintas; llegan a conclusiones por otros caminos. *Please Understand Me*, un libro de David Keirsey y Marilyn Bates, establece cuatro divisiones para comprender por qué las personas reaccionan de manera diferente en la misma situación:

- Extravertido o introvertido: ¿En qué centra usted su atención? ¿Cómo se entusiasma?
- Sensible o intuitivo: ¿Cómo descubre las cosas? ¿Cómo percibe su mundo?
- Racional o emocional: ¿Cómo interpreta lo que descubre? ¿Cómo toma las decisiones?
- Calificador o perceptivo: ¿Cómo crea su trabajo y estilo de vida?

La dinámica del grupo depende, en gran parte, de cómo los integrantes responden a estas preguntas. ¿Sabe cuál es su propia inclinación? ¿Conoce cuáles son las consecuencias?

El libro de Keirsey y Bates fue escrito para ayudar a las personas comunes. No pretende investigar ni aconsejar, pero es

160

valioso porque ayuda a los individuos a reconocer cómo interactúan con los demás y por qué se sienten incómodos ante la conducta de alguien.

Axioma 52. *Los equipos se forman con individuos. Respete las diferentes maneras como personas distintas procesan la información. Es un primer paso excelente para que personalidades diversas lleguen al consenso.*

53 Perspectiva Nº 1

Historia de la participación resumida en tres preguntas

¿A QUIEN PODEMOS RESPONSABILIZAR DEL ASUNTO DE LA CALIDAD?

Esta pregunta de la directiva marcó el comienzo de los primeros esfuerzos formales para mejorar la calidad en Estados Unidos. La respuesta fue: especialistas en control de calidad, entrenados para medirla y estacionados al lado de la puerta del almacén, con las instrucciones de "separar lo defectuoso". El trabajo de todos los demás seguía siendo el mismo: cumplir con la producción, aunque supusiera deslizar algo defectuoso, sin que se enteraran los de control de calidad. A fin de mes, si la cuota de exportación no se cumplía, el personal de control de calidad podría asistir a un seminario. Sin Horacio allí para vigilar, la cuota se cumpliría.

El mejor comentario sobre este enfoque de la calidad se acredita a la gran filósofa norteamericana Lily Tomlin, que comentó:

—La calidad. Si es algo tan bueno, ¿por qué tratamos de controlarla?

¿COMO CONSEGUIR QUE ALGUIEN DESEE ENCARGARSE DE LA CUESTION DE LA CALIDAD?

A medida que los mercados se volvieron más exigentes a finales de la década de 1970 y los consumidores empezaron a quejarse o, peor aun, a comprar en otra parte, la dirección pidió a los empleados que se presentaran como voluntarios para formar el control de calidad. Un 10 por ciento del personal lo hizo; un 90 por ciento, no. En la mayoría de los casos, a los responsables de calidad se les planteaban problemas, se les exigían soluciones y se les obligaba a mantener informada a la directiva, la encargada de permitirles o no los cambios. Esto hizo felices a los ejecutivos y a los consultores; les concedió la oportunidad de parecer serios en lo referente a interesar a los empleados en el esfuerzo para mejorar la calidad sin tener que delegar autoridad.

Evidentemente a esos colectivos se les planteaban los grandes problemas y virtualmente se excluían los pequeños. Peor aun, en casi todas las empresas no se incluía a los ejecutivos en esos círculos, lo que sugería una o dos cosas: que la dirección nunca cometía errores (después de todo, se encargaba el mejoramiento de la calidad sólo al personal no ejecutivo) o los miembros de la dirección eran tan poco inteligentes que no podían mejorar nada aunque les hubieran dado la oportunidad.

¿A QUIEN DEBERIAMOS EXCLUIR DE ESTE ASUNTO DE LA CALIDAD?

A diferencia de los primeros enfoques en los que la dirección determinaba que un grupo de empleados fuera responsable de la calidad, esta pregunta trata de identificar el grupo opuesto: "¿Quién no debe ocuparse del tema?". Dicho de otra manera, ¿hay alguien a quien la dirección quisiera decir: "Fred (o Freida), hemos tenido una reunión y hemos decidido que como usted es estúpido y lo más probable es que nunca tenga una idea original, le hemos excluido de nuestro proceso de calidad"? En caso contrario, todos son responsables de mejorar la calidad.

La mecánica del ciento por ciento de participación puede

variar desde los sistemas de sugerencias hasta los equipos autodirigidos. Los mejores enfoques se basan en emparejar la autoridad con la responsabilidad (creando así un alto grado de autonomía) y aprovechan las grandes y pequeñas ideas.

Axioma 53. *Asegúrese de usar la perspectiva correcta cuando establece su objetivo. ¿Ese objetivo es inspeccionar la calidad, encarar grandes problemas o mejorar la calidad total? Sólo con el ciento por ciento de participación puede lograrse lo último.*

54 Perspectiva Nº 2
Historia resumida de la calidad

Evert Gummesson, el investigador, escritor y asesor sobre la calidad de servicios de nacionalidad sueca, cree que la calidad ha madurado en grados diferentes en los distintos campos de la economía.[4] Usando la analogía de una vida de calidad, su teoría sobre el desarrollo de la calidad se divide en cuatro etapas.

La calidad del producto: el hombre mayor. Comienza con los esfuerzos sistemáticos a favor de la calidad con el producto que fabricaba en la década de 1920. Aunque se aplicaba equivocadamente en el sector servicios, la calidad del producto puede contribuir a la calidad del servicio por dos motivos: 1) Las operaciones del servicio necesitan productos (consumibles y bienes de capital), y 2) su larga tradición ha desarrollado técnicas poderosas adaptables a los servicios.

Desde la década de 1970, *la calidad del servicio: el adolescente* ha desarrollado nuevos enfoques basados en las características únicas del servicio. Si bien la calidad del servicio ha sido muy criticada y todavía tiene mucho camino por recorrer, ha despertado mucho interés entre los investigadores y los técnicos.

Más nueva aún es *la calidad del software: el delincuente juvenil*. Si bien es crucial para las empresas de servicio, el control de calidad en este campo debe perfeccionarse ya que sus problemas de calidad son únicos y necesitan métodos únicos de dirección de la calidad.

Gummesson propone una *calidad holística: el bebé* que integrará las ideas de todas las áreas de la calidad. Opina que la calidad holística reconocerá algunos factores clave:

- Todas las empresas producen y venden tanto bienes como servicios pero en distintas proporciones. El cliente está comprando utilidad y necesita satisfacción, no productos o servicios como tales (hay excepciones: ciertos productos o servicios tienen un valor simbólico o personal por sí mismos).
- La calidad, la producción y la ganancia están interconectadas.
- Las operaciones de servicio dependen muchísimo de la tecnología de la información y, por consiguiente, la calidad del *software* es crucial en la calidad del servicio.
- Los tres tipos de calidad son diferentes por naturaleza y tienen rasgos únicos que deben considerarse.
- La necesidad de encarar la calidad también desde una perspectiva más profunda y humanística utilizando el factor A, "Amor", en su sentido más amplio, como la clave.

Aunque Gummesson considera la calidad holística como un bebé, concluye diciendo: "Hay grandes esperanzas en él cuando crezca; podría asumir el liderazgo en el campo de batalla de la calidad".

—Informe de investigación
Service Quality: A Holistic View
Evert Gummesson
Centro de Investigación de Servicios
de la Universidad de Karlstad, Suecia

Axioma 54. *En el campo de la calidad resulta polémica la relación entre los méritos relativos de la fabricación y la calidad del servicio. Vea las diferencias en perspectiva. No es una elección. ¿Por qué no incluir lo mejor de ambas?*

55 Preparación

Currículo para la instrucción del líder del equipo

Cuando el líder de un equipo se enfrenta por primera vez a un equipo de calidad, deberá estar capacitado para explicar el motivo de la reunión, para lograr la intervención de todos los convocados en la toma de decisiones y para demostrarles cómo se consiguen resultados. Esos son los tres componentes básicos del curso de preparación de un líder de equipo: la mecánica del proceso de calidad de la empresa, el modo de dirigir una reunión de una manera participativa y las técnicas para resolver los problemas. Todo proceso de calidad conlleva connotaciones filosóficas y mecánicas y se necesita un buen conocimiento de ambas. El curso de entrenamiento del líder del equipo debería aportar información sobre estos temas: liderazgo (cómo fomenta la empresa el liderazgo en todo nivel), enfoque en el consumidor (cómo identificar a los clientes), mejora del proceso (cómo ceñirse a cambiar sólo los procesos y no a las personas) y las comunicaciones (cómo transmitir lo fundamental a su equipo), así como el conocimiento para utilizar los sistemas de apoyo para el proceso de calidad (cómo convalidar las ideas, cómo recibir reconocimiento, dónde ir a buscar ayuda). Este último campo resulta especialmente necesario en el caso de un producto que ha sido retirado de la venta.

Los cursos sobre dirección participativa de un equipo pueden alternar conferencias, discusiones en grupo, ejercicios, vídeos y modelos para ayudar a los alumnos a comprender las técnicas. Uno de los aspectos más importantes (y más difíciles de enseñar) es la flexibilidad. Para los individuos cuya experiencia en las reuniones de empresa se ha limitado a las "informaciones enérgicas" unidireccionales, que anunciaban las decisiones en lugar de discutirlas, esto representará un cambio importantísimo.

Dirigir una reunión de forma participativa (que incite a tomar cartas en el asunto) requiere práctica. Los líderes de equipo necesitan ser conscientes de que no todos los miembros del equipo se sentirán cómodos enseguida como participantes activos en las discusiones sobre cómo realizar su trabajo. Los distintos miembros se adaptarán progresivamente, según su personalidad, su grado de autoconfianza sobre su conocimiento del trabajo y su desempeño y sus experiencias anteriores en distintas pruebas realizadas por la dirección.

La solución del problema, la extensión lógica de una discusión participativa, consiste también en una mezcla de técnicas específicas y en el reconocimiento de las opiniones que los individuos presentes aportan a la conversación. El conocimiento de la amplia variedad de métodos disponibles junto con la flexibilidad es lo que dará los mejores resultados.

Un error demasiado común en algunos cursos de preparación es la insistencia en una preferencia casi religiosa por algunos pasos determinados de una técnica compleja para resolver los problemas. No tiene sentido exigir que cada problema se analice utilizando un proceso de siete pasos antes de llegar a un acuerdo sobre la solución. Si bien es cierto que algunos problemas necesitan un análisis minucioso, con muchos datos y un estudio previo a la solución final, es igualmente evidente que otros problemas pueden resolverse con rapidez mediante lo que podría llamarse un proceso de un solo paso: un acuerdo sobre "no hacer eso nunca más".

La negativa a reconocer la diferencia de complejidad entre distintos problemas es equivalente a decir: "No queremos solucionar problemas pequeños". Pocos equipos desearían encarar un problema en el que el proceso de solución resulte más molesto que continuar "haciéndolo" mal.

Si la empresa crea su propio curso de preparación del líder de equipo o empieza con un programa comercial, el curso debe someterse a un mejoramiento continuo. A medida que cambian los líderes de equipo, debería iniciarse nuevamente el curso y éste, que se ofrece a los líderes de equipo en el segundo año del proceso de calidad de la empresa, no debería ser el mismo, ni con los mismos materiales que se utilizaron la primera vez. El proceso habrá evolucionado, los líderes de equipo habrán compartido ideas sobre lo que funcionaba bien (y lo que no lo hacía) y los nuevos estudiantes serán más conscientes de lo que arriesgan.

La necesidad de poner al día la instrucción exige que la empresa "posea" el curso, aunque eso signifique comprar el derecho de reproducción para uso local y los derechos de corrección a la fuente comercial. Un arreglo de ese tipo también permite crear la mecánica particular del proceso de calidad de la empresa (por ejemplo las definiciones de calidad, cómo usar el seguimiento mediante ordenadores, el papel del "Departamento de Calidad" y otros aspectos) como una parte integral del curso.

Axioma 55. *Cuando se juzgan los materiales de instrucción, pregúntese qué es lo que debería saber si fuera líder de equipo. Entonces planifique el curso de acuerdo con eso.*

56 Prototipo
Sistema de calidad para las escuelas

Norteamérica en su totalidad sólo puede lograr que las escuelas equipen a los ciudadanos como individuos para alcanzar una meta. Y nadie negará que nuestras escuelas constituyen un problema. Cuando Motorola, ganador del premio nacional de calidad Malcolm Baldrige, en 1988, decidió invertir 600 millones de dólares en Japón para una operación de ordenadores, porque los trabajadores japoneses poseen la preparación matemática necesaria, el problema adquirió una urgencia inquietante.

Para cualquiera al borde de la desesperación, una mirada al estado de Kentucky resulta un antídoto poderoso. Hasta ahora no se lo ha denominado un proceso de calidad, pero lo que está sucediendo en el sistema escolar de este Estado se parece muchísimo a un proceso de calidad en una empresa de servicios.

Coincidiendo con los esfuerzos para lograr la calidad en el sector privado, los esfuerzos para alcanzarla también en las escuelas de Kentucky se iniciaron como reacción a una crisis. En 1989, la Corte Suprema del Estado de Kentucky declaró que la forma como el Estado creaba sus escuelas era inconstitucional porque se asignaba un presupuesto menor a las escuelas de barrios pobres que a las de los distritos ricos. En un distrito pobre, el gasto por estudiante era tan sólo de 2238 dólares, mientras que en las zonas ricas era de 5055 dólares.

En vez de arreglarlo superficialmente hasta la próxima crisis, los líderes del Estado decidieron aprovechar la oportunidad para hacer grandes cambios que no solamente evitarían las diferencias de inversión sino que fundamentalmente cambiarían la forma de dirigir las escuelas. ¿El objetivo? El mejoramiento continuo.

Un artículo de Aaron Bernstein en la revista *The Business Week* incluyó el siguiente resumen de los cambios:[5]

Consejos. Cada escuela será dirigida por un consejo de tres maestros, dos padres y el director.

Estándares. En 1992 el Estado definirá las medidas clave del éxito del estudiante, tales como notas, asistencias y porcentaje de ausencia.

Calificación. En el año escolar 1994-5, cada escuela será calificada por su aumento de porcentaje de estudiantes con éxito, en comparación con años anteriores.

Recompensas. Después de terminar las calificaciones, los maestros de las escuelas que más hayan mejorado recibirán bonificaciones de hasta un 15 por ciento por año.

Sanciones. Las escuelas, cuya tasa de éxito haya disminuido en un cinco por ciento o más, serán controladas por el Estado. Sus estudiantes podrán ser transferidos si la declinación continúa.

Los consejos de la escuela pueden tomar decisiones sobre currículo, presupuesto, personal y actividades extracurriculares. Cada distrito debe tener por lo menos una escuela con un consejo a principios de julio de 1991; todas las escuelas deberán tener un consejo en 1996.

Shirley Seever, la directora de una escuela primaria del distrito rural de Pendleton, parecía una ejecutiva empresarial cuando comentó:

—Nosotros sabemos mejor lo que necesitan nuestros chicos que la gente de Frankfort [la capital del Estado].

Una de las maestras, Linda Thornton, habló del tema diciendo:

—Pone el acento sobre el producto terminado y no en cuántos minutos pasa un niño en la clase de matemáticas.

Algunas escuelas aprovecharon las nuevas oportunidades para tomar decisiones con rapidez, según Bernstein. Así, describió cómo la Arlington Elementary School de Lexington cambió la configuración del grupo estudiantil para no tener una clase mixta de alumnos de cuarto y quinto grado. Como había menos estudiantes de estos cursos que los esperados, una maestra fue transferida a otra escuela, dejando dos clases de cuarto grado, dos clases de quinto y un grupo mixto de alumnos de cuarto y quinto.

Los dos instructores de educación especial de Arlington "que se dedican a los alumnos que aprenden con lentitud más que a los alumnos seriamente incapacitados" aprovecharon la oportunidad:

> Una maestra de alumnos especiales mezcló sus siete estudiantes con una clase de cuarto grado. La otra hizo lo mismo con una de quinto. Esto permitió que Arlington no tuviese que dividir una clase; con dos maestras en la clase más grande, la relación de alumno-maestra en ambos cursos es de 23 en lugar de 28. Los alumnos especiales no han sido perjudicados, ya que la escuela usa métodos de enseñanza para su ritmo, lo que permite que cada estudiante trabaje al suyo propio. Tim Dedman, un maestro de quinto en Arlington, dijo:
> —Ahora tenemos el poder para cambiar lo que creemos oportuno para cumplir nuestro trabajo.

Jim Parks, del Departamento de Educación del Estado, notó el vocabulario comercial cuando afirmó:
—Estamos igualando sus recursos, estableciendo objetivos de desarrollo y después no les molestamos en el camino. Si triunfan, les recompensamos. Si fracasan, les sancionamos. Tenemos mucho trabajo que hacer para llegar a ese punto.

Axioma 56. *Los negocios dependen de la educación. Los dirigentes de los negocios de Norteamérica, como David Kearns (ex ejecutivo de Xerox y ahora subsecretario de Educación) y John Akers, directivo de IBM, han dado prioridad a la educación. Los dos provienen de empresas que conocen el impacto positivo de los procesos de calidad bien planteados.*

57 Provisión
Calidad a la carta

Noel Cunningham y su esposa Tammy poseen tres restaurantes en la zona de Denver: Strings, 240 Union Fish Market y su nueva empresa Ciao Baby.[6] Antes de la inauguración de Ciao Baby, Cunnigham pensó que tomaría algunas medidas no comunes para la nueva empresa. Nos habló de sus ideas y de su filosofía de cómo dirigir un restaurante:

P. Tengo entendido que Ciao Baby hace cuatro semanas que está abierto. ¿Podría describir el proceso de apertura de ese restaurante?

R. Primero contratamos el personal y luego les dimos clases; pero la preparación teórica no es lo mismo que la práctica. La gente me preguntaba continuamente cuándo iba a inaugurar el restaurante; yo respondía: "Cuando esté listo". Cuando tuvimos el local preparado, hicimos una serie de "comidas de práctica".
La primera noche, el equipo de la cocina y el equipo del frente se conocieron y el equipo de la cocina cocinó para el otro equipo. La segunda noche invitamos a 40 personas a cenar: empleados de los otros restaurantes, buenos amigos y personas por el estilo. La tercera noche invitamos a 70 personas: clientes leales de los otros dos restaurantes, etcétera; la cuarta noche invitamos a 120. No se cobró nada por las comidas que se sirvieron. El siguiente día era domingo y todos habían estado trabajando bajo presión, así que nos tomamos el día libre. El lunes tuvimos otro grupo de invitados y les pedimos que llenaran unas tarjetas con comentarios y que fingieran pagar para que nos acostumbráramos a controlar esos procedimientos.

P. ¿Y cuántos días transcurrieron hasta que finalmente inauguraron el restaurante?

R. Después de siete noches de práctica.

P. ¿No resultó demasiado costoso?

R. No. Era una inversión. Uno puede descubrir cómo hacer las cosas bien; yo quería estar seguro de eso. Durante esas cenas de práctica vigilaba la cocina pero también trataba de hablar con todos los clientes; preguntarles sus ideas y pedirles que por favor rellenaran nuestras tarjetas para comentarios con toda sinceridad y tan completamente como pudieran.

P. ¿Qué aprendió de esas conversaciones y de las tarjetas con los comentarios?

R. Pues bien, una cosa que aprendí de las tarjetas fue que a un cliente no le sirvieron el primer plato. Entonces pusimos otro encargado más en la cocina y aprendimos cómo instalar mejor los platos preparados, lo que les gustaba a los comensales de nuestra decoración y nuestro menú: centenares de cosas. Lo positivo es que lo aprendimos todo y que no fue a costa de los clientes.

P. ¿Cuál es su relación con los proveedores? ¿Forman parte de este proceso?

R. Mis proveedores saben que conmigo lo primero es la calidad, lo segundo el servicio y, en tercer lugar, el precio. Hablo con ellos muchísimo.

P. ¿Ha hecho esto antes, cuando abrió los otros dos restaurantes, por ejemplo?

R. No, yo no era el dueño principal. Esta es la primera vez que abro un negocio en el que Tammy y yo tenemos todo el control. Pensamos que es importante hacer las cosas lo mejor posible antes de poner en marcha la caja registradora.

P. ¿Menciona "la calidad" en sus anuncios?

R. No hacemos propaganda. Preferimos dedicar el tiempo y el dinero para atender a nuestros clientes. Por ejemplo, si sabemos que es el cumpleaños de alguien, le servimos champán y una tarta. O, para alguno de nuestros clientes habituales, de vez en cuando hacemos que el camarero anuncie algo así como "Por cada tres mil comidas que usted hace aquí, logra una velada gratis. Y esta es su comida número tres mil".
Si alguien trae a un niño, tratamos de llevar al niño a la cocina cuando ha terminado el segundo plato y le hacemos combinar su propio postre helado. Si es el cumpleaños de la madre, dejamos que el niño nos ayude a decorar algo para ella, así el niño puede servir el postre a la mesa. Con esto logramos varias cosas: lo más probable es que el niño ya estuviera aburrido de la comida y que los padres entonces gocen del recreo, además toda la familia puede sentirse complacida con un postre decorado especialmente.

P. ¿Cuánto personal tiene?

R. En Strings, unos 70; en 240 Union, 55, y en Ciao Baby, 70. En las reuniones con el personal siempre les recuerdo que no soy yo quien paga sus sueldos: es el cliente. No trabajan para mí, todos trabajamos juntos. Tenemos un gran espíritu de equipo.

P. ¿Cómo se tienen en cuenta las ideas de los empleados?

R. Tenemos un programa muy activo de sugerencias y, además, trato de escucharles directamente.

173

P. ¿Por ejemplo?

R. El otoño pasado los Broncos tuvieron un mal comienzo, así que un comentarista deportivo de Denver subió a una valla publicitaria y juró que no descendería hasta que los Broncos ganaran un partido. Y realmente tuvieron un mal comienzo y el pobre hombre estuvo ahí unas seis semanas. Un domingo yo estaba en Strings y entró un muchacho conocido y que era un gran hincha de fútbol y dijo:
—Por fin ese periodista va a poder bajar: ¡los Broncos van a ganar!
—Qué bien —dije.
—Deberíamos tenerle aquí para su primera comida —dijo el chico.
—Invítale entonces —accedí yo.
—¿Qué? ¿Cómo? —exclamó el muchacho.
—Pues llámalo a su estación de radio e invítale —dije.

P. ¿Qué ocurrió?

R. El chico lo hizo. Tuvimos doce comensales aquella noche y nos hicimos cargo de la cuenta. Sucedió que el entrenador de los Broncos, Dan Reeves, estaba ahí y envió una botella de champán. Lo pasamos bien. Por supuesto, el chico estaba algo preocupado al principio cuando le dijeron que serían doce personas las que vendrían a cenar, pero le dije que no se preocupara, que si uno actúa con buenas razones, todo sale muy bien. Como agradecimiento el comentarista habló sobre nosotros en su programa de radio toda la mañana siguiente.

P. ¿Ha tenido éxito su manera de inaugurar Ciao Baby? ¿Resultó una buena inversión todo ese dinero?

R. A las cuatro semanas de abrir, servimos a más de 400 personas el sábado a la noche. En Strings tardamos dos años en lograrlo. No fue caro. Fue una excelente inversión.

Un vendedor/cliente, Chuck Delay de Rocky Mountain Hi (la empresa que fabrica las camisetas para todos los restaurantes Cunningham, comentó:

—Noel es uno de los mejores hombres de negocios que conozco. Usa a los clientes para saber cómo atraer a más comensales. Y además facilita mi trabajo. Después de cenar no puede esperar a diseñar una nueva camiseta. Desde luego, hubo un pequeño inconveniente. Hice seis diseños y todos eran tan apropiados para Ciao Baby que les resultó difícil elegir dos. Me pidieron que guardara los otros cuatro en reserva.

Delay reconoce la calidad. Compitiendo contra unas 1500 empresas, Rocky Mountain Hi ganó el premio de *Impressions Magazine* por la mejor camiseta estampada en 1990.

Axioma 57. *La calidad produce beneficios para todos: clientes, vendedores y proveedores.*

58 Reconocimiento
Ricitos de Oro: tres maneras de dar las gracias

Ricitos de Oro estaba deprimida. Se sentía culpable por haber entrado en el hogar de los Tres Osos para descansar, comer de sus alimentos y dormir una siesta. Peor aun, sabía que no era correcto haberse ido sin dar las gracias. Su madre se lo había enseñado así.

Ricitos de Oro decidió arreglar las cosas enviando regalos a cada uno de los Tres Osos, pero ¿qué? Los tres habían contribuido a su bienestar (aunque había preferido las contribuciones del Oso Bebé) y deseaba estar segura de que daba a cada uno de los tres algo personal. Sabía que lo merecían. También sabía que podría volver a sentarse en la mecedora o dormir otra siesta algún día. Y además le habían gustado mucho las gachas.

¿Qué regalarles? Para el Papá Oso, pensó dirigirse al diario local para que publicara una historia sobre lo gran oso que había sido. Ricitos de Oro pensaba que el reconocimiento público de su carácter y sus logros sería lo que más le gustaría.

El mismo día que apareció en el diario la historia de papá oso, llegaron a su casa un paquete y un sobre. El primero para Mamá Osa y el segundo para el Bebé Oso. La mamá abrió el paquete y encontró una hermosa placa con un mensaje grabado "Con el agradecimiento de Ricitos de Oro a una gran osa: Mamá Osa". El Bebé Oso abrió el sobre y encontró un cheque de 25 dólares. Ricitos de Oro había escrito "Gracias" en la esquina inferior izquierda del cheque.

Los regalos no fueron del agrado de la familia. Papá Oso era muy tímido y se sintió incómodo con el artículo aparecido en el periódico. Mamá Osa ya tenía todas las placas que necesitaba. Y Bebé Oso sabía que el cheque sería depositado en un banco para "su futuro". La conversación durante la cena fue muy animada.

Papá Oso dijo a Mamá Osa:

—Estoy seguro de que Ricitos de Oro quería hacer las cosas bien, pero a mí no me gusta que mi nombre aparezca en el diario. Hubiera sido mejor si hubieran hablado de toda la familia. Por otra parte, me hubiera venido bien un poco de dinero.

Mamá Osa comentó:

—Sé lo que quieres decir. Yo sé que a ti no te gusta esa clase de publicidad, aunque la merezcas, pero a mí me hubiera gustado un artículo como ése. Me hubiera agradado mucho ver mi nombre en el diario. Le hubiera mandado una copia a mamá.

El Bebé Oso, que ya le había entregado su cheque al padre, preguntó a Mamá Osa:

—¿Me puedes dar tu plaqueta? Quizá podamos cambiar la inscripción para que diga "Bebé Oso".

Todos estuvieron de acuerdo en que hubiera sido mejor que Ricitos de Oro hubiera ido a agradecerles personalmente. De alguna manera, no parecía oportuno que los obsequios aparecieran sin que los trajera nadie.

Ricitos de Oro nunca fue invitada a la encantadora casita del bosque. En realidad, un día, cuando se aventuró en el bosque para llegar a la casa, encontró un cartel en la puerta que decía: "Ricitos de Oro: No entres".

—Ingratos —murmuró ella mientras se alejaba—. Les di las gracias.

Axioma 58. *El reconocimiento es una parte integrante de la calidad. La gente oye decir "gracias" de diferentes maneras. Lo que complace al que reconoce, al que da, puede no agradar al que recibe, y lo importante es la opinión del receptor. Resuelva el problema diciendo "gracias" de tres o más formas a cada persona, y deje que el receptor responda a la que más le guste.*

59 Seguimiento

¿Sugerencia? ¿Qué sugerencia? (Cuando las ideas sobre la calidad se extravían)

Una especialista médica de un pequeño hospital de la comunidad, en el centro de Massachusetts, había estado librando una batalla con la organización del sistema del buzón de sugerencias desde hacía dos años. Sus intentos de ofrecer ideas para mejorar habían tenido poco éxito. Además había descubierto un laberinto de reglas no escritas, agendas escondidas e indiferencia.

La primera vez, envió la sugerencia de reconocer el mérito de los empleados mayores cuando se cumplía su aniversario de trabajo. No queriendo parecer entrometida, esperó un año antes de preguntar al comité encargado del buzón de sugerencias, qué había pasado con la suya. Le dijeron:

—No convocamos a una reunión hasta que no se recogen seis sugerencias.

Después de enviar aquella sugerencia, descubrió que los reglamentos del hospital ya permitían el reconocimiento más generoso del aniversario de trabajo que el que ella había sugerido. Eso eran buenas noticias. Las malas fueron que su superior inmediato le pidió que mantuviera en secreto la información que tenía.

Al año siguiente, la especialista depositó un formulario con otra sugerencia en el buzón. Opinaba que podía ser una buena idea publicar los tipos de seguro que el hospital aceptaba en los próximos avisos que se publicaran en el diario local. Ocho meses más tarde, cuando comenzaba la siguiente campaña de propaganda del hospital, había una lista de compañías de seguros aceptadas como parte del aviso.

La especialista no había obtenido ninguna información del comité del buzón de sugerencias.

Una rápida investigación reveló que cuando la secretaria del ejecutivo jefe del comité del buzón de sugerencias leyó la mencionada sugerencia pensó que era una buena idea. La envió directamente al Departamento de Relaciones Públicas. Por eso el comité nunca se enteró del asunto.

La última vez, había presentado otra idea. Dos semanas más tarde cuando miró dentro del buzón, su idea no estaba allí.

—No es un buzón de sugerencias —opinó ella—, es un buzón que no funciona.

Axioma 59. *Ningún sistema es (por sí mismo) proclive al fracaso o al triunfo. Depende de los procedimientos de seguimiento de la empresa y de la manera en que se ejecuten. El doctor W. Edwards Deming declara que por lo menos el 85 por ciento de los problemas de calidad dependen de la directiva. En algunas empresas el porcentaje es mayor.*

60 Sinergia

Cuando el todo es mayor que la suma de sus partes

Cuando el Oakland Athletics perdió frente a Los Angeles Dodgers en la serie mundial de 1988, declaró repetidas veces que "el mejor equipo no había ganado la serie mundial del '88". Cuando perdieron frente a los Cincinnati Reds en 1990, los del Athletics repitieron lo mismo. Se equivocaron las dos veces.

Si el Athletics hubiera dicho "el mejor grupo de *individuos* no ganó la serie mundial del '88 ni la del '90", pocos hubieran discutido la declaración. En realidad, después de la serie de 1990 (ganada en cuatro partidos por Cincinnati), Todd Benzinger, el jugador de los Reds, dijo: "Los del Athletics conocen más el béisbol, pero nosotros tenemos el mejor equipo".

Es un error actuar de manera individual en lo que se define como un deporte de equipo. Como dijo Dave Stewart, el mejor lanzador del Oakland, después de la serie mundial de 1990: "Al ganar se siente uno mejor de lo que cree la mayoría de la gente y al perder peor también de lo que se cree".

Tanto lo que los Dodgers como los Reds lograron actuando como equipo no se podía predecir basándose en las actuaciones individuales de sus jugadores. Ellos "jugaron por encima de sus conocimientos"; también ganaron.

Lo mismo sucede en los negocios.

Es muy posible que, por ejemplo, si los empleados de la General Motors se compararan uno a uno con los de Toyota, la General Motors se destacaría. Por la educación, los años de experiencia, la creatividad comprobada y el deseo de ser una parte funcional de una empresa ganadora..., los empleados y gerentes norteamericanos se destacan ante cualquier otro grupo nacional.

Sin embargo, los modelos de Toyota merecen, sinceramente, las mejores opiniones en cuanto a la calidad, mientras la que General Motors se redujo a alardear públicamente de que el

Buick era el número 5 en 1990. En gran parte esto es lo mismo que le sucedió al Oakland en 1988 y 1990: equipos inspirados derrotaron a las colecciones de individualidades.

Con esto no pretendemos sentenciar que todo lo que se necesita es un fuerte espíritu de trabajo en equipo para asegurar el éxito. Hay condiciones que otorgan importancia al talento. Pensemos en los Boston Red Sox, en la serie mundial de 1990. En relación con sus rivales del Toronto Bluejays, los del Boston Red Sox eran inferiores, comparando cada jugador con el respectivo del otro equipo. Pero por ser un equipo y equilibrar las debilidades de cada uno, derrotaron a los Bluejays y ganaron la oportunidad de jugar contra el Athletics. Entonces se encontraron contra una pared de piedra. El Athletics fue capaz de derrotar al Red Sox sin ser siquiera un equipo coherente. A veces, la suma de las fuerzas individuales resulta insuperable. El trabajo en equipo produce el máximo potencial, pero el potencial debe existir.

Axioma 60. *Lo mejor es combinar el talento con el espíritu de equipo. Este dúo produce una sinergia difícil de derrotar (como puede atestiguarlo la General Motors). Después de un esfuerzo sostenido para desarrollar una cultura de trabajo en equipo y conciencia del cliente (y gracias a las inversiones y al compromiso a largo plazo del directorio), la división Cadillac de la General Motors ganó el premio nacional a la calidad Malcolm Baldrige en 1990.*

61 Trabajo en equipo

La pregunta suprema de la calidad: ¿qué podemos hacer juntos?

Jeff Pym observó el proceso de calidad de su empresa, Paul Revere de Canadá, y concluyó que un proceso de calidad avanza en tres etapas:

¿Qué puede hacer usted por mí?
¿Qué puedo hacer yo por mí?
¿Qué puedo hacer por usted?

Otros expertos también comparten esta opinión. Muchas empresas han comprobado que sus empleados (incluidos los gerentes) consideran inicialmente todo proceso de calidad como una forma de sugerir modos con los que *otros* empleados pueden mejorar *su* trabajo. Se necesita tiempo para reconocer la verdad fundamental: la calidad es algo que *yo* puedo mejorar con *mi* labor.

En esta segunda fase, los empleados suelen recurrir a las pequeñas molestias del trabajo como fuente de ideas para mejorar la calidad. ¿Qué es lo que me resulta inconveniente? ¿Qué creo que es una pérdida de tiempo? El éxito en el control de esas situaciones otorga confianza y puede traducirse en un juicio más refinado del impacto que reciben los clientes de los procesos y la política de la empresa. La escena está preparada para "¿Qué puedo hacer por usted?".

Joe McConville, director de calidad en Paul Rever Insurance Group, Worcester, Massachusetts, en el cuarto año del proceso se valora la calidad, agregó otra fase a las de Pym:

¿Qué podemos hacer juntos?

Este corolario se basó en el descubrimiento de que más del 90 por ciento de las ideas sobre las que estaban trabajando los equipos ese año planteaban un objetivo basado en las comunicaciones con el cliente. Más del 50 por ciento de las ideas proponían un objetivo de entrenamiento, destinado a los miembros del equipo (para que mejoraran sus habilidades) o al equipo mismo, para adiestrarle en la ayuda que se presta a los clientes (a menudo constituidos por otros equipos) para adquirir nuevas habilidades mediante la instrucción informal en la empresa. En las páginas siguientes aparecen fragmentos de la publicidad realizada por el equipo de calidad PROFits que ofrece su técnica para entrenar a otros equipos.

Contactos
Se buscan compañeros

Se necesita una conexión amorosa: socios de PROFits disponibles

El equipo de calidad PROFits ha anunciado hoy que está preparando un nuevo programa de compañerismo como parte de sus esfuerzos de calidad para 1989. El programa, diseñado para reunir a los consultores de PROfits con los equipos de calidad interesados en toda la empresa, tendrá lugar en enero de 1989, al comienzo del nuevo año de la calidad.

El PROFits es un equipo de calidad constituido por miembros del centro de información, planificación e investigación. La teoría del nuevo programa de asociación es que los miembros del equipo pueden proporcionar algunos conocimientos determinados (como la experiencia en algún envase especial para el *software*, el análisis de sistemas y datos, facilidad para escribir y entrenar, por ejemplo) a un equipo formado para proyectos de calidad y que se beneficiará con esas informaciones. Como retribución, el equipo asociado ayudará al analista de PROfits a aprender más sobre los distintos campos comerciales de la empresa, para capacitarse en el conocimiento de las necesidades del usuario en el futuro.

Planteamiento del programa

Mientras los miembros del equipo PROFits participen plenamente en los equipos de calidad asociados, los de PROFits seguirán formando parte de un equipo. La calificación dependerá del éxito de los equipos asociados. Por lo tanto si ustedes no quedan bien, ellos tampoco.

Se establecerán pocas reglas fundamentales que los miembros del equipo PROFit y los equipos asociados deberán cumplir. Por ejemplo, aunque un analista de PROFit puede ser un mago en el uso de ciertos documentos y formularios, su trabajo será asesorarse con un equipo de ese campo: no desarrollar productos para ellos.

En las páginas siguientes:

Personales
Asesoramiento
Clasificados

Querido Papá Noel:

Me he portado bien durante todo el año. He logrado todos los objetivos de mi equipo de calidad y he logrado la medalla de oro. He aprendido las reglas que se emplean para ayudar a mis amigos a preparar los expositores para la Qualifest. He estudiado SAS y Dynaplan para poder responder a las preguntas en el escritorio de AYUDA. He trabajado muchísimo para usar BCS para que mis documentos resulten más fáciles de leer. Espero que estés de acuerdo en que merezco una recompensa por mi buena conducta. Por favor tráeme un equipo de calidad del que pueda formar parte en 1989. Prometo mejorar el año que viene. Besos, "Virginia"; Ruta 178-00, Ad N° 6.

Analista interesado en obtener resultados busca nuevos desafíos diferentes. Pesimista, terco, inflexible y exigente pero valgo la pena. Trataré sus problemas tal como los veo y les enviaré soluciones con sentido. Escribir a 178-00, Ad N° 13.

¡Busco oro con desesperación!

Minero de oro busca equipo con buenos recursos (ideas para ser aplicadas). Encontraré oro con mi experiencia y habilidad (años de análisis de sistemas YC) y los traeré con mis recursos (SAS, Dynaplan, tabla...). Dirigir la respuesta a "Viejo buscador" 178-00, Ad N° 1. No se desilusionarán.

Equipos de calidad, tomen nota:

¿Usted y sus compañeros de equipo se sienten insatisfechos?... ¿Desean más información?

¿Necesitan mejores informes de la dirección?

Quizá pueda ayudarles una persona experimentada. La comprensión de los datos disponibles DI y el acceso a ciertos métodos podría ser justamente lo que necesitan. Quizás están haciendo las cosas de la manera más difícil. Conversemos. Si está interesado, escriba a 178-00, Ad N° 7.

Analista de sistemas IC desea asociarse a un equipo de calidad entusiasta, interesado en todos los campos de la empresa. Tengo buen sentido del humor, me gustan los deportes y el desafío. Si usted es sincero y quiere conocer mejor el ROFS, DCF, etcétera..., seamos amigos. Responderé a todas las cartas, pero antes usted tiene que contestar a este anuncio. Escriba a Ruta 178-00, Ad N° 4.

Analista busca la oportunidad de reexaminar el mercado de trabajo. Necesito saber qué hace su departamento y, quién sabe, quizá pueda tener algunas oportunidades. Me interesa sobre todo el grupo, pero el individuo también. También me interesan la instrucción, las culebras, los gráficos y la jardinería. Démonos la oportunidad de conocernos y comprobar si funciona.
Responder a Ruta 178-00, Ad N° 11.

184

Analista de sistemas, 26 años pero aspecto de 36, busco equipo de calidad para asociación creativa. Trabajo en artes gráficas, redacción técnica y de propaganda, y hago largas caminatas por Filene. Si le interesan algunas consultas discretas sobre diapositivas, ordenadores, gráficos, publicaciones o cualquier otra tecnología de presentación, estoy interesado en cambiarlo por lecciones de experimentados investigadores de mercado de Paul Revere. El trato se mantendrá confidencial. Conteste a Ruta 178-00, Ad N° 3. Sin trampas.

Especial de año nuevo
PROFESIONALES

¡Cuatro clases excitantes!
Enero 20, 23, 24 y 26

*Llame a X5218 para saber los horarios y
el lugar de las clases*

Asesoramiento
Gabriella Van User

Estimada Gabby:

Otra vez ha caducado mi pasaporte y no sé qué más puedo hacer. ¿Qué debería hacer?

No resisto más

Estimado No Resisto:

Necesita ayuda en este momento difícil. Llame al 5218. Por favor, infórmeme lo que sucede. Me importa.

Estimada Gabby:

Espero que publique otra carta más sobre un problema terrible. No importa cómo lo haga, cada vez que trato de imprimir mi documento recibo el mensaje "el texto excede el tamaño de la página". ¿Qué puedo hacer?

DCF temerosa

Estimada temerosa:

Necesita ayuda. Llame al teléfono de ayuda, 5218. Y por favor, infórmeme lo que sucede. Me importa.

*Fragmentos de un boletín del equipo de
calidad PROFits
Paul Revere Insurance Group
Diciembre, 1988*

Axioma 61. *Nunca subestime el poder del trabajo en equipo para mejorar la calidad. También puede resultar divertido.*

62 Vocabulario

Breve diccionario de términos relativos a la calidad

Cualquier vocación o especialidad tiene su léxico, su manera particular de usar las palabras comunes. Sucede lo mismo con la calidad. Cuando McCormack y Dodge, una empresa de *software* y de servicios de *software* en Natick, Massachusetts, lanzó su proceso de calidad sin límites, su director publicó un glosario que reflejaba el enfoque de M & D: la participación del ciento por ciento de los empleados en los equipos de calidad más la participación adicional de la dirección en los talleres de análisis de valor. Ligeramente modificado, publicamos este diccionario. Puede ser usado por cualquier empresa que inicie un proceso similar de calidad:

Cliente. Cualquiera a quien usted (personalmente, su departamento o la empresa) proporcione servicios, productos o información. Para muchos, los clientes primarios serán los demás empleados.

Incentivo. No forma parte del proceso de calidad. No se intenta comprar la participación de alguien; los empleados de una empresa valen muchísimo más de lo que podría pagárseles. Habrá un esfuerzo sincero para decir "gracias" por la participación en el proceso.

Kaizen. Palabra japonesa que expresa la filosofía del mejoramiento continuo. También es el título de un libro muy bueno de Masaaki Mai.

Calidad. El resultado de la combinación de dos conceptos ligados: la calidad en la realidad y la calidad en la percepción. También es el aspecto competitivo que ayudará a asegurar que una empresa no sólo sobrevive sino que triunfa.

Idea que contribuye a la calidad. Una idea, grande o pequeña, tenida en cuenta por un equipo de calidad que trabaja para mejorar lo que está bajo su responsabilidad. La puesta en práctica de una idea no presupone necesariamente que antes se hiciera algo mal. Es posible pasar de bien a mejor e incluso de mejor a óptimo.

Analista de la idea que contribuye a la calidad. La "mecánica" del proceso de calidad; la disposición para hablar con cualquier líder de equipo de calidad. La función primaria es certificar las ideas de calidad y asegurar que todos los equipos de calidad reciben el merecido reconocimiento. Si no se puede responder de inmediato a una pregunta o proporcionar la ayuda solicitada, el analista deberá ser capaz de encontrarla y proporcionarla en un tiempo muy corto.

Programa de seguimiento de la idea de la calidad. Programa de *software* que facilita a los equipos de calidad registrar su progreso y permite al analista de calidad un mejor seguimiento de la puesta en práctica de las ideas. Cuando se aplica una idea en el equipo de calidad, el líder contactará con un analista para que pueda certificarla.

Calidad en la realidad. Cumplir con las especificaciones según se comprenden; se logra cuando una persona cumple su tarea de la manera como cree que debería cumplirse.

Calidad en la percepción. Se alcanza cuando alguien más piensa que lo que se ofrece satisfará sus expectativas, que hará o será lo que ellos desean. La clave de la calidad es asegurar que las especificaciones satisfagan las expectativas del cliente. De lo contrario, debe reconocerse y explicarse el error y luego debe trabajarse para cambiar las especificaciones o las expectativas.

Equipo de calidad. Un grupo de seis a doce empleados (normalmente personas que trabajan juntas todos los días) que se reúnen con regularidad para discutir métodos para mejorar la calidad de su trabajo. Sus esfuerzos son posibles porque se les garantiza una autoridad similar a la responsabilidad. Algunos meses, muchos de estos equipos trabajarán a veces juntos con grupos de empleados que invitan a otros (que son sus clientes internos) a acompañarles.

Líder del equipo de calidad. El líder de un grupo de empleados que intenta mejorar la calidad de su trabajo; el líder del equipo de calidad es entrenado para dirigir una reunión de una manera participativa para resolver el problema. (Para muchos, la segunda parte de la instrucción será de repaso ya que este material es nuevo.) Los líderes de equipos de calidad serán los principales activistas del esfuerzo para introducir a la empresa en el camino de una filosofía de mejoramiento continuo.

Celebraciones de reconocimiento. Parte indispensable del proceso de calidad. Los esfuerzos para decir "gracias" a cada equipo de calidad que lo merezca deberán ser frecuentes y variados.

Fuerza laboral. Un grupo de empleados que puede variar de funciones y de nivel según el problema que sirve de catalizador para su formación. Este equipo temporal se disolverá una vez que acuerde la solución que se llevará a la práctica.

Análisis de valor. Un programa fundamental del proceso de calidad. Trabajando con un asesor entrenado, un departamento tendrá una visión más profunda de sus funciones y procesos. Las recomendaciones que resulten de un curso de análisis de valor serán propiedad exclusiva de los participantes, no del asesor.

Por qué. El proceso de calidad se lanza porque el presidente y el equipo directivo opinan con sinceridad que la calidad proporcionará a la empresa un valor competitivo en el futuro y que sus empleados son personas de negocios adultas e inteligentes que desean que la empresa triunfe y que además son capaces de establecer un ambiente de mejoramiento continuo.

Axioma 62. *Cualquiera que sea el enfoque que elija una empresa para un proceso de calidad, se necesitará un vocabulario de uso general para comunicar con eficacia los objetivos y los métodos.*

PARTE III

Sobre la medición

63 Absolutos
Hablan los filósofos de la directiva

Cuando usted puede medir el objeto del cual está hablando y expresarlo en números, conoce el tema. Pero cuando no puede medirlo, cuando no puede expresarse con cifras, su conocimiento es inferior e insatisfactorio. Tal vez sea el comienzo del conocimiento, pero usted apenas ha avanzado en sus pensamientos hacia la etapa de la ciencia.

> —William Thomson, Lord Kelvin
> Popular Lectures & Addresses
> (1891-1894)

Si no sabe hacia dónde va, podría llegar al lugar equivocado.

> —Lawrence Peter (Yogi) Berra

Axioma 63. *Una verdad fundamental de la calidad es que no se puede controlar lo que no se puede medir. La medida le dice dónde está y hacia dónde va.*

64 Accesibilidad

Un joven repartidor de periódicos llamado Pareto, y cómo desarrolló su análisis

El joven Pareto, el repartidor del barrio, observó que de vez en cuando le entregaban "tarde" sus diarios. Como él llegaba a la esquina oscura y fría todas las mañanas exactamente a la misma hora, no encontrar los diarios allí cuando llegaba le resultaba desagradable e inconveniente.

Decidió investigar el tiempo real de entrega durante unas pocas semanas. Como no le importaba la hora a la que llegaban los diarios siempre y cuando estuvieran esperándole, anotó esas ocasiones con un simple "OK" en su ficha de trabajo. Cuando llegaba a la parada antes que los diarios, registraba la hora exacta a la que finalmente caían a sus helados pies. Pronto confirmó lo que sospechaba: raramente se retrasaban más de cinco minutos de lunes a viernes pero siempre llegaban de 30 a 40 minutos más tarde los sábados. Pareto pensó que la variación de cinco minutos de lunes a viernes probablemente se debiera a variables tales como el tráfico y el tiempo. Pero la variación del sábado tenía que explicarse por alguna noticia de última hora de la noche anterior que justificara "parar las máquinas".

Pareto pensó que era interesante que la relación de los diarios llegados puntualmente con los entregados con retraso era de 5 a 1, aproximadamente el 80 por ciento al 20 por ciento. (Pareto no repartía el periódico dominical; otro chico había estado haciéndolo durante años.)

Una llamada telefónica a la editorial le informó que el conductor del camión de los sábados no era el mismo que el de los días de entre semana. El conductor del sábado partía de la oficina central del diario a la misma hora que lo hacía el que repartía los diarios de lunes a viernes (el que entregaba los diarios aseguró eso) pero seguía un recorrido un poco diferente.

El aprendíz de estadístico decidió que tenía dos opciones: dormir 30 minutos más todos los sábados o pedir al conductor del camión de los sábados que cambiara la ruta para llegar antes a su esquina. El factor decisivo: qué les interesaba a los clientes. En cuanto a Pareto, la media hora extra de sueño era una opción atractiva.

Aprovechando el cobro de aquella semana, Pareto preguntó a sus clientes si les suponía un problema recibir el diario del sábado 30 minutos más tarde. Los clientes respondieron que no les importaba.

Pareto obtuvo beneficios de su análisis. Pudo dormir un poco más los fines de semana e incluso notó que las propinas semanales eran un poco más grandes. A los clientes les encantó tener un repartidor que les preguntara cuándo querían que se les entregara el diario. Eso nunca había ocurrido antes.

Axioma 64. *El análisis de Pareto (también llamado regla del 80-20) es una herramienta de medida muy útil y popular para identificar y ordenar los problemas. Esta técnica es sumamente accesible. El análisis de Pareto no tiene por qué ser misterioso.*

65 Alarma
La zancadilla del alambre: un antiguo sistema de alarma

Desde la primera vez que los seres humanos sospecharon que podría aparecer un problema se han usado los alambres para las zancadillas. Tienen un propósito muy específico pero limitado. Un alambre para hacer una zancadilla informa que hay un problema cerca y aproximadamente dónde debe buscarlo.

En el caso de un grupo de exploradores que espera un ataque por un grupo vecino durante un jamboree, la zancadilla del alambre puede realizarse colocando el alambre en un camino y uniéndolo a algo que haga ruido o al pie de alguien. En una mina de carbón, un canario es una medida del tipo del alambre para zancadillas, en el caso de los gases venenosos. Si el canario muere, los mineros saben que hay algún problema. Para la mayoría de los padres, la temperatura de su hijo les sirve como una medida de este estilo. Si la temperatura del niño es normal, se supone que todo está bien a menos que existan evidencias claras de algu-na enfermedad. Pero si tiene fiebre, suena la alarma. Se reúne la pequeña información específica que indica que algo necesita atención.

Las alarmas más complejas, también tipo zancadilla del alambre, tienen uso diario. En realidad se utiliza una nueva alarma para que los padres presten atención a sus hijos cuando entran en la facultad. En cuanto se haya terminado la última batalla legal, se exigirá a las facultades que publiquen sus promedios de graduaciones y los de delitos en el campus. Nadie le dirá a un padre o a un futuro estudiante lo que debe hacer, pero los dos indicarán qué información posterior pudiera ser de utilidad.

Se ha esperado que las alarmas comerciales sean por lo menos tan refinadas como las correspondientes a las universitarias, pero el resultado de todas las alarmas es el mismo: no es un sistema preciso de alerta. Una zancadilla del alambre es una herramienta de diagnóstico de bajo costo que indica a una empresa que existe un problema pero no resuelve nada. En las líneas aéreas, las estadísticas referentes al horario y a las pérdidas de equipaje que se publican mensualmente sirven como alarmas. Que disminuya el porcentaje de llegadas a tiempo de una línea aérea de un mes al siguiente no indica a la dirección nada referente a las soluciones más apropiadas. Pero indica que hay un problema y en qué dirección deben centrarse los esfuerzos.

Un conjunto de alarmas, bien diseñado, posibilita la aplicación de los recursos donde más se necesitan. Ninguna empresa puede controlar todas las contingencias permanentemente. El gasto de recursos supondría una pérdida a corto plazo.

Los ejércitos acampados suelen establecer alarmas a varias distancias del centro del campamento. Los dispositivos no detienen a los invasores pero alertan a los defensores de la llegada de un intruso. Desde cuanto más lejos pueda identificarse la existencia de un problema, el jefe dispone de más tiempo para decidir qué hacer al respecto y aumenta la probabilidad de comprometer la cantidad justa de recursos para la "resolución del problema". Un empleo económico de las personas y los materiales supone almacenar recursos para hacer frente a la próxima crisis.

Lo mismo ocurre en los negocios. Cuanto más sensibles sean las alarmas, más lejos se pueden colocar y la empresa puede adjudicar con más precisión los recursos para evitar problemas graves y es más capaz de controlar más de un problema a la vez. Una serie de alarmas no ayuda a medir cada posible paso de cada proceso posible, sino que ayuda a definir cuándo deben activarse las opciones más sofisticadas (o complicadas) de control estadístico del proceso (simplemente más atención de parte de las personas capaces de resolver el problema).

Tomar la alarma como medida es una defensa contra las sorpresas. Por desgracia, como ocurre con todas las formas de medida, sólo resulta tan eficiente como las personas que controlan el funcionamiento del sistema. Ninguna medida protege contra las malas decisiones. Seguramente los defensores de Troya tenían alarmas y las demantelaron para permitir la entrada a ese caballo de madera tan grande y hermoso.

Axioma 65. *Unas pocas medidas bien elegidas pueden avisar a una empresa la existencia de un problema que exige su atención.*

66 Alerta
Encontrar la rueda antes de que chirríe

Como todas las máquinas parecen funcionar mejor si se las desmonta y se las engrasa de vez en cuando, la relación entre proveedores y clientes debería recibir el mismo trato. El mejor "lubricante" para las ruedas ruidosas y las silenciosas es el servicio y el seguimiento del cliente. Con demasiada frecuencia solamente la rueda que chirría consigue que la engrasen. El resultado puede ser una rotura inoportuna.

A fines de la década de 1970, la Tennant Company, con su cuartel general en Minneápolis, Minnesota, funcionaba bien. El fabricante de equipos para acabados de pisos era un líder en su industria y no oyó ninguna rueda que chirriara.

Pero entonces los nuevos clientes japoneses comenzaron a quejarse. Los japoneses declaraban que las máquinas de la Tennant perdían. La dirección de Tennant no podía comprenderlo. Habían fabricado y vendido muchísimas máquinas en Estados Unidos en el curso de los años y nadie se había quejado antes.

Su interés por atender las quejas de los japoneses aumentó en 1979 cuando Toyota anunció que pensaba introducirse en el mercado de los equipos para acabados de pisos. Como dijo Roger Hale, presidente de Tennant:

—Si quiere que le llamen para despertarse, haga que Toyota le anuncie que va a invadir su puesto en el mercado.

Debía solucionarse el problema en el Japón. Tratando de conseguir más información sobre lo que podía estar ocurriendo, la dirección de Tennant decidió compararlo con los clientes norteamericanos que nunca se habían quejado: ante su sorpresa (y espanto) se enteraron de que las máquinas compradas por los clientes norteamericanos también perdían, pero "nosotros secamos".

Por alguna razón los clientes norteamericanos (tanto a nivel

196

corporativo como personal) tienden a no quejarse mientras la situación no sea grave. Sufren hasta que se presenta una alternativa más atractiva y entonces acuden, de manera permanente, a un nuevo proveedor del servicio o producto en cuestión.

Cuando la gente de Tennant comenzó la discusión en la planta de Minneápolis para hallar la solución al problema (una "pérdida" se definía como "una gota de aceite cayendo de una junta hidráulica durante una hora de funcionamiento de la máquina a la temperatura y la presión normales de operación"), un ingeniero recomendó poner un recipiente debajo de cada máquina para recoger el líquido caído. Esto ayudó a la dirección de la empresa a convencerse de que se necesitaban cambios de pensamiento y también cambios de operación.

Se inició un proceso de calidad, comenzó el entrenamiento y se efectuaron las medidas para determinar una línea de base de la cual partir. En promedio, Tennant encontró que podía esperar una gota por cada 75 juntas. Como la máquina típica tenía 150 juntas, la pérdida suponía dos juntas por máquina. Aunque la mayoría se localizaba antes de que la máquina saliera de la planta de la empresa, todas necesitaban un reciclaje: un costo tanto en materiales como en tiempo.

Se reunieron datos y se usaron para guiar los esfuerzos en favor del mejoramiento y eso proporcionó un progreso continuo. Esto se reflejó en las estadísticas anuales de juntas que perdían durante los primeros 10 años del proceso de calidad de Tennant:

1979: 1 pérdida por	75	juntas
1980: 1 pérdida por	100	juntas
1981: 1 pérdida por	216	juntas
1982: 1 pérdida por	509	juntas
1983: 1 pérdida por	611	juntas
1984: 1 pérdida por	619	juntas
1985: 1 pérdida por	1286	juntas
1986: 1 pérdida por	2800	juntas
1987: 1 pérdida por	3233	juntas
1988: 1 pérdida por	4804	juntas

En agosto de 1985, Tennant comenzó a encuestar a todos sus clientes preguntándoles si habían tenido dificultades con sus máquinas. No se informó de pérdidas durante 1985 y 1986. Toyota no entró en la competencia, y las ventas y la porción de mercado de Tennant han aumentado firmemente.

Axioma 66. *Si no hubiera sido por las ruedas que chirriaron en Japón, Tennant podría no haberse dado cuenta de la disminución de su popularidad en el mercado más importante hasta que los clientes comenzaran a abandonarla. Debe buscarse seriamente la opinión de los clientes, aunque no haya quejas.*

67 Análisis de la competencia
Espejito, espejito..., ¿quién es la más guapa en mi sector del mercado?

En alguna ocasión el análisis de la competencia resultó fácil. Uno de los primeros casos registrados, si bien rudimentariamente, trataba de una madrastra y reina que periódicamente preguntaba a su espejo mágico: "Espejito, espejito..., ¿quién es la más bella de todas?".

Al compararse frecuentemente con la competencia en la única categoría a la que ella asignaba valor, la reina era capaz de asegurar que seguía ocupando la posición número uno, durante algunos años. En retrospectiva, probablemente debería haber adoptado una forma de mayor profundidad. Podría haber formulado al espejo preguntas importantes como: "¿Quién es la número dos?", "¿Está en ascenso?" y "¿Qué puedo hacer al respecto?".

Si los métodos de la malvada madrastra hubieran sido más refinados, quizá podría haber evitado el intento de envenenamiento (una medida desesperada, sin duda) para recuperar su posición como la más bella de la Tierra. Tal como sucedió, su reacción a las malas noticias no benefició a su reputación como esposa ni como madre.

Pero, si no era la manzana envenenada, ¿qué otras opciones tenía? Por una parte, si la reina hubiera hecho preguntas más detalladas para descubrir exactamente cómo era la competidora, podría haber tenido mejor conocimiento de sus fuerzas y debilidades percibidas y reales. Si era incapaz de acabar con la competencia, podría haber usado el espejo para construirse un lugar especial ("¿Quién es la más bella de las de mi edad?") o investigar nuevos mercados ("¿Cuál es la más bella en cada uno de los reinos vecinos? ¿Cómo se comparan conmigo?").

Habría que conceder algo de crédito a la reina por no haber buscado un espejo nuevo, uno que le hubiera dado la respuesta que ella deseaba escuchar. Si lo hubiera hecho, se habría sentido libre de la necesidad de reaccionar ante la creciente reputación de su rival. Desde luego, eso también le hubiera asegurado no tener malas noticias sobre su posición hasta que fuera, por ejemplo, la número 15 y la situación fuera aún más desagradable.

El uso razonado del análisis de la competencia, la utilización de todo tipo de preguntas y de la información resultante, se ha convertido en una herramienta valiosa y cada vez más popular para calibrar la calidad y mejorarla. La medida tradicional de la fracción de mercado proviene del "quién es la más bella de todas" y es solamente una clase muy elemental de análisis. Los métodos más refinados consiguen mejores resultados.

Después de decidir sobre un importantísimo esfuerzo por la calidad (uno que llevó a la empresa a ganar el premio nacional a la calidad Malcolm Baldrige en 1989), la Xerox Corporation convirtió el análisis de la competencia en una parte importante de sus actividades. En realidad, como la competencia no existía la Xerox analizó su propia industria, en la que ya era la número 1, pero quiso encontrar estándares más altos.

En el campo del control de las llamadas telefónicas y respondiendo a los encargos del cliente, por ejemplo, eligieron al vendedor por correo I. L. Bean como su competidor/maestro. Aunque Xerox no competiría nunca directamente contra I. L. Bean, eligieron ese componente particular de sus procedimientos para encontrar al que consideran como "el mejor de su clase". Su razonamiento fue que si podían trabajar como I. L. Bean, serían los mejores en su propia industria.

El análisis de la competencia comprende el establecimiento de objetivos basados en experiencias reales (las suyas o las de otros) y luego la lucha para alcanzar y superar esas marcas..., incluso cuando la única persona u organización que queda por derrotar sea usted mismo.

Axioma 67. *El análisis de la competencia (el proceso de medición del estado actual de una empresa o de un individuo y de comparación con el desempeño pasado o con los éxitos de otros) es un primer paso sensato para mejorar la calidad.*

68 Catalizadores
¿Encuestas? ¿Qué opina usted?

En el contexto de mejora de la calidad hay tres clases de encuestas:

- Las encuestas entre clientes externos, diseñadas para saber lo que piensan sobre un servicio o un producto.
- Encuestas entre los empleados en su papel de clientes internos diseñada para aprender lo que piensan sobre el servicio o el producto que reciben de otras unidades dentro de la empresa.

- Encuestas sobre las actitudes de los empleados diseñadas para conocer lo que piensan de la empresa.

Con los tres tipos de encuestas, son aplicables ciertas reglas para obtener el número máximo de ventajas:

- Las encuestas deben repetirse con regularidad. El motivo de la encuesta es el mismo que el de cualquier otra forma de medida: servir como fuente de ideas para la acción futura y para seguir el progreso. Sin regularidad en las encuestas, estos dos beneficios esenciales se reducen.
- Los resultados de la encuesta deben comunicarse a la gente adecuada. Esta "gente adecuada" son las personas que han trabajado en la encuesta y las que pueden hacer algo sobre las respuestas. En el caso de encuestas entre clientes internos, el sentido común debería dictar que se compartieran los resultados. Excepto los miembros del departamento que tiene la menor calificación, nadie necesita saber que su departamento es el que más tiene que trabajar. Por otra parte, los departamentos que resulten mejor calificados merecen el reconocimiento público. En el caso de las encuestas de aptitud, los empleados deben conocer los resultados, para que todos los individuos puedan cotejar su opinión con la de la mayoría.
- Es necesario un plan de acción ante los resultados de las encuestas. Es inútil hacer preguntas teniendo la esperanza de conseguir una respuesta "correcta"; debe existir el intento de reaccionar si aparece la respuesta "incorrecta" (o inesperada). Con las encuestas entre los clientes internos, el plan de la dirección sólo debe "informar de los resultados a los directores de departamentos y anunciarles cuándo se efectuará la próxima encuesta". Para las encuestas de actitud, un enfoque posible es establecer un mínimo y trabajar sobre cualquier pregunta que no lo haya alcanzado. Por ejemplo, "si menos del 70 por ciento de la empresa piensa que una política determinada es equitativa, se iniciará una tarea interfuncional y entre distintos niveles para

tratar el asunto y hacer las recomendaciones pertinentes al Consejo Ejecutivo".

Las encuestas no tienen por qué ser complejas. Se produce una encuesta informal en una empresa cada vez que un empleado pregunta a otro "¿Usas este servicio o este producto? ¿Cómo podrías hacerlo más útil?" como parte de una conversación de rutina. Si bien el hábito de conversar sirve, tiene sus desventajas cuando lo que se intenta es documentar el progreso.

Una encuesta simple y formal puede resultar muy efectiva. Un enfoque para una encuesta entre clientes internos es dedicar una página a cada departamento en la que figure un conjunto estándar de preguntas comunes a todos los departamentos (por ejemplo: "¿Con qué precisión trabajan?", "¿Cumplen los plazos establecidos?") más algunas preguntas adicionales propias de cada departamento (según las definan la dirección del departamento). Los empleados pueden entonces responder a las preguntas solamente por los departamentos con los que tratan personalmente. Cuando se realizan periódicamente, una encuesta de ese tipo centra los esfuerzos del empleado y le posibilita determinar el progreso.

Las encuestas pueden estar constituidas por una sola pregunta. Un director que busque ideas sobre los aspectos que se deben mejorar necesita una encuesta de una sola pregunta: "Las cosas que me impiden hacer mi trabajo correctamente son...". Los empleados deben disponer de un par de días para devolver el formulario rellenado.

Las mismas reglas se aplican a las encuestas de un punto. Es decir, la pregunta debe formularse con regularidad, las respuestas debe compartirse con las personas adecuadas y se necesita un plan diseñado para trabajar con los resultados. Al igual que con las encuestas más extensas y más formales, no formule la pregunta si no está preparado para reaccionar a la respuesta "equivocada".

La redacción de las encuestas puede aportar un mensaje poderoso. Por ejemplo, en Paul Revere Insurance Group, todas las oficinas de ventas deben rellenar y entregar mensualmente una encuesta relativa al funcionamiento de la casa central durante el mes anterior. El objetivo es saber cómo atiende la central a uno de sus clientes más importantes.

El interés de la encuesta reside en dos preguntas: "¿Qué ha funcionado mal durante el mes pasado?" y "¿Quién hizo algo por usted particularmente beneficioso el mes pasado?". Las respuestas permiten a la dirección general centrar sus esfuerzos en corregir los procesos y al mismo tiempo identificar a las personas merecedoras de gratitud por sus actos en apoyo de los clientes y de la empresa.

Las encuestas pueden resultar agresivas. Se aprende mucho más en la búsqueda de los encuestados para que respondan a preguntas específicas (además de permitir respuestas abiertas) que de "por favor rellene esto y envíelo si está verdaderamente enojado". Lo último ayuda a identificar las ruedas que chirrían; la primera se dirige a la más numerosas ruedas silenciosas.

La encuesta agresiva también puede ahorrar dinero aumentando la calidad. Una empresa de servicios inició un programa que consistía en que todos los empleados llamaran con regularidad a las oficinas de ventas para comprobar si algún asunto requería su atención. Se preveía que el programa aumentaría de manera importante la cuenta de teléfono del departamento, pero el consuelo era que el dinero gastado se recuperaría de manera intangible, a modo de una mejor relación entre los trabajadores de ventas y los cuarteles generales.

En realidad, el programa no sólo mejoró la relación sino que redujo la cuenta del teléfono. Una sola llamada telefónica, que descubría y propiciaba la solución de un problema, probaba ser más barata que varias llamadas tensas cuando surgía el problema.

Cada encuesta tiene consecuencias económicas. Las encuestas entre los clientes externos pueden tener distintas formas desde la elección de los grupos para redactar los cuestionarios, pero el objetivo es siempre el mismo: comprender las expectativas de la gente que tiene la mayor probabilidad de comprar el servicio o el producto de la empresa. El objetivo de una encuesta en particular puede ser calificar un servicio o producto, compararlo con el del competidor o probar el potencial de un servicio o producto que aún está en proceso de desarrollo. Cualquiera que sea el objetivo, la pregunta subyacente es: "¿Qué probabilidad existe de que usted nos proporcione (más) dinero en un futuro próximo?".

Las encuestas entre los clientes internos no están tan claramente relacionadas con lo anterior, aunque existe una clase de entrega de algo positivo: la buena voluntad. Aquí la pregunta subyacente es: "¿Qué probabilidad tiene la siguiente transacción entre empleados dentro de una empresa de producirse con rapidez y sin obstáculos?". La respuesta a esta pregunta tiene un valor monetario.

Las encuestas diseñadas para medir la actitud de los empleados hacia la empresa proporcionan información que puede ayudar a resolver viejos problemas tales como el absentismo y la renovación de personal, y ambos suponen un impacto económico.

Axioma 68. *Las medidas se toman como catalizadores del cambio. Pero no todas las medidas se toman con calibrador. Las encuestas también constituyen formas válidas y valiosas de medida.*

69 Contabilidad
¿Cuánto te amo...? Permíteme consultar los datos

Billy estaba enamorado. O por lo menos creía que lo estaba. Cada vez que se reunía con Maggie, se sentía feliz y los dos parecían seguir encontrando cosas nuevas para hacer, nuevas maneras de complacerse el uno al otro.

Se lo contó a su amigo George. George no se convenció y preguntó:

—¿Cómo sabes que estás enamorado? ¿Cómo sabes que realmente le interesas a Maggie? ¿Dónde está tu documentación? ¿Qué datos cuantitativos posees? ¿Qué te hace pensar que durará?

Billy no había pensado en sus actos ni en sus sentimientos. Se sintió un poco tonto cuando se dio cuenta de que estaba tratando su relación con Maggie como si fuera la primera vez en la historia que un joven se hubiera enamorado y deseara complacer a una damita. Había pensado en Maggie y él como en una relación única.

Las preguntas de George le despertaron. No bastaba con sentirse especial; había métodos que podían usarse para asegurar que la relación progresaba, procesos que debían emplearse para asegurar un final feliz y duradero.

Billy no vio a Maggie con tanta frecuencia durante las semanas siguientes. Con la ayuda de George, Billy estaba ocupado estudiando, concentrándose en aprender la forma correcta y probada de mantener el cariño de una chica. Nadie pensaba que Billy estuviera enfadado con ella por algún motivo porque ni siquiera explicó por qué la veía poco.

Cuando Billy finalizó su curso de entrenamiento que había preparado con George (que consistía sobre todo en una combinación de lecturas sobre los sistemas de medida y vídeos de películas clásicas y románticas), fue capaz de pasar su tiempo con Maggie de una manera más inteligente, bien planificada y mejor definida.

Después de cada cita, Billy registraba cuidadosamente lo que había hecho y las reacciones de Maggie. Como información básica, periódicamente se tomaba el pulso durante cada cita.

Hacía referencias al tiempo, al kilometraje total registrado durante una cita, al dinero gastado, a los alimentos ingeridos y al número de piezas de baile lentas y rápidas, con su impresión de cuánto parecía gustarle a Maggie la velada y haciendo suposiciones para saber si lo aceptaría en su vida.

Lo que confundía a Billy era que cuanto más se ceñía a los datos y más trataba de repetir exactamente lo que había parecido hacer surgir una reacción positiva en citas anteriores, menores eran los puntos en su "reacción en la escala de Maggie de 1 a 10".

Estaba un poco preocupado porque cuando comparaba punto por punto a Maggie con su "compañera ideal" (una persona teórica que había definido en su período de instrucción), Maggie no salía tan bien parada como hubiera esperado. Billy sabía que la amaba...; por lo menos pensaba que sabía que la amaba, pero los números no lo reflejaban.

Billy estaba teniendo problemas para señalar la dificultad. ¿Estaba haciendo una cosa buena? ¿Estaba haciéndola bien? ¿O era culpa de Maggie? Con la ayuda de George, Billy creó más y más tablas y definió más y más medidas. Así que empezó a acortar las citas para poder volver a casa y poner al día sus datos.

Por supuesto, nunca le contó a Maggie lo que estaba haciendo. Sabía que ella no comprendía a George (o no le gustaba). Lo llamaba "George el insidioso". Además, si le hubiera contado lo del estudio se habrían producido datos falsos.

Billy le preguntaba a Maggie, cada vez con más frecuencia, si estaba divirtiéndose y si algún día le gustaría repetir alguna actividad determinada. A veces hasta le pedía que calificara su bienestar, en un momento dado, en una escala de 1 a 10.

Billy no se sorprendió cuando Maggie le dejó. Los números no habían andado bien durante semanas.

Pero igualmente se sintió triste.

Axioma 69. *Sólo porque se pueda tomar una medida no significa que deba tomarse. Sólo porque un cálculo pueda hacerse no significa que deba efectuarse ni que tenga sentido.*

70 Cooperación

Cuento sobre la cooperación defectuosa

Hace tiempo, una joven fue contratada para un nuevo trabajo porque el Rey había oído que el padre de la chica declaraba que era la mejor tejedora del reino. La joven estaba nerviosa y entusiasmada. Sabía que era muy buena, pero ¿era la mejor? El tiempo lo diría.

La primera entrevista con el Rey había resultado positiva. Le había explicado que la tela del reino se vendía tan bien que "podía haber sido hecha de oro" y le dio la bienvenida personalmente mostrándole una rueca nueva. Parecía un comienzo excelente y la joven comenzó a tejer con entusiasmo.

Pero su optimismo se truncó ante el desconocimiento que tenía de esa rueca y el aspecto de un hombrecito extraño que tenía un calibrador en el bolsillo y un manual debajo del brazo y que se presentó diciendo que se llamaba Rumpelstiltskin. Ella no comprendía cuál era el cargo del hombrecito en el reino, pero le explicó que gracias a él los tejidos del reino tenían tan buena reputación. Le dijo a la joven cuánto tejido debía fabricar y prometió volver a la tarde siguiente para inspeccionar el trabajo.

La segunda entrevista con Rumpelstiltskin no fue nada agradable. Ella había luchado para producir la cantidad de tejido que le había exigido y pensó que el resultado era bastante bueno. Pero a Rumpelstiltskin no le impresionó. Miró el trabajo con desdén y preguntó ingenuamente:

—¿Llamas a esto trabajar bien? Puede estar bien para el lugar de donde vienes, pero está muy por debajo de nuestros estándares.

—¿Lo está? —preguntó la joven con timidez— No veo qué está mal.

—No podemos usarlo —exclamó Rumpelstiltskin.

—Quizá si usted pudiera explicarme qué es lo que está mal, yo podría arreglarlo —dijo la joven, asombrada—. Me gustaría intentarlo.

Rumpelstiltskin le entregó un par de muestras y un manual:

—La respuesta está aquí —dijo, y prometió visitarla a la tarde siguiente.

La joven comprobó que después de leer el manual podía preparar las hebras exactamente como las de la muestra. Por cierto que a veces debía detenerse y esperar que apareciera Rumpelstiltskin, porque por más que lo intentara, la rueca se negaba a cooperar. Aceptó, aunque de mala gana, que era mejor esperar a que arreglaran la rueca que continuar produciendo una hebra que no podía usarse. En general las cosas parecían estar bien.

La siguiente crisis llegó de repente. El Rey entró muy entusiasmado y exclamó:

—Querida, eres una tejedora maravillosa. Están llegando muchísimos pedidos de la tela que se hace con tus hebras. Debes aumentar de inmediato el rendimiento.

Y el Rey salió muy deprisa. Parecía que eran buenas noticias, pero la joven pudo advertir varios problemas.

Aquella tarde, cuando apareció Rumpelstiltskin, la joven le contó la conversación con el Rey. Sabía que no podía quedarse sentada y esperar a que apareciera Rumpelstiltskin y resolviera sus problemas. Deseaba que le enseñara cómo arreglar la rueca. También tenía algunas ideas para aumentar la cantidad de hebras, pero sabía que eso requería la cooperación de los tintoreros y de las tejedoras.

Rumpelstiltskin ni la escuchó. Aunque su relación era amigable (después de todo, ¿acaso el Rey no le había felicitado por lo bien que trabajaba su protegida?), pareció ofendido:

—Que tu preciosa cabecita no se preocupe por esto —interrumpió Rumpelstiltskin—. Esa es mi tarea.

—Pero a mí me van a echar la culpa si no cumplo con lo encargado —empezó a protestar la joven—. ¿No podríamos solucionarlo juntos?

—El problema es muy complejo —explicó él—. Trabajas muy bien con la rueca, pero no has sido preparada para arreglarla.

Como la joven no parecía convencida, él continuó la explicación:

—Mira, no es como si estuviera pidiéndote tu primer hijo —exclamó—. Sólo quiero recordarte que tu trabajo es tu trabajo y mi trabajo es mío.

Aquella tarde la joven explicó su dilema a su padre:

—Me siento atascada en el medio —dijo suspirando—. El Rey sigue soñando con el oro que podría obtener si aumentara las ventas, y no parece comprender que va ser muy difícil preparar más hebras, a menos que hagamos cambios importantes. Rumpelstiltskin actúa como si él fuera el único que puede comprender el problema, por no hablar de resolverlo, y se ofende cuando sugiero algo. ¿Qué debo hacer?

Pero no tenía la oportunidad de hacer nada. Rumpelstiltskin trató desesperadamente de cambiar la dirección de los esfuerzos de todos, pero como no compartía ninguna información verdadera, los trabajadores de todo el reino quedaron confundidos. Disminuyó la producción. Se perdieron pedidos. Un día, después de una conversación particularmente dura con la joven, Rumpelstiltskin dio un portazo y nunca más lo vieron en el castillo.

Axioma 70. *La calidad y la cooperación son inseparables del mismo modo que el liderazgo y la participación. Cuidado con el "complejo de Rumpelstiltskin": el especialista en control de calidad que actúa como si su disciplina fuera demasiado compleja y misteriosa para los simples mortales. El control de calidad es más eficaz cuando está diseñado para los procesos de producción y para uso de los empleados de cualquier nivel. Todos pueden colaborar tanto en el diseño como en la puesta en práctica del control de calidad.*

71 Directivas

Premio Nacional Malcolm Baldrige a la Calidad

Los premios nacionales a la calidad constituyen un fenómeno relativamente nuevo. El premio Deming, en el Japón, fue establecido en 1950. Desde entonces, Gran Bretaña (1984), Estados Unidos (1987), Australia (1988), Francia (1989), México (1990) y Canadá (1991) han establecido también premios nacionales a la calidad y la European Foundation of Quality Management está actualmente en el proceso de definir un premio de calidad, seguramente para la Comunidad Económica Europea.

El Premio Nacional Malcolm Baldrige a la Calidad, en Estados Unidos, recibió su nombre de un ex Secretario de Comercio (1981-1987). Es un esfuerzo conjunto del gobierno y la empresa privada, controlado por el National Institute of Standards and Technology, Departamento de Comercio de Estados Unidos, y administrado por la American Society for Quality Control, una sociedad profesional. Un presupuesto para financiar permanentemente el programa del premio ha sido establecido a través de la Fundación para el Premio Nacional Malcolm Baldrige a la Calidad, perteneciente al sector privado creado para ese propósito. Las solicitudes se revisan sin financiación del gobierno de Estados Unidos.

La primera presentación de los premios la efectuó el presidente Ronald Reagan el 14 de noviembre de 1988, a tres ganadores: dos en la categoría de fabricante y uno en la de pequeña empresa. Los primeros galardonados fueron Motorola Inc., la División Comercial de Combustible Nuclear de Westinghouse Electric Corporation y Globe Metallurgical Inc. Hubo dos ganadores fabricantes en 1989: Milliken & Company y Xerox Business Products and Systems. La Federal Express Corporation fue la primera ganadora en la categoría de servicios en 1990, junto a Cadillac Motor Car Division e IBM Rochester en fabricación y Wallace Co. Inc. (también de servicio) como pequeña empresa.

El premio resultó de los esfuerzos de la empresa privada. Empezando en 1984, los representantes del American Productivity Center (que más tarde se convirtió en el American Productivity and Quality Center) y varias empresas que incluían una fabricante de automóviles, una procesadora de alimentos, una de seguros, un fabricante de aviones y una empresa financiera de servicios se reunieron en Washington, D.C., para discutir la creación del Premio Nacional a la Calidad. Durante los tres años siguientes se unió a esos esfuerzos la American Society for Quality Control y una importantísima empresa de electricidad. El apoyo de la legislación tuvo como resultado el acta Malcolm Baldrige de mejoramiento nacional de la calidad, de 1987, convertida en ley el 20 de agosto de ese mismo año.

Los premios nacionales a la calidad pueden satisfacer varios propósitos. La publicación 1991 Aplication Guidelines establece los objetivos del premio Baldrige:

> El Premio Nacional Malcolm Baldrige a la Calidad es un premio anual para reconocer a las empresas de Estados Unidos que triunfan en el logro y el control de la calidad.
> El premio propicia:
> * considerar la calidad como un elemento cada vez más importante para competir,
> * comprender los requerimientos para la excelencia de la calidad y
> * compartir la información referente a buenas estrategias para la calidad y sobre los beneficios derivados de la instrumentación de estas estrategias.

Presentarse como candidato al premio es un procedimiento riguroso que consiste en enviar un informe de un máximo de 75 páginas (máximo de 50 para una pequeña empresa) en el que se responde a las preguntas de siete categorías: liderazgo, información y análisis, planificación estratégica de la calidad, utilización de los recursos humanos, seguridad en la calidad de productos y servicios, resultados de la calidad y satisfacción del cliente. La asignación de puntos considera la satisfacción del cliente como lo más importante de la calidad. Cada aspirante recibe un informe escrito que proporciona motivación individual en esos campos.

211

Una mesa examinadora juzga las solicitudes; un mínimo de cuatro examinadores asignan puntos a cada solicitud. El directorio está formado por más de 200 expertos en calidad que han asistido a un curso de preparación basado en los puntos de examen, los criterios para asignar puntos y el proceso de examen. Una vez calificadas las solicitudes, las empresas que han merecido el juicio de calidad máxima reciben una visita de dos o tres días, de un equipo de por lo menos cinco examinadores. El propósito de esta visita es verificar la información contenida en la solicitud.

Las visitas a la empresa van seguidas por una revisión por un grupo de jueces con el poder de asignar seis premios, o menos, según haya o no solicitantes que cumplan con los estándares del premio. Los jueces combinan los puntos obtenidos en la solicitud escrita con las observaciones durante las visitas para juzgar las fuerzas y los campos que pueden mejorarse. Pueden otorgarse dos premios en cada una de las tres categorías independientes: fabricación, servicio y pequeñas empresas. (Son pequeñas empresas las que tienen menos de 500 empleados.) Las agencias gubernamentales, las organizaciones sin fines de lucro y las organizaciones profesionales y laborales no pueden participar.

No es asombroso que el número de solicitantes haya sido pequeño (66 en 1988, sólo 40 en 1989, elevándose a 97 en 1990 y a 104 en 1991). La preparación de un informe escrito equivale a una auditoría sobre la calidad de una empresa y exige tanto datos cuantitativos como datos de tendencia a lo largo de cinco años. El número de solicitudes de las condiciones ha aumentado bruscamente de 12.000 en 1988 a más de 45.000 en 1989 y de las 180.000 en 1990 a 250.000 en 1991. Esto confirma el uso de la solicitud misma como una herramienta educadora.

Lo que permite que *Aplication Guidelines* sea tan útil es que resulta a la vez universal y flexible. Es universal en el sentido de que identifica con claridad el objetivo supremo de todo mejoramiento de calidad (la satisfacción del cliente) y los asuntos subyacentes que todas las empresas deben tener en cuenta (liderazgo, información, proceso, participación y medida). Es flexible porque no se exige a todas las empresas ningún enfoque en particular. En lugar de eso, la postulación en 1989 ha correspondido a 99 campos de trabajo, organizados en siete categorías y 32 puntos de examen. La asignación de puntos se basa en tres tipos de evaluación: enfoque, despliegue o proceso y resultados.

Las condiciones han alentado el interés por los premios de calidad, de una forma que no logró el premio Deming, pero el premio nacional a la calidad Malcolm Baldrige, de Estados Unidos, también es controvertido. Ha habido muchas discusiones dedicadas al peso relativo concedido a cada una de las categorías. También ha existido preocupación porque las directrices tienden a recompensar las clases de procesos y mediciones que se encuentran en el control de calidad de productos a expensas de los enfoques menos tradicionales de las empresas de servicios. Si existió ese prejuicio en favor de la fabricación, resulta menos aparente en las ediciones corregidas de las condiciones. Estos en sí mismos son el objeto de una revisión anual y de mejoramiento continuo.

Como dijo el presidente George Bush: "La mejora de la calidad en los productos y en el servicio son como nunca las prioridades nacionales". El Premio Nacional a la Calidad Malcolm Baldrige alienta ese progreso.

CATEGORIAS Y TEMAS PARA EXAMINAR EN 1991

Categorías/Temas 1991		Puntuación máxima
1.	**Liderazgo**	**100**
1.1	Liderazgo del ejecutivo de primer nivel	40
1.2	Valores de la calidad	15
1.3	Dirección en pro de la calidad	25
1.4	Responsabilidad pública	20
2.	**Información y análisis**	**70**
2.1	Campo y dirección de datos e información sobre la calidad	20
2.2	Comparaciones y estudios competitivos	30
2.3	Análisis de datos e información sobre la calidad	20

213

214

Axioma 71. Cuando se duda sobre alguna medida para mejorar la calidad, puede disponerse de ayuda. La Application Guidelines for the Malcolm Baldrige National Quality Award proporciona una herramienta universal y flexible para juzgar los esfuerzos en pro de la calidad.

72 Disconformidad

Inversión en una encuesta sobre el costo de la calidad

El costo de la calidad (CDC) es un concepto y no una ciencia exacta, y como concepto no está bien denominado. El costo de la disconformidad o el costo de la falta de calidad expresan con más precisión esta idea. El CDC es un intento de expresar en un número, como un porcentaje de las ventas brutas, la cifra en dólares que cuesta estar seguro de que las cosas se hacen bien (prevención) y la recuperación cuando las cosas se hacen mal (detección y corrección).

Puede resultar difícil la determinación del CDC; ni siquiera existe un acuerdo general en cuanto a los elementos principales que integran el costo total. Si bien casi todos coinciden en la prevención, detección y corrección, algunas personas y empresas desean la inclusión de una categoría "corrección-fracaso" para completar el cuadro. La diferencia entre corrección y corrección-fracaso, aseguran, está determinada por la reacción del cliente. Si la empresa pierde un cliente a causa del error, entonces un cálculo razonable de la pérdida en dinero debería incluirse en los cálculos de CDC como corrección-fracaso.

El cálculo de una cifra en dinero para el CDC presenta obstáculos. Como con tantos otros elementos que intervienen en un esfuerzo a favor de la calidad, la determinación de una cifra de CDC es aún más difícil en una empresa de servicios (o de los elementos de servicio de una industria) que en el caso de la manufactura únicamente. Todos los elementos del CDC son inexactos; el factor corrección-fracaso es el menos preciso. Además, se ha comentado que calcular el CDC es un ejercicio intelectual, en el mejor de los casos, y que hay maneras más efectivas de llegar al mismo resultado.

Pensemos en el derroche generado por realizar mal el trabajo. Mientras que en una empresa de servicios la evidencia de un error no se advierte tan rápidamente para el observador casual, lo es en una que fabrique productos. Un ejecutivo de manufactura que desee que sus empleados entiendan que se desperdicia demasiado (ya sea por correcciones o desechos) puede almacenar todo este material durante un tiempo y arrojarlo frente a la entrada principal una mañana. Sí, es dramático y potencialmente eficiente. Si fuera posible hacer lo mismo en una empresa de servicios, el cálculo de CDC sería una herramienta menos útil. En la situación actual, es imposible una demostración tan evidente en el caso de los servicios. Un montón de papel (suponiendo que alguien pudiera determinar exactamente cuáles son las hojas de papel que se desperdicia y cuáles no) no aumenta la circulación de la sangre.

Habiendo demostrado que es difícil computar el CDC, parecería algo perverso instar a las empresas a que lo hicieran. Sin embargo, algunos excelentes motivos compensan este esfuerzo. Una encuesta de CDC actúa como un catalizador para que todos los empleados piensen en cómo pasan el tiempo y, cuando la encuesta se realiza de manera periódica, capacita a la empresa globalmente a medir el progreso en el control de los costos resultantes de la disconformidad. Si estos costos resultan elevados, una encuesta de CDC puede determinar dónde hay que concentrar los recursos para apoyar los esfuerzos por el mejoramiento.

Si bien se admite que el CDC es inexacto, éste puede desempeñar un papel importante en la educación y la conciencia de la calidad. Siempre habrá un gasto por la calidad, aunque sólo sea preventivo. La prevención incluye los costos asociados al entrenamiento y al establecimiento de procedimientos y compra de maquinaria cuyo propósito es asegurar que no se produzcan errores. Este costo jamás será cero. En realidad, a medida que madura el proceso de calidad en una empresa, un porcentaje cada vez mayor de los gastos de CDC pasarán a la prevención.

Los empleados que comprendan el concepto de CDC advertirán el cambio. El dinero invertido en prevención está bien gastado. La experiencia ha demostrado repetidas veces que, no importa de qué industria se trate, un gramo de prevención vale por lo menos un kilo de curación.

Para que los empleados comprendan las consecuencias del CDC, deben suceder varias cosas. Los empleados deben estar convencidos del cálculo de la cifra de CDC. Una comisión de directivos de nivel superior y medio podría estar de acuerdo en un cifra defendible del CDC de su empresa, después de una serie de debates, sobre la base de los fríos datos y de bastante experiencia. Pero, ¿con qué finalidad? Para anunciar a los empleados que "nuestro costo de calidad supone el 36 por ciento de nuestras ventas brutas", cifra cercana a lo que se cree que es el promedio norteamericano para una empresa de servicios. ¿Pero qué sentido tendría para el empleado?

Los empleados que analizan cómo pasan su tiempo, se benefician de dos maneras. Se hacen más conscientes de la relación entre el tiempo y el dinero, y detectan las oportunidades para usar el tiempo de manera más productiva.

Seguidamente sugerimos la metodología para una encuesta de CDC. Asegúrese de que la encuesta contenga las definiciones básicas de CDC e información; información sobre "por qué estamos haciendo esto" más algunos ejemplos de las siguientes categorías: prevención, detección, corrección y, si se desea, corrección de un fracaso. El formulario también debería solicitar a cada empleado su nivel de empleo: no un nombre ni un departamento. El nivel de empleo es necesario para los cálculos finales, ya que es importante saber si las 100 horas que se pasaron corrigiendo errores le cuestan a la empresa a razón de 8 o 100 dólares por hora.

Divida a la empresa en "unidades que informan". Si un proceso de calidad dirigido al total de los empleados está en marcha, entonces los equipos de calidad son la elección natural. En cualquier otro medio, debe determinarse alguna manera de dividir a los empleados (por departamento, por ejemplo, o por tareas).

Siga con una instrucción orientadora para todos los empleados. ¿Qué es una encuesta de CDC? ¿Por qué se efectúa? ¿Cómo se calcula el CDC? Si consideramos que volver a hacer un trabajo resulta indeseable, ¿qué le sucede al empleado cuyo trabajo hay que volver a hacer? Debe asegurarse a los empleados que no peligra el empleo de nadie. También es una buena idea asegurarles que no existe ningún "CDC correcto", y que la dirección sabe que la cifra en dinero del CDC es probable que sea elevada. Tal vez, vergonzosamente alta.

Después del programa general de conciencia/educación, pueden reunirse los líderes de las unidades para discutir el formulario de la encuesta y su uso. En el paso siguiente, cada empleado rellenará el informe con el cálculo de cuánto tiempo se pasa en cada una de las primeras tres categorías, en una semana o mes promedio y, si se desea, cuánto dinero (en forma de ventas perdidas) debería incluirse en la cuarta categoría. Las cifras son producto de estimaciones. La suposición es que una serie completa de estimaciones honestas pueden llegar a un número razonablemente preciso. Es más importante que la metodología empleada resulte coherente año tras año que el procedimiento sea teóricamente perfecto.

Los líderes de las unidades entregan los formularios rellenados en un lugar de recepción. Allí se suman los datos. La primera encuesta de CDC se convierte en la línea básica de la empresa. Las encuestas de CDC deberían repetirse de manera periódica, por ejemplo, anualmente o cada dos años. La determinación de datos por los empleados identificará zonas que deben mejorar; los totales, siendo relativamente precisos, indicarán qué progreso se va logrando de año en año.

La información del CDC puede usarse para juzgar la cantidad de fondos de la empresa (y de ganancias) que son devorados por el trabajo mal realizado. Lo que debería suceder, desde luego, es que disminuyera la cantidad relativa de tiempo dedicado a la prevención, detección y corrección de los problemas. Esto se cumple aun cuando la cifra absoluta permanezca tozudamente estática. Si la cifra en dinero asociada con el CDC sigue siendo la misma durante un período en que las ventas brutas se duplican, entonces el porcentaje representado por el CDC se divide por la mitad.

Axioma 72. *Una encuesta sobre el costo de la calidad puede concienciar a los empleados de la importancia de la prevención frente a la detección y la corrección. Los resultados de la encuesta sirven también para analizar el progreso y son una fuente de ideas para el mejoramiento.*

73 Diseño
Servicio de cafetería: ponga su dinero en la boca del cliente

Un artículo de la contraportada del *Worcester Telegram and Gazette* contaba la historia de una extraña garantía del servicio al cliente [1]:

> "Si la comida del campus es difícil de tragar, el precio no lo es". Esa es la promesa de la Clark University (Worcester, Massachusetts), por la que se agrega una garantía de devolución del dinero en el menú del comedor, desde el lunes cuando los estudiantes vuelvan del descanso semestral.
>
> Clark y el servicio de comida contratado en Daka Inc., devolverán al estudiante el precio de una comida si no le ha satisfecho. Se acreditará en la cuenta del estudiante 1,66 dólares por el desayuno, 3,32 por el almuerzo o almuerzo-desayuno, o 4,99 dólares por la cena.
>
> "La comida de la facultad tiene un mal *rap*", dijo Jack Foley, el gerente comercial de Clark. Y agregó:

—Los estudiantes de todas partes escriben a casa sobre la calidad de la comida. Pero lo que los estudiantes realmente desean es valor por su dólar.

Daka considera la garantía como una manera de lograr críticas específicas en lugar de quejas generales. El vicepresidente Ron Cohen dijo:

—A veces nuestro gran problema es que los clientes no vienen a decirnos qué es lo que les molesta. Entonces los jefes de cocina se quedan con las suposiciones sobre las mejoras necesarias.

En Clark, la oferta de devolver el dinero coincide con la inauguración de un nuevo comedor para 400 cubiertos y de un horario más amplio para comer. Daka sirvió un almuerzo gratis ayer al personal de la facultad para celebrarlo.

—La comida fue muy buena— dijo la portavoz de Clark, Kate Chesley, que había pedido una hamburguesa con queso, patatas fritas, ensalada y un batido de chocolate.

Comentó que el nuevo comedor estaba preparado para ofrecer más elecciones, así que Clark y Daka confían en su capacidad para financiar los paladares más exigentes. La escuela y el contratado, cuya base está en Wakefield (Massachusetts), dividirán el costo de las devoluciones de dinero. Clark es la primera facultad que prueba este tipo de garantía.

—Digamos que un estudiante elige rosbif pero encuentra que está demasiado cocido —dijo Foley—. El estudiante debería llamar la atención sobre esto al encargado del servicio de comidas, que le ofrecerá uno de los otros platos (quizá pescado o pizza) que se sirven ese día. Si no le convence, entonces ofrecerá preparar para el estudiante, por ejemplo, algún menú frito o una tortilla especial. Si nada de eso satisface al estudiante, se le devuelve el importe de la comida. Todo lo que se pide es que el estudiante tenga en cuenta las alternativas razonables.

Cada uno de los que viven en Clark University debe comprar un menú, y 1350 de los 2200 estudiantes comen en los comedores de la facultad.

Worcester Telegram and Gazette
Enero 13, 1990
Lynne Tolman

¿Cuáles fueron los resultados obtenidos por la garantía de devolución del dinero en la Universidad de Clark? Entre enero de 1990 y la primavera de 1991, según el director de los servicios de comida, Joe Kraskouskas, se acreditaron 28 devoluciones frente a varios centenares de miles de comidas. Después de una explosión de actividad al principio, aproximadamente un estudiante cada dos semanas pide al jefe de comidas que adapte el menú. Daka ha ofrecido en alguna ocasión un bistec a un estudiante insatisfecho o ha preparado un plato de pasta al momento o un sandwich.

—Siempre hemos estado dispuestos a sustituir una comida que a un estudiante no le resultaba satisfactoria —destaca Kraskouskas—. La diferencia es que ahora los estudiantes lo saben.

La garantía es sólo parte de la preocupación de Daka por la satisfacción del cliente. Además, los directores almuerzan todos los miércoles en los comedores de la facultad como parte de un programa de averiguación. Se invita a los estudiantes a discutir los menúes, a hacer peticiones o a expresar quejas. Si el tema de la conversación son los plátanos con gelatina o el número de ensaladas, se lleva un registro de las conversaciones y se exhibe semanalmente una lista de las preguntas y las respuestas para información del resto de los estudiantes. Daka tomó también la decisión de hacer un menú totalmente vegetariano que comenzó el 12 de abril de 1991, a petición de algunos estudiantes.

Kraskouskas piensa que la garantía ha logrado lo que pretendía:

—Tenemos el dinero en la boca del cliente —declaró—. Los estudiantes saben que tienen recursos para reclamar cuando no se sienten satisfechos.

La garantía fue diseñada como algo amistoso hacia el usuario. El menú con la garantía impresa al dorso se entrega a cada estudiante al comienzo del semestre. La garantía está apoyada por otras medidas como, por ejemplo, un anuncio en plexiglás sobre cada mesa que dice a los estudiantes cómo pueden obtener otra comida o la devolución del dinero.

—Hemos ganado la confianza del cliente —dijo Kraskouskas.

Axioma 73. *Una garantía es sólo el comienzo cuando se diseña un programa para aumentar la satisfacción del cliente. Un buen diseño también incluye planes para solicitar activamente las opiniones de los clientes.*

74 Documentación
Respaldo de la opinión con hechos

El personal de servicio sabía que había un problema. El teléfono estaba sonando constantemente, sobre todo durante el turno de la noche. Peor aún: como sólo había un teléfono, se descuidaban las tareas de rutina cuando cada empleado tenía que correr a cogerlo. Algo debía hacerse al respecto.

La situación que padecían en el hotel Chicago Downtown Marriot podía no ser rara, pero la solución sí lo fue. Cuando el personal de atención a los clientes comentó el problema a la dirección, se le pidió opinión sobre cómo resolverlo. La primera respuesta instintiva fue pedir otro teléfono, colocado frente al primero. Eso ahorraría pasos, era relativamente barato y podía instalarse con rapidez. La dirección estuvo de acuerdo.

Durante la discusión sobre el lugar donde se instalaría la nueva línea telefónica, un socio opinó que no se necesitaría un segundo teléfono si la gente dejaba de llamar pidiendo planchas y tablas de planchar. La idea se hizo popular de inmediato y eso llevó a la dirección a pedir que se evaluara aproximadamente el porcentaje de llamadas por ese motivo. Hubo un acuerdo general de que por lo menos las dos terceras partes de las llamadas eran para solicitar esos artículos.

Aquí apareció la oportunidad de resolver el problema más grande. Se diseñó un plan de ataque. Los empleados empezaron a clasificar las llamadas por temas y a seguirlas con ciertas marcas. Pronto descubrieron que la mejor suposición que habían hecho estaba equivocada. Casi el 90 por ciento de las llamadas eran para pedir planchas y tablas de planchar.

Una vez documentado el problema, el gerente lo expuso al comité ejecutivo con la sugerencia de que cada habitación se equipara con una plancha y una tabla de planchar. El comité ejecutivo estuvo de acuerdo en que la idea era buena pero no aprobó el gasto.

El gerente continuó investigando y consideró que 20.000 dólares eran suficientes. También encontraron un artículo en el nuevo presupuesto, por 20.000 dólares: televisores en blanco y negro para los baños de los huéspedes. Pero una mirada al registro de pedidos telefónicos reveló que nunca se había producido uno por ese motivo.

Una vez más, el gerente fue a tratar con el comité ejecutivo. La decisión final fue que era mejor ofrecer a los clientes lo que querían y no lo que uno piensa que desean. Los fondos fueron transferidos y cada habitación del hotel se equipó con una tabla de planchar y una plancha, y el personal de atención a los clientes logró una relativa paz y silencio.

* * * * *

Alentada por esos resultados, Michelle comenzó a llevar un registro de cómo pasaba el tiempo cuando estaba de guardia en el mostrador central del Chicago Downtown Marriot. Sabía que tenía mucho tiempo libre. También sabía que estaba muy ocupada en su propio escritorio cuando no le tocaba el turno en el mostrador central.

Multiplicando su salario por el número de horas pasadas esperando que ocurriera algo, descubrió que la cifra en dólares cubría el costo de un ordenador personal. Usó esta documentación para hablar con la gerencia. Argumentó que conocía bien la prioridad del mostrador central (los huéspedes primero) pero perder tiempo le resultaba desmoralizante y al Marriot no le resultaba productivo.

De nuevo la dirección estuvo de acuerdo. Se instaló un ordenador personal. Michelle pudo controlar entonces su flujo de trabajo, evitar el aburrimiento y desempeñar nuevas tareas en su escritorio personal.

Axioma 74. *Cuando se puede documentar una solución con números, es mucho más probable que se logre lo que se desea.*

75 Eficiencia
Porcelana rusa: un estudio de la calidad sin control

Imagine a un fabricante que retarda el control de calidad hasta el último momento. Imagine a un vendedor que usa un procedimiento que requiere tres tratos separados para cada compra. Imagine, en resumen, comprar porcelana en Rusia.

En el verano de 1990, un par de profesionales de la calidad, norteamericanos, en gira por la URSS como parte del intercambio de información persona-a-persona, sobre la seguridad de la calidad de odenadores, audio y datos, entraron en un departamento muy importante de una tienda de Moscú. Más de 50 personas esperaban su turno ante el mostrador del primer piso en el que se vendía porcelana. Esto era señal de que acababa de llegar el material de venta. Había porcelana con un solo dibujo amontonada sobre el suelo detrás del mostrador, los platos en una pila, las tazas en otra, los platillos y los cuencos en otras. Tres empleados atendían a la multitud.

El procedimiento para comprar artículos de porcelana era largo. Primero el cliente hacía cola durante 20 o 30 minutos. Una vez en el mostrador, el cliente (por lo general una mujer) le indicaba al vendedor cuántos platos/tazas/cuencos/platillos deseaba..., con el dibujo que se exhibía ese día. La empleada entonces calculaba el importe con su ábaco y le entregaba al cliente un vale.

El cliente volvía a ponerse en otra fila, una que conducía al único empleado que podía recibir dinero de los distintos mostradores. Este cajero estaba encerrado en una pequeña jaula en medio del recinto y tenía una caja registradora. Después de otros 30 minutos de espera, se pagaba y el cliente recibía una cuenta con el sello de pagado.

Entonces el cliente debía volver a la primera fila y esperar otra vez, aunque algunos agitaban sus recibos y se les permitía evitar la cola.

Finalmente, el cliente presentaba el recibo a un empleado que cumplía con el pedido con los materiales que estaban en el suelo. Si, por ejemplo, el cliente había pedido ocho platos, la empleada se inclinaba para contar ocho platos y los llevaba al mostrador. Y entonces, tomando cada plato, hacía un control de calidad. Usando un palito largo y delgado (aproximadamente del tamaño de una costillita), golpeaba cada plato y escuchaba el sonido resultante. Si éste le parecía bueno, el plato se colocaba a la derecha. Y si no era bueno, se descartaba.

Cuando todo estaba en orden, se envolvían los objetos de porcelana en papel y se ataba el paquete. El cliente colocaba entonces el paquete en su "por si acaso", el accesorio para compras que llevan las mujeres todos los días por si aparece algo que vale la pena comprarse. Los rusos que tomaban parte en esta transacción (o aquellos a los que se les describía el proceso) no parecían encontrar nada perturbador. Un ruso opinó que el control era necesario debido al número de artículos que se rompían al ser transportados.

El procedimiento de compra en tres fases es común en toda la Unión Soviética. Los rusos advierten a los visitantes que no debe confiarse en cualquier empleado para que cobre. El timo es corriente. Y además:

—Siempre lo hemos hecho de esta manera.

Resulta raro que este sistema no se aplique en las tiendas Beriozka donde los extranjeros compran bienes con moneda fuerte. Allí puede verse de cerca la mercancía, elegirse y pagar a la salida.

A los observadores norteamericanos les pareció que el fabricante de piezas de porcelana elegía el método menos eficaz y más costoso para asegurarse de que sólo productos de buena calidad llegaran a manos de los usuarios, gastando mucho dinero para no entregar productos defectuosos. En cuanto a la inversión de bastante más de una hora para comprar un artículo, cualquier artículo, si las tiendas Beriozka pueden resolver el problema, ¿por qué no los departamentos de las grandes tiendas?

Axioma 75. *El sentido común no es tan común. Cada vez que se* *observa un derroche de tiempo, dinero y recursos físicos, debe de existir una manera mejor. La verdadera calidad requiere eficiencia. Puede ser más fácil disculparse por el estado actual de las cosas, pero eso no resuelve el problema.*

76 Enfoque en el cliente

¿Y qué esperaban?

Parecería que estamos conociendo las nuevas especificaciones.
—Krocodil, URSS

Axioma 76. *Este es un caso de violación de la definición de calidad del doctor Joseph Juran: "Aptitud para el uso". Como una alternativa satisfactoria, esta definición de la calidad en tres partes hubiera previsto el problema:*

- *Calidad en la realidad: cumplir con sus propias especificaciones.*
- *Calidad en la percepción: cumplir con las expectativas del cliente.*
- *Cliente: cualquiera a quien se proporcione un producto, servicio o información.*

 Estándares

Los estándares de calidad son internacionales

La Organización Internacional para la Estandarización (OIE) es una federación mundial de cuerpos nacionales de estándares. Las comisiones técnicas están formadas por una combinación de organizaciones internacionales, tanto oficiales como no oficiales, para preparar estándares de los temas de interés universal. *Quality Management and Quality Systems Elements* [Dirección de la Calidad y Elementos de los Sistemas de Calidad] es un documento multipartito en preparación. La *Parte 1: directrices* se ha terminado; la *Parte 2: directrices para Servicios* estaba en borrador en 1991.[5]

El papel de la medida en los servicios es especialmente molesto. Al principio del borrador de *Directrices para Servicios*, en la sección titulada "Características de los Servicios", los autores manifiestan que "muchas características estéticas o intangibles, evaluadas subjetivamente por los clientes, son aptas para la medida objetiva por la empresa de servicio" [*sic*].

Sin preocuparse por el desafío, en el borrador aparecen campos identificados que pueden (y deben) medirse:

— facilidades, capacidad, personal y cantidad de departamentos;
— tiempo de espera, tiempo de entrega y tiempo del proceso;
— higiene, seguridad, confianza y protección;
— sensibilidad, accesibilidad, cortesía, comodidad, estética del ambiente, competencia, confianza, precisión, totalidad, estado del arte, credibilidad y comunicación.

Gran parte de este borrador de 33 páginas está dedicada a los principios y los elementos operativos del sistema de calidad. Los elementos operativos aparecen divididos en cuatro procesos: mercadotecnia, diseño, proceso de entrega y análisis del desempeño del servicio y mejoramiento. Abundan las ideas para organizar el trabajo, reunir los datos y verificar los resultados. Una muestra de los requisitos se encuentra en la sección 5.2 (Proceso de diseño) y concierne al papel del proceso estadístico de control tradicional:

5.2.5 Control de calidad: el control de calidad debería diseñarse como una parte integrante de los procesos de servicio para posibilitar un control efectivo que asegure que los servicios satisfarán su especificación y al cliente. El control debería efectuarse mediante medidas y ajustes, en caso necesario, de las características del proceso, para mantener las características del servicio dentro de los límites especificados. Debería prestarse particular atención a las medidas en los momentos entre fases de trabajo separadas.
El diseño del control de calidad del servicio consta de tres pasos principales. Estos se describen después junto al proceso de entrega del servicio, pero los principios se aplican a cada uno de estos procesos.

a) Identificación de las actividades clave en el proceso que influye significativamente en las características especificadas del servicio. (Por ejemplo, en un servicio de restaurante, una actividad clave que debe identificarse sería la preparación de un plato y su efecto cuando se sirve al cliente.)
b) Analizar [sic] las actividades clave para elegir aquellas características que deban medirse y controlarse para determinar cualquier ajuste necesario en el proceso. (Otra vez usamos un restaurante como ejemplo; una característica de entrega del

228

servicio que exige medición sería el tiempo que se necesita para preparar los ingredientes para una comida.)

c) Definir las acciones en respuesta a la medida de las actividades clave identificadas, adaptar el proceso de manera que se mantenga cada característica del servicio dentro de los límites especificados. (Siguiendo con el ejemplo del restaurante, el empleo eficiente del personal y de los materiales debería asegurar que las características del servicio en cuanto al tiempo que se invierte en servir la comida se mantuvieran dentro de los límites especificados.)

La última sección de la versión en borrador del estándar OIE para la calidad del servicio reconoce que la calidad es un blanco móvil:

5.4.4 Mejoramiento de la calidad del servicio: debería existir un programa [*sic*] para mejorar continuamente la calidad del servicio y la eficiencia de la operación completa, incluyendo el esfuerzo para identificar:
— las características que, si se mejoraran, beneficiarían más al cliente y a la empresa de servicio [*sic*];
— cualquier necesidad variable del mercado que pudiera afectar la calidad del servicio;
— cualquier desviación de la calidad especificada del servicio debida a la falta de controles eficientes;
— oportunidades para disminuir el costo manteniendo y mejorando la calidad del servicio que se proporciona. (Esto exige métodos sistemáticos para estimar los costos y los beneficios cuantitativos.)

Las actividades concernientes al mejoramiento de calidad del servicio deberían tener en cuenta el mejoramiento a corto y a largo plazo e incluir:
— datos identificatorios importantes para reunir,
— análisis de los datos y establecimiento de prioridades de las actividades que tengan el impacto adverso más grande en la calidad del servicio,
— incorporación de los resultados del análisis a la dirección operativa con la recomendación para el mejoramiento inmediato del servicio,
— información periódica a la dirección para que efectúe una revisión de las recomendaciones de mejoramiento de la calidad a largo plazo.

Debería alentarse al personal en todos los niveles para contribuir con un programa [*sic*] para mejorar la calidad, para que sea reconocido. El trabajo en equipo de los miembros de diferentes secciones de la empresa de servicio [sic] puede ofrecer ideas fructíferas que podrían aplicarse en el mejoramiento de la calidad y en la reducción de costos.

Si bien no es el borrador final, los principios son idénticos a los que se encuentran en los artículos de los profesionales de la calidad en todo el mundo. Si bien el lenguaje puede cambiar un poco, los principios son los mismos.

Axioma 77. *La calidad es una preocupación internacional con soluciones aplicables de carácter universal.*

78 Experiencia
Los empleados experimentados son los mejores jueces de la calidad

La North Pacific Paper Corporation (NORPAC), que es la unión de dos empresas, la Weyerhaeuser Company de Tacoma, Washington, con la Jujo Paper Company con base en Tokio, produce más de 1 250 toneladas de papel prensa de alta calidad (el papel usado para los diarios), al día. Esta es una operación con dos características: la fe en la capacidad de sus empleados y el conocimiento de las expectativas del cliente.

El procedimiento para inspeccionar los inmensos rollos de papel fue diseñado por un equipo constituido por directivos y no directivos. Si bien las indicaciones parecen vagas al extraño, los empleados experimentados que califican el material aseguran su eficacia:

- Ondulado: escasa tolerancia (la calificación puede requerir el consejo de un supervisor o del último operador de la línea).

230

- Aflojamiento en el centro: muy poca tolerancia.
- Aflojamiento en las juntas: sin tolerancia.
- Salientes de papel en el rollo: muy poca tolerancia (lijar).
- Arrugas: sin tolerancia.
- Cortes: sin tolerancia.
- Escamas: ligera tolerancia.
- Junta incorrecta: sin tolerancia: superposición de 1/8 de pulgada máxima.
- Concavidad: dos milímetros para exportación, 3/16 de pulgada para mercado interno.
- Juntas: máximo 3, separada más de 1 pulgada, ninguna en la pulgada superior, para mercado interno.
- Juntas: para exportación: una junta que no puede presentarse a más de 20 milímetros de la terminación.

Los rollos de papel prensa, que son calificados por los empleados para saber si cumplen los estándares para exportación, se envían a Japón; los de calidad inferior se venden virtualmente a todos los diarios más importantes de Estados Unidos.

La Harden Furniture Company está establecida en McConnellsville, Nueva York. Su proceso de calidad se basa en la creencia de que sus empleados están orgullosos del slogan: "Buenos muebles que pasan de generación en generación".

Cada departamento de la empresa tiene estándares de calidad creados por equipos de calidad dentro de esos departamentos y que se exhiben en lugares muy importantes del área de trabajo del departamento. La dirección de Harden admite que los empleados establecieron estándares más rígidos que los que habría establecido la dirección, si hubieran podido elegirlos. Sin embargo, si bien son altos sin ninguna duda, están expresados de tal manera que supone que son leídos y cumplidos por adultos.

El departamento de estándares de calidad de costura usa un lenguaje que respeta el criterio individual. Nótese sobre todo la referencia a la "etapa primaria o más económica":

1. Todas las operaciones de costura deberán realizarse como

se explican en el libro de procedimientos o según las instrucciones del encargado.

2. La precisión es esencial:
   - Todas las costuras deben ser rectas.
   - Deben mantenerse las características de todas las costuras.
   - Las esquinas superior e inferior de los costados del almohadón deben estar alineadas.
   - Lea cuidadosamente los pedidos de trabajo y busque las instrucciones específicas.
3. Todos los defectos deben suprimirse en la etapa primaria o más económica, según el juicio del encargado.
4. El trabajo en equipo y la cooperación son esenciales para un trabajo de calidad en el departamento de costura.

El mismo respeto por la capacidad de los empleados se refleja en los estándares de calidad del trabajo de la madera:

1. Corte con la máxima eficiencia.
2. La precisión es esencial:
   - Los cortes deben ser rectos.
   - Ninguna junta corta.
   - Ningún panel rasposo.
   - Controle periódicamente el armado para mayor precisión.
   - Calibre su regla semanalmente.
3. Respete los grados de calidad de la madera:
   - Grado A: sin defectos.
   - Grado C: estructuralmente buena, sólo con defectos estéticos
4. No utilizar tablas onduladas en paneles.
5. No utilizar tablas delgadas en terminaciones de paneles de 7/8 más 1 1/8 de pulgada.
6. Contar las piezas en el trabajo y marcarlas en el reverso.

Los estándares en el departamento de calidad de envíos supone que los empleados no tienen dificultades para decidir lo que es "adecuado":

1. Trate el material con cuidado: las piezas terminadas son frágiles.
2. La precisión es esencial:
   - Lea *cuidadosamente* las etiquetas, controle las instrucciones específicas.
   - Son críticas la instalación adecuada y la alineación de pieza.
   - Son críticas la alineación adecuada y la colocación de techos y bases.
   - Es crítico el funcionamiento adecuado de los cajones, puertas, cerraduras, estantes móviles y dispositivos de iluminación.
   - Retire todos los elementos de deslizamiento y limpie bien las bases.
   - Todas las piezas deben limpiarse cuidadosamente antes de envolverse.
   - Asegúrese de que todas las partes necesarias (instrucciones, llaves, soportes para los estantes, etcétera) estén adecuadamente aseguradas en la pieza.
3. Recuerde que la próxima persona que va a ver esta pieza es el cliente: contrólelo todo con cuidado.

Andrew Clark, el director de seguridad y calidad en Harden, comenta de los empleados de Harden:

—El conocimiento que tienen del producto es un recurso que no puede pasarse por alto cuando se está tratando de mejorar el producto.

Es una actitud característica de las empresas comprometidas con la idea del mejoramiento continuo.

Axioma 78. *Es más fácil decir a los extraños: "Ah, sí, pensamos que nuestros empleados son nuestro mejor acierto", que decirles a los empleados: "Ustedes saben lo que está bien. Establezcan sus estándares y respétenlos". La confianza en los empleados (creer que son adultos que desean que la empresa triunfe y que actúan en consecuencia) es raro que se demuestre mejor que cuando se trata con cuestiones de medida. Si se les dan la* *oportunidad y el apoyo, los empleados establecerán estándares rigurosos y los mantendrán.*

79 Función

Hacer las cosas buenas o hacer las cosas bien

Un proceso de calidad pretende responder a dos preguntas separadas pero entrelazadas: "¿Estamos haciendo las cosas buenas?" y "¿Estamos haciendo las cosas bien?". Después de todo, es posible hacer bien las cosas malas, como también es posible hacer mal las cosas buenas. Para triunfar, una empresa necesita hacer bien las cosas buenas.

Se han desarrollado varias herramientas (cada una con un vocabulario especializado) para responder a la necesidad de identificar las cosas buenas que hay que realizar. Dos de ellas son el análisis de valor y las estadísticas del servicio. Un vistazo a cada una ilustra cómo se usan para controlar y modificar las operaciones de una empresa.

En 1947, Lawrence Miles, entonces agente de compras para General Electric, desarrolló el concepto de análisis de valor. Su método cambió el enfoque desde el aspecto físico de un producto a su función. Este cambio le capacitó para determinar si la serie de operaciones usadas para diseñar y fabricar el producto, tomadas en su totalidad, consumían los menores recursos posibles mientras preservaban el resultado esperado. Desde entonces esta herramienta se usa para analizar productos, procesos, departamentos e infinidad de otras funciones complejas que se pretenden simplificar, eliminar, combinar, reorganizar, sustituir, estandarizar o bien modificar las entradas para reducir el costo de las salidas o los resultados.

El análisis de valor se organiza en siete pasos principales:

preparación, información, análisis, creatividad, evaluación, recomendación e instrumentación. El primer paso requiere la elección de un proyecto y la asignación del tiempo para un intercambio de información entre las personas que contribuyen a su resultado. En el caso del diseño o análisis del proceso de un producto, el taller debería ser interfuncional. El paso siguiente es reunir datos útiles.

Un ejemplo claro, aunque no tradicional, de análisis de valor muestra cómo debería aplicarse en la reestructuración de un departamento dentro de una empresa. Estos primeros dos pasos se satisfacen planificando una serie de reuniones de tres o cuatro horas, que suelen tener lugar dos veces por semana durante seis u ocho semanas, en las que se proponen y se toman las decisiones respecto de cómo realizar un análisis de valor del departamento. El objetivo de estas reuniones es producir una lista de recomendaciones para su aplicación.

La etapa analítica exige a los participantes que describan la función del departamento en dos palabras: un verbo y un sustantivo. Las actividades dentro del departamento también se describen en expresiones de dos palabras. Las actividades se dividen entonces en primarias (las que contribuyen directamente a la función esencial del departamento) y secundarias (las que hacen posible el cumplimiento de la función esencial aunque no contribuyan directamente a ella). Estas pueden representarse en un diagrama funcional. Las tareas que no son primarias ni secundarias quedan disponibles para su eliminación.

Las reuniones restantes del grupo cubren la fase creativa, dedicada a decidir entre maneras diferentes para mejorar la ejecución de cada tarea; la fase de evaluación, que asigna las prioridades a las opciones viables teniendo en cuenta el valor de la tarea para los clientes, y las recomendaciones. Antes de aprobar estas recomendaciones, se desarrollan medidas de seguimiento del progreso hacia la aplicación de las decisiones que se han tomado.

La Estadística del Servicio nació de la convicción de G. Lynn Shostack, el director ejecutivo de Joyce International Inc., de que el servicio era tan fundamentalmente diferente de la fabricación que tenía que haber una nueva manera de hablar de él y de visualizarlo. Presentado el concepto en 1984, Shostack conceptualiza primero el servicio como un sistema integrado por tres elementos básicos: proceso (tareas y actividades), medios (personas y bienes) y evidencia (lo que experimenta el consumidor). Esto demuestra que un cambio de cualquier elemento casi siempre influirá en los otros dos y que un diseño de servicio integrado por estos tres elementos es una necesidad.

La metodología de Shostack para la función de diseño es proyectar el servicio. Proyectar consiste en lo que el nombre indica: es la representación gráfica del funcionamiento de un sistema de servicio. Representa tanto las líneas de comunicación como el ordenamiento de tareas. Comenzando con un gráfico total, se desarrollan gráficos subsidiarios y otros de micronivel. Shostack opina que un buen diseño tiene en cuenta hasta los detalles más nimios.

Esta información puede usarse para los sistemas de servicio de muchas maneras. Representando gráficamente el flujo de información y recursos, pueden descubrirse anomalías graves y debilidades —posibles puntos de error—. Cada paso, actividad y acontecimiento puede expresarse por el tiempo empleado en realizarlo. El servicio real puede compararse con este modelo. Se descubren oportunidades para mejorar la calidad y los beneficios. Dentro de la empresa, los gráficos pueden usarse como una base para la comunicación con los empleados y para su entrenamiento. Resultan especialmente útiles como una herramienta para elevar el nivel de conciencia en todo aquello que el cliente ve y no ve.

Ya sea con el análisis de valor o la representación gráfica del servicio, un equipo de dirección suele ser aconsejado para que invite (contrate) a un entrenador ajeno a la empresa a dirigir el ejercicio. Esta persona puede ser alguien externo al departamento pero que pertenezca a la empresa, si ésta es lo suficientemente grande como para tener una persona especialista en análisis de valor o en graficación de servicios a sueldo. Lo más normal es que el entrenador pertenezca a otra empresa. En cualquier caso, estos instructores deben elegirse cuidadosamente. La discusión sobre lo que conviene hacer suele intensificarse. Además de experiencia, conocimiento de las técnicas y de su aplicación y familiaridad con las teorías sobre la calidad y los procesos de calidad, deben estar capacitados para moderar discusiones sin enfrentar a los participantes.

Tanto el análisis de valor como la estadística del servicio encierran un potencial para el mal uso. No deben convertirse en imperativos de presión. El respeto por el juicio de cada empleado es esencial para la calidad. Los pasos específicos deben ser diseñados de manera tal que los empleados se sientan libres para innovar, para resolver problemas y para desempeñar sus tareas sin el temor de ser criticados.

Axioma 79. *Mientras cada empleado opina todos los días sobre si una tarea está bien realizada o no ("¿Estamos haciendo las cosas bien?"), la dirección tiene la responsabilidad adicional de decidir cuáles son las tareas que es necesario desempeñar ("¿Estamos haciendo las cosas buenas?"). El análisis de valor y la representación gráfica del servicio son dos herramientas para facilitar esta tarea.*

80 Importancia
Las medidas innecesarias

Desde enero de 1990 es ilegal dejar que un teléfono suene más de diez veces en alguna oficina del estado en California. El senador William Lockyer introdujo la ley como una inspiración "para instar a los burócratas a proporcionar un mejor servicio". No hay presupuesto incluido para aumentar el personal del Estado. No hay penalidades definidas para los violadores de la ley.

Los teléfonos que suenan representan con claridad una de las tres frustraciones más grandes de la vida moderna, junto con no poder lograr más que una señal de ocupado cuando se trata de comunicarse con alguien y que a uno le hagan esperar, parece que para siempre.

A pesar de la nueva ley, el departamento de Impuestos todavía responde solamente al 67 por ciento de sus llamadas durante un día promedio: el departamento de Automotores todavía hace esperar a los clientes hasta 30 minutos y el secretario de Estado dice que le lleva de cinco a seis días completar una llamada pidiendo información sobre una empresa de California.

—*Estadísticas del* Wall Street Journal
9 de enero de 1990

La calidad también es importante en la Unión Soviética, pero los rusos tienen una forma diferente de lograrla. Un tribunal ucraniano hace poco sentenció a tres mujeres, con el cargo de capataces de fábrica, a dos años en un campo laboral y las multó con el equivalente a un millón y medio de pesetas porque habían producido ropas de mala calidad en una fábrica del gobierno, según una información proporcionada por la agencia Tass. Ese duro castigo representó la primera aplicación de una nueva ley ucraniana sobre estándares de control de calidad, un asunto cercano al corazón del jefe soviético Mijail Gorbachov. Para asegurarse de que los transgresores no olvidaran la cuestión, después de cumplir sus condenas las tres mujeres serán obligadas a entregar el 20 por ciento de sus futuros salarios al Estado durante un período indefinido.

—The Boston Globe
23 de diciembre de 1986

Calvin & Hobbes   por Bill Watterson

Bill Watterson
Worcester Telegram & Gazette[4]

Axioma 80. *Las medidas que se usan de manera incorrecta pueden resultar ridículas. Peor aún, tomar medidas innecesarias resulta desmoralizante y puede producir resultados negativos imprevisibles.*

81 Integración

De guardián a instructor: un nuevo papel para los especialistas en control de calidad

Casi todas las empresas cuentan desde hace mucho tiempo con algún individuo, o algún grupito aislado en el personal, con una labor que incluye la palabra "calidad" o "productividad", a menudo precedida por "control" o "seguridad". Tradicionalmente estas personas interpretan el papel de villano porque: 1) tratan de descubrir los errores de los demás, una vez que han sido cometidos, o 2) aconsejan a otros empleados cómo cambiar su comportamiento en el trabajo para obtener más rapidez y eficiencia. Por lo general, estos consejos no son solicitados.

La década de 1980 supuso una nueva oleada de títulos de empleos referidos a la "calidad" (la "productividad" había pasado de moda), pero ahora la calidad se considera más un sustantivo que un adjetivo: como en "vicepresidente de la calidad total". La tarea de esta persona suele ser la de inducir a los empleados a responsabilizarse de su propia calidad, a establecer sus propios controles de calidad y a modificar sus tareas a medida que van descubriéndose anomalías.

En estos nuevos procesos de "calidad total", ¿dónde se ubican los antiguos profesionales especialistas en calidad/productividad? Muy cerca del problema. Una de las primeras tareas de cualquier vicepresidente recién nombrado (director, gerente o cualquier otro cargo) de calidad (o calidad total) es identificar a las personas que se ocupan del control y la seguridad de calidad y trabajar con ellas para identificar y definir un nuevo estado.

El nuevo papel podría empezar con un cambio de denominación. La de "analista de calidad" refleja con precisión las capacidades de estas personas. Estos hombres y mujeres, que hasta ahora mantenían la llama de la calidad, conocen la empresa y saben cómo combinar sus piezas como nadie. Saben dónde están los problemas, cuáles son los procesos con mayor probabilidad de fracasar y quién puede arreglarlo.

Como analistas, su nueva labor consiste en poner sus conocimientos a disposición de los otros empleados, los instructores, maestros, entrenadores y motivadores. Esto refleja el rechazo del tipo de información autoritaria unidireccional y el avance hacia los recursos de reconocimiento.

Tanto los nuevos analistas como los otros empleados deberán adaptarse al cambio. Al principio, el viejo chiste "Somos de Impositiva y venimos a ayudar" es muy probable que aparezca de nuevo en las conversaciones de los empleados de la empresa.

Es posible estructurar la situación dentro de la empresa de tal manera que otros empleados inviten a los analistas de calidad a inspeccionar su trabajo y a aconsejarles. Cuando un equipo de empleados decide cambiar algo en su campo de trabajo y lo lleva a cabo, el paso siguiente en el procedimiento para recibir el reconocimiento de la mejora puede ser una visita del analista de calidad.

De esta manera, el analista de calidad se convierte en fuente de buenas noticias ("El cambio que ha introducido funciona bien") en lugar de portador de malas noticias ("Tienen que cambiar la manera de trabajar"). Si cuenta con un analista que certifique una idea de calidad después de que haya sido aplicada por un equipo, la empresa gana los beneficios de la especialización de áquel. Se verifican los cálculos de las ganancias de productividad; pueden corregirse los errores cometidos de buena fe antes de que se conviertan en hábitos. El analista puede sugerir otras mejoras y actuar como un propagador de ideas, proporcionando información sobre modificaciones aplicables a más de un departamento.

El objetivo consiste en preparar a cada empleado para que aproveche las reconocidas capacidades de los analistas como especialistas en productividad, de la misma manera que un equipo directivo aprovecha la experiencia de los analistas en el diseño de nuevos productos y servicios. El analista influirá permanentemente en el funcionamiento de la empresa si deja de representar el papel que le fue asignado en un principio, el de seudopolicía. Al mismo tiempo, la empresa retiene la invalorable memoria corporativa de ese equipo.

El uso correcto de los profesionales del control de calidad, de la seguridad de la calidad y de la productividad que ya existen entre el personal, puede ahorrar a la empresa la tarea de reinventar un número de ruedas cuando la idea de la calidad pasa de ser la preocupación singular de un pequeño grupo de renegados a un asunto de primera prioridad.

Axioma 81. Un proceso de calidad no convierte en obsoletos a los individuos tradicionalmente responsables del control de calidad. Sus habilidades son una parte integrante de cualquier esfuerzo en pro de la calidad. Cuando los especialistas en control de calidad

241

comparten sus conocimientos con una amplia gama de emplea-
dos, se convierten en valiosos elementos en la empresa.

82 Intención
La jerga legal obstaculiza muchas ventas

El autor novel estaba tan orgulloso de su nuevo libro como cualquier padre primerizo lo estaría de su primer hijo. Como muchos otros autores antes que él, estaba seguro de que *todos* desearían comprar un ejemplar. Para colaborar en ese esfuerzo, la editorial le proporcionó formularios de pedido para distribuir cada vez que él hablara sobre temas tratados en el libro. La idea era facilitarle al público la adquisición del libro.

Si bien aumentaban los compromisos del autor para dar conferencias, muy pocas personas usaban los formularios para comprar el libro. Era muy, muy desilusionante. Tardó tiempo en averiguar la causa. Después de 18 meses, se entretuvo en leer el impreso cuidadosamente.

Justamente sobre la línea que decía: "Orden de pago adjunta", se leía: "Si la entrega no se efectúa dentro de los 90 días, se devuelve el cheque". Cuando llamó a la editorial para averiguar por qué "si no cumplimos en tres meses le devolvemos el dinero", la respuesta fue: "Es una exigencia de los abogados". Cuando el autor sugirió que sería mejor acelerar la entrega de los libros solicitados, la empresa le aseguró que él no entendía las dificultades.

Entonces el autor conoció al propietario de una librería que se enorgullecía de su servicio al cliente.

—Permítame que haga algunos formularios para usted —ofreció Lawrence J. Abramof, el propietario de Tatnuck Bookseller en Worcester, Massachusetts.

El nuevo formulario parecía igual al anterior. Sólo introdujo dos cambios. Sustituyó la línea donde se leía algo así como "Dentro de unos días nos ocuparemos de esto" por "Se despachará por correo dentro de los dos días de su solicitud". Y la dirección a la que el cliente debía enviar su dinero también había cambiado.

Tatnuck vendió más de 3000 ejemplares del libro en su librería. Los clientes estaban contentos, el propietario de la librería también y el autor deliraba de alegría.

Por desgracia, este cuento no es totalmente aleccionador porque también los editores, aunque tuvieron que repartir las ganancias, quedaron satisfechos.

Axioma 82. *Si bien no es una oferta de garantía, la jerga legal del primer formulario equivale a una garantía en caso de falta de servicio. Está implícito que hasta 90 días es el plazo aceptable de demora para prestar el servicio (según consideración de la empresa). Informa al lector que el cliente no puede responsabilizar a la editorial por la demora en el servicio. La editorial quiso protegerse en un caso no común; el resultado fue desalentar a todos los clientes.*

83 Interpretación
La lógica prevalece

Durante la guerra de Vietnam, Estados Unidos y Vietnam del Sur establecieron varios programas para convencer a los soldados enemigos de que cambiaran de bando. Un programa, que obtuvo bastante éxito, tanto que lo usaron también en la Guerra del Golfo, consistió en lanzar panfletos desde el aire y se llamó "Open Arms" [Brazos abiertos].

La idea era simple. Los panfletos tenían un texto que explicaba con bastantes detalles los beneficios que esperaban a cualquier norvietnamita o vietcong que voluntariamente se entregara a las fuerzas norteamericanas o de Vietnam del Sur. Se les prometía de todo: desde alimentos a dinero y libertad sin juicios militares.

Después del primer lanzamiento, algunos soldados comunistas salieron de la jungla llevando los panfletos y reclamando las recompensas prometidas.

Un analista del Departamento de Estado, que estaba en el lugar, advirtió el potencial de la campaña, de inmediato. Primero dividió el número de panfletos lanzados por el número de desertores para determinar un factor panfleto-por-desertor. Luego realizó un cálculo de cuántos soldados deberían desertar de las fuerzas comunistas para convertirlas en militarmente ineficaces.

El plan que propuso, una vez que obtuvo el factor, era multiplicarlo por el PPD (panfletos-por-desertor) para hallar cuántos panfletos había que lanzar para lograr la finalización de la guerra.

Prevaleció la lógica.

Axioma 83. *Un breve curso de lógica es un complemento excelente de la medición.*

84 Objetivos
¿La perfección es un objetivo razonable?

En los campos que requieren innovación y creatividad, no tener defectos no sólo es imposible sino totalmente inapropiado. La exploración de nuevas posibilidades, por su propia naturaleza, produce muchos más defectos que soluciones perfectas. Sin embargo, la vida tiene muchas acciones repetidas y hay un argumento válido en favor de ningún defecto como un objetivo en estos casos.

El reconocimiento de los problemas inherentes incluso cuando se tiene una tasa de error tan baja como el uno por ciento, son evidentes en una amplia gama de situaciones. Un lector de la columna "Dear Abby", Don McNeill, de Sepúlveda, California, señaló en cierta ocasión que si se permitiera un uno por ciento de error, prevalecerían las siguientes condiciones:

- Por lo menos existirían 200.000 recetas de medicamentos incorrectas por año.
- Más de 30.000 recién nacidos se les caerían de las manos a los médicos y/o enfermeras, por año.
- Se bebería agua insalubre casi cuatro días por año.
- No habría electricidad, agua ni calefacción durante unos 15 minutos al día.
- No se cumplirían el servicio telefónico ni la transmisión de televisión durante casi 15 minutos por día.
- No se repartirían los periódicos cuatro veces por año.

La *Total Quality Management Guide*, un manual del Departamento de Defensa, manifiesta que si se tuviese el 99 por ciento de precisión, se producirían "dos ATERRIZAJES cortos o demasiado largos, por día, en los aeropuertos más importantes".

En realidad, cada uno espera ser el *beneficiario* de la perfección todo el tiempo. (Piense que si su corazón decidiera tomarse un descanso durante el cinco por ciento de cada día eso significaría un "paro cardíaco" de 72 minutos cada 24 horas.) Pero *beneficiarse* de la perfección y *producir* perfección son dos cosas muy diferentes.

¿Es la perfección una petición realista a un empleado, sobre todo a uno cuyas acciones no tienen consecuencias de vida o muerte? Los empleados suelen producir un ciento por ciento de resultados satisfactorios en su trabajo, aunque no se den cuenta.

Por ejemplo, supongamos el caso de un empleado que trabaja para una empresa en una ciudad de tamaño medio, en la que puede haber bastante más de 250.000 viviendas (casas, apartamentos, caravanas, etcétera) dentro de una distancia accesible por medio de vehículos desde su lugar de empleo. Al final de un día de trabajo duro, cuando el empleado entra en el automóvil y se encamina hacia su casa, parece tener una entre 250.000 oportunidades de encontrar la residencia correcta en el primer intento.

Considerado como un problema matemático, ofrece un número de probabilidades sorprendente. Cuando deja la plaza de estacio-namiento, el empleado se encuentra de inmediato con una deci-sión entre tres cosas: ¿debería seguir recto, girar a la izquierda o a la derecha? Decisiones similares le esperan en cada intersección. (Esta analogía también ilustra el impacto desastroso de los errores cuando se cometen al inicio de un proceso, en comparación con los mismos errores cometidos más tarde. Equivocarse de entrada puede llevar al conductor al pueblo vecino, aunque siga el resto de los pasos correctamente. Si se equivoca en la última curva, podría estacionar el automóvil y llegar a casa caminando.)

Sin embargo, la inmensa mayoría de los empleados vuelven a su casa todos los días con precisión y eficiencia, aunque tengan que tomar un camino menos directo en circunstancias especiales como puentes cerrados o accidentes de tránsito en el camino. Los empleados esperan llegar a su casa todos los días y les resultaría inaceptable no lograrlo.

¿Qué contribuye a esta capacidad para producir perfección? El problema aparentemente irresoluble de la navegación es controlado correctamente porque el empleado elige el objetivo final, comprende el valor de lograrlo y controla el orden de las decisiones necesario para alcanzar el objetivo. En resumen, el empleado "posee" el proceso. Esas condiciones pueden repetirse en una empresa.

Al inicio de la Segunda Guerra Mundial, los paracaidistas del ejército norteamericano sufrieron lo que podría considerarse un "problema de calidad": algunos de los paracaídas no se abrían.

No había muchos defectuosos. En realidad, si se registrara la totalidad de paracaídas y el número de los que no se abrían, y se comparara con el número de los que no se abrían correctamente

246

durante un período de tiempo considerable, podría demostrarse que el número de fracasos estaba "dentro de la variación aceptada". Pero la variación es un concepto difícil de explicar a alguien que está cayendo pesadamente a tierra.

La solución fue visitar a los que doblaban los paracaídas y, con pocas palabras, comprometerlos en lo que realmente era un proceso de calidad, diciendo: "Felicidades. Desde ahora, de vez en cuando, al azar, deberán saltar usando el último paracaídas que hayan doblado".

El porcentaje de paracaídas correctamente doblados saltó de inmediato al ciento por ciento y permaneció en esa cifra durante la guerra.

Axioma 84. *Abigail van Buren lo expresa sucintamente: "Siempre lucho por la perfección, pero tolero los errores humanos". George Fisher, presidente y ejecutivo de Motorola —ganadora del premio nacional a la calidad Malcolm Baldrige en 1988— estaría de acuerdo pero agregaría: "Pero no demasiados". El habla de una calidad 6 sigma: un objetivo de sólo 3,4 errores por millón. Espera poder hablar de errores por billón en 1992. Eso es casi la perfección.*

85 Precisión

Receta sin medidas para bizcochitos de chocolate

Se consiguen un montón de bizcochitos del tamaño de una moneda. Calentar bien el horno.

Batir:

> *Un poco de manteca*

Agregar lentamente y batir hasta que quede cremoso:

Un puñado de azúcar morena
Un puñado de azúcar blanca
Agregar batiendo:
Huevo
Un poquito de vainilla
Pasar por el tamiz y agregar mezclando:
Una buena cantidad de harina
Una pizca de sal
Cantidad moderada de levadura
Agregar mezclando:
Unas cuantas nueces picadas
Gran cantidad de virutas de chocolate semidulce.

Colocar la pasta con cuchara mediana, en la bandeja untada con mantequilla, dejando buen espacio entre cada pastelito. Mantener en el horno hasta que estén cocidos.

Axioma 85. *En ocasiones se necesitan medidas precisas para obtener un buen resultado. No hay razón para preocuparse por tomar esas medidas más en el trabajo que en el hogar. Cualquiera que pueda cocinar guiándose por una receta, entender las estadísticas deportivas o comprender un mapa, puede efectuar mediciones en el trabajo.*

86 *Preguntas*

Cuento policial: el caso del policía y sus clientes

Auburn (Massachusetts) es una ciudad de poco más de 15.000 habitantes, ubicada en el centro del Estado, junto a la ciudad de Worcester. A finales de enero de 1991, trescientos de esos ciudadanos recibieron por correo el formulario de una encuesta acompañado por la carta siguiente:

Estimado residente de Auburn:

Desde que soy jefe de policía, enero de 1988, he tratado continuamente de atender las necesidades de la comunidad según mi criterio. Pero suele ser difícil definir cuáles son esas necesidades. Esto sucede especialmente cuando deben atenderse intereses muy diversos como los de la ciudad de Auburn. Por ejemplo, muchos de los asuntos que la comunidad comercial local considera como responsabilidad de la policía difieren de los que los residentes opinan que son importantísimos. Además, la motivación que un jefe de policía recibe de la comunidad puede provenir de sólo un pequeño número de integrantes de los distintos grupos a los que trata de servir.

Por este motivo el Departamento de Policía de Auburn está realizando una encuesta entre los ciudadanos para identificar con más claridad los asuntos que la comunidad considera de mayor importancia y también para determinar qué nivel de calidad se percibe del servicio policial.

Como nuestra intención es la de ser lo más objetivos posible, la encuesta ha sido desarrollada por una persona que no pertenece al Departamento de Policía ni está trabajando en la ciudad de Auburn. La persona que dirige la encuesta como parte de sus estudios de posgrado en justicia criminal en el Anna Maria College también será responsable de reunir y juzgar los datos obtenidos. Los que respondan no deben firmar ni identificarse para que todas las respuestas permanezcan en el anonimato. Los resultados del estudio se publicarán, y se archivará una copia en la biblioteca pública de Auburn para su consulta.

Todo el Departamento de Policía espera que mediante las respuestas a la encuesta pueda servir mejor a la comunidad de Auburn. Les solicitamos que sean totalmente sinceros en sus respuestas al formulario que incluimos y que lo envíen antes del 15 de febrero de 1991 en el sobre adjunto, certificado e impreso. Esta encuesta es sólo el comienzo del intento permanente del Departamento de Policía de Auburn de que la población participe activamente en el desarrollo de la misión policial.

Gracias por su tiempo e interés.

Saludo a Ud. muy atte.

Ronald W. Miller
Jefe de Policía

Miller había estado buscando una iniciativa para conocer mejor las necesidades y opiniones de los habitantes de Auburn.

Su experiencia en un departamento de policía de una ciudad diez veces más grande que Auburn le hizo pensar que las expectativas de Auburn referentes a la policía eran diferentes.

Andrew Boyd era un ex policía que se había convertido en maestro de octavo curso. Estaba trabajando para obtener el título de Master en Justicia Criminal en el Anna Maria College cuando fue alumno del jefe Miller. Estaba en busca de un proyecto independiente de estudio.

Boyd y Miller pensaron que una encuesta satisfaría los objetivos de ambos. Después de las discusiones iniciales, Boyd diseñó una encuesta con 45 preguntas y la hizo analizar por Miller y una ex monja que imparte cursos de mediciones y evaluación en el Anna Maria. El resultado del análisis fue una encuesta ligeramente modificada de 43 preguntas. Por ejemplo, uno de los cambios fue la supresión de una pregunta sobre el presupuesto del departamento de policía. Miller pensó que la inclusión de esa pregunta podría dar la impresión de que estaba destinada a ser el arma de lucha en la batalla por el presupuesto con el municipio.

Los 300 ciudadanos encuestados se eligieron de dos grupos. Los primeros 150 fueron elegidos al azar de la lista de votantes de la ciudad. Los otros 150 fueron elegidos al azar mediante los ordenadores del departamento de policía. Esas personas figuraban allí porque alguna vez habían estado en contacto con la policía por distintos motivos, desde llamar para quejarse de los ladridos de un perro hasta sufrir un arresto. La condición agregada en este segundo grupo era que sus miembros debía ser residentes de Auburn.

El porcentaje de respuestas del primer grupo fue algo menor del 40 por ciento. El del segundo, algo superior al 33 por ciento. Para sorpresa del encuestador, no parecía haber ninguna diferencia con valor estadístico entre las respuestas de los dos grupos.

En realidad, las respuestas eran coherentes incluso en todos los grupos de edad. Una pequeña diferencia era que la gente mayor parecía sentirse un poco menos satisfecha del servicio policial que los grupos más jóvenes.

Las respuestas entregadas incluían numerosas acotaciones. Una persona se tomó el trabajo de quejarse por una multa que había recibido hacía tres años por saltarse un semáforo en rojo. Al responder a la pregunta "¿Cómo calificaría el desempeño del último policía de Auburn con el que estuvo en contacto?", marcó "Superior".

Miller intenta lograr la participación de sus oficiales de policía (que expresaron su apoyo a la encuesta desde el comienzo) en las decisiones sobre los cambios que debían efectuarse en los procedimientos policiales. Si, por ejemplo, los residentes de un barrio coinciden en que sus calles no son patrulladas lo suficiente, corresponderá a los oficiales responsables de esa zona decidir cómo cambiar el sistema de patrullaje y/o su percepción.

Otro problema a resolver por los policías es el de las llamadas de control. Una queja frecuente es que los policías no se comunican con el que les avisó una vez que han resuelto el problema, ya sea una fiesta ruidosa o un posible delito en ejecución. El caso pudiera ser que se use la información, se haga algo al respecto y que todos estén muy ocupados, pero la sensación es que se ignora al que avisó. Cortésmente, pero se lo ignora de todos modos. Los 24 oficiales de policía (13 tienen títulos en justicia criminal y por lo menos otros dos tienen títulos universitarios) y 4 oficinistas decidirán cómo cambiar los procedimientos para que la realidad y la percepción estén más de acuerdo.

La encuesta (cuyo costo fue mínimo y fue atendido con recursos del presupuesto de entrenamiento del departamento) se repetirá periódicamente en el futuro.

El jefe Miller observa un resultado inmediato. Muchas personas se han dirigido a él en la calle para decirle que les ha agradado ser consultadas.

Axioma 86. *Incluso los servicios públicos tienen clientes. Las mismas herramientas de medida usadas en el sector privado para saber lo que desea el cliente pueden emplearse en el sector público con ese propósito.*

251

87 Prevención

"Una ambulancia en el valle"

John Denver, el animador y ecologista, interpreta *Una ambulancia en el valle* (de autor anónimo) en muchos de sus espectáculos:

Había un acantilado
sumamente peligroso
porque era muy empinado,
pero el paisaje...., ¡glorioso!

Ya habían caído un duque
y numerosos paisanos.
Todos estaban de acuerdo
en que se debía hacer algo.

Alguien sugirió anhelante:
—¡Coloquemos una valla!
Pero otros gritaron fuerte:
—¡Allá abajo, una ambulancia!

Hubo un coro de lamentos.
Se enteraron los vecinos
y de otros pueblos llegaron
cargados de donativos...
¡No para instalar la valla,
sino, abajo, una ambulancia!

Muchos decían en pro
de la ambulancia en el valle
que durante la caída
no se lastimaba nadie.

Se producían los daños
cuando chocaban abajo.

Y durante muchos años
la ambulancia diligente
recogía a los caídos
casi inmediatamente.

Pero entonces alguien dijo:
—Me extraña mucho, muchísimo,
que presten tanta atención
al efecto, no al peligro.

¡La prevención es la valla!
¡El remedio, la ambulancia!

Voces airadas gritaron:
—¿Acaso no socorremos
a nuestros accidentados?
—¿Acaso no atendemos con amor
a tanto inválido?

¡Ni pensar en una valla!
¡Allá abajo, la ambulancia!

Esta historia parece un poco rara
pero sucede a diario en otros ámbitos:
muchos no anulan el error de origen
porque prefieren remendar los daños.

Axioma 87. *No siempre resulta fácil cambiar el costo de la calidad por la prevención, aunque hacerlo se traduce en dinero. El mantenimiento de lo acostumbrado resulta atractivo. Por ejemplo, si una parte de producción comienza haciéndolo todo bien desde la primera vez, ¿qué sucede en el departamento de atención al cliente?*

 **Proceso**

Metodología de la medición en Mutual

En la primavera de 1991, Mutual of Omaha Companies, Omaha, Nebraska, inició un proceso de un ciento por ciento de compromiso con el Proceso de Mejoramiento de la Calidad (PMC). Como parte de la preparación del proceso se distribuyó un paquete de materiales de instrucción que trataban el asunto de la medida. La carta adjunta explicaba el uso de la medición en relación con el PMC.[3]

La medida de disconformidad es un paso importante en el Proceso de Mejoramiento de la Calidad (PMC). La medida empleada en el PMC difiere de algunos conceptos tradicionales de medida. Se usa en el PMC como una herramienta que nos permite comprender qué está sucediendo, así podemos comunicarnos con otros y aplicar la acción que corregirá el problema.

Debido a la importancia de la medida del PMC, todos tenemos la necesidad de comprenderla muy bien. El informe adjunto de la medida resume algunos de los puntos principales discutidos en las sesiones de práctica del PMC para el proceso de medición. Puede utilizarlo como referencia para que le ayude a completar con éxito el paso de la medida, así como para asegurar su aplicación en todas las empresas. En su material de entrenamiento encontrará información más detallada sobre qué medir y cómo.

Cuando aplique la medida en su área, tenga presente que todo trabajo es un proceso, que la mayor parte de los problemas son causados por elproceso y no por los individuos, y que la medida es sólo una herramienta que usamos para aplicar acciones de prevención y solucionar los problemas.

Como una guía para usar cuando se debe identificar qué medir y cómo, el paquete de materiales incluye una "Ficha de medida" que consiste en 10 preguntas para formular cuando se piense iniciar cualquier medición.

FICHA DE IDENTIFICACION DE MEDIDA

1. ¿Qué proceso debe medirse?
    Debería elegirse un proceso que sepamos o sospechemos que no satisface los requerimientos, o uno que ofrece la oportunidad de una mejora importante. Pregúntese: ¿existe algún problema en el proceso en sí? ¿Hay un proceso que cumple con los requerimientos pero que podría efectuarse de una manera más eficiente? La revisión de nuestros modelos de fichas y los cálculos del costo de la falta de adecuación pueden ayudarnos a determinar qué es lo que se debe medir.
2. ¿Qué parte del proceso? ¿Qué requerimientos?
    Es importante elegir determinados requerimientos para medir. Los

empleados de la unidad de trabajo deberían elegir la inversión y el proceso basándose en el conocimiento que poseen de los resultados.

3.   ¿Por qué se ha elegido esa parte o requerimiento?
Elegimos las siguientes medidas que, según nuestro conocimiento, reflejarán con mayor exactitud el desarrollo del proceso. Deberíamos formularnos las preguntas: ¿ahorrará tiempo o dinero el mejoramiento en ese campo? ¿Origina frustración o desperdicio porque no cumple con los requerimientos? ¿Esa medida centrará la atención sobre un problema existente o potencial?

4.   ¿Cómo se reunirán los datos?
La precisión de la medida es crítica. El mejor modo para acumular datos de medidas de incumplimiento con los requerimientos es diseñar una ficha en la que se anoten los datos de no cumplimiento a medida que vayan observándose. (Aparecen fichas de muestra en los materiales.)

5.   ¿Quién será el responsable de la recopilación de datos?
Alguien debe tener la responsabilidad de las mediciones y de su registro según un procedimiento establecido. Los requisitos para desempeñar esa tarea deben comprenderlos con claridad las personas a quienes se otorga esa responsabilidad. Habitualmente deberían ser responsables de la recopilación de datos las personas que participan activamente en el proceso.

6.   ¿Qué clase de tabla o gráfico se usará y cómo se llamará?
Las tablas o gráficos que expresan la falta de conformidad serán usados por las unidades de trabajo, áreas y departamentos. Lo normal es colocar esas tablas en un sitio visible para todos los que necesitan esa información. En casi todas las situaciones, la tabla o el gráfico será el mejor método para informar de los resultados de las mediciones. Algunos gráficos básicos pueden solicitarse a Compras. (Esos gráficos para rellenar adjuntan las instrucciones para su uso.)

7.   ¿Quién será el responsable del registro de la información?
Por lo general se encarga el registro de la información en los gráficos a alguien que participa en el proceso.

8.   ¿Quién necesita conocer los datos para su trabajo de rutina?
En el caso de las medidas para dirigir el mejoramiento, los resultados deberán ser conocidos por los que participen en esas tareas. Incluye a las personas que intervienen en el proceso, a la dirección y a otras como los proveedores, clientes y cualquiera que pueda ayudar a mejorar el proceso.

9.   ¿Cómo se comunicará la información a las personas mencionadas en el punto 8?
Deben exhibirse los gráficos en lugares centrales dentro de una unidad, área o departamento para que resulten bien visibles a los

visitantes y empleados que intervienen en el proceso. Pueden enviarse copias de los gráficos a otras personas que necesiten la información para sus tareas de mejoramiento.

10. ¿Quién debería ser responsable del curso de acción basado en la información?
Normalmente, si los que participan en el proceso tienen la capacidad necesaria, deberían asumir la responsabilidad de las acciones dirigidas al mejoramiento y basadas en la información proporcionada por las medidas. Si esta intervención supera la posibilidad del área debe limitarse a comunicar la información a quien pueda efectuar los cambios necesarios.

Las políticas de medición para un proceso de mejora de la calidad de Mutual of Omaha Companies apoyan todas las declaraciones y directrices.

Propósito
Expresando en gráficas y medidas las diferencias entre los requisitos, podemos determinar mejor las áreas que deben mejorar, evaluar y planificar la acción para corregir el proceso.

Política
—El proceso de mejoramiento de la calidad (PMC) medirá los *procesos*, los *recursos aplicados* y los *resultados*. El propósito del PMC no es medir a los individuos. Los gráficos de medida del PMC no se usarán para juzgar el trabajo de las personas.
—A todos los empleados se les proporcionarán entrenamiento, materiales y asistencia para que comprendan el proceso de medición.
—Cada grupo de trabajo medirá los procesos, los recursos y los resultados que no cumplan con los requisitos. Los empleados de cada grupo decidirán qué medir y cómo.
—Sólo se *exhibirán* los resultados que no cumplan los requerimientos. Los recursos asignados, medidos fuera del grupo de trabajo, no serán exhibidos.
—Los grupos de trabajo de todas las empresas usarán los mismos paneles y clase de gráficos para asegurar la coherencia y la comprensión.
—Los gráficos de las medidas se actualizarán regularmente.
—Los éxitos serán reconocidos y compartidos entre las distintas áreas de trabajo.

Axioma 88. *Cuando cada uno se convierte en director de calidad*

256

en una empresa, todos deben ser conscientes de las trampas de la medida. Mutual of Omaha ha evitado los cuatro motivos de fracaso de los directores de calidad que señala el doctor Joseph Juran:

- Preocuparse más por el cumplimiento de las especificaciones que por la aptitud para el uso.
- Preocuparse más por la bondad de sus métodos y procedimientos que por lo que es positivo para el negocio.
- Volverse retraído, olvidarse del mundo que los rodea...; ocuparse con exclusividad del cumplimiento de los objetivos del departamento de calidad, dando poca importancia a lo que sucede en otros sectores.
- No tener familiaridad con la cultura corporativa o no poder soportarla.

89 Progreso
La mecánica de seguimiento de un proceso de calidad

Un proceso de calidad es un proceso comercial que se ordena, aunque no siempre resulte ordenado. Seguir los pasos de un proceso de calidad de una manera comercial capacita a una empresa para registrar el progreso, intercambiar ideas, controlar la posibilidad de mejorar el esquema general, estandarizar los cálculos de tiempo y dinero ahorrados y asegurar el reconocimiento de los logros.

En 1984, Paul Revere Insurance Group, Worcester, Massachusetts, diseñó un programa de computadora para informar sobre los resultados de su proceso La Calidad Tiene Valor. Se denominaba Programa de Seguimiento del Equipo de Calidad (PSEC) y era un programa conceptualmente simple, disponible en casi todos los terminales de computadora de la empresa. Se dividió a los empleados en equipos con autoridad para introducir cambios en sus zonas de responsabilidad e informar de los resultados mediante la computadora. El archivo se formó uniendo los archivos de cada equipo.

Un archivo de equipo consistía en una serie de pantallas, diseñadas para contener una idea. (Algunas otras versiones en otras empresas usan dos pantallas por idea.) Además de la información referente a identificación, los elementos más importantes eran la descripción de la idea y su estado.

Cuando se introducía una idea en el archivo, el *status* del equi-po se colocaba normalmente en "1" indicando que el equipo estaba trabajando en ella. Si se producía una demora durante el período de aplicación de esa idea, el equipo podía cambiar a "2". El "3" indicaba que después de analizar la idea se decidió no seguir adelante, mientras que un "4" expresaba que la idea había sido aplicada.

Usando el código de *status* de las pantallas, de PSEC, el equipo central de calidad Paul Rever podía comprobar lo que hacían los distintos equipos. Los miembros del SC eran analistas de productividad con experiencia en medición y proyectos de simplificación del trabajo. Por lo menos una vez a la semana, el PSEC obtenía un listado de todos los "4" (ideas puestas en práctica). Se ponía en contacto con los líderes del equipo apropiado y se concertaban las citas. El propósito de una cita era certificar la idea.

La certificación constaba de tres partes. Se consideraba la aptitud de la idea y su aplicación, se controlaba el impacto que pudiera tener en alguna otra área de la empresa y se verificaban los cálculos de ahorro. Cuando la idea estaba certificada, el líder del equipo cambiaba el código de *status* a "5" y al equipo se le daba crédito merecedor de reconocimiento.

La simplicidad del programa trabajaba a su favor. Sin el PSEC, el equipo central de calidad hubiera estado sumergido en papeles. Con el PSEC, todo proceso de información y certificación se reducía a dos carpetas de hojas sueltas y a los listados periódicos de la computadora. Por otro lado, como no había necesidad de redactar informes escritos, los líderes de equipo se sentían mucho más inclinados a trabajar con "pequeñas" ideas: las que no impresionan a alguien que esté tres o cuatro niveles por encima en el organigrama de la cooperación pero que son claves para establecer un hábito de la calidad.

El PSEC también constituía un importante lazo de comunicaciones. Aunque sólo el líder pudiera cambiar el archivo del equipo, cualquiera podía examinar todo el archivo del PSEC. Después del entusiasmo inicial, los líderes de equipo tendían a mirar su propio archivo, los archivos de equipos con responsabilidades similares (se alentaba a apropiarse de las ideas), el archivo del equipo en el que participaba el jefe y el del equipo de la dirección. Sabiendo eso, el equipo de la dirección (conocido en Paul Revere como "los tipos importantes") estaba activo y eso constituía un mensaje poderoso para el resto de la empresa.

El PSEC de Paul Revere no sólo hizo posible sino que facilitó a cualquier equipo de empleados analizarse tranquilamente y compararse con lo mejor de la empresa en un marco en el que el éxito de alguien no se obtenía a expensas de otra persona.

En una empresa menos esclarecida, en la era oscura de 1988, un consultor explicaba, en un seminario para altos ejecutivos, el uso de un programa de computadora para seguir los esfuerzos de algún equipo para mejorar la calidad.

—No podríamos hacer eso —declaró el vicepresidente.

—¿Por qué no? —preguntó el asombrado consultor.

—Porque yo controlaría para ver si los equipos de mis subordinados tienen tantas ideas como los de otros ejecutivos, y si no las tuvieran, les presionaría —dijo pacientemente el vicepresidente.

Otros ejecutivos presentes, incluyendo al presidente de la empresa, asintieron.

—Pero eso no es lo que se intenta —argumentó el consultor—. El sistema de seguimiento intenta controlar los pasos del progreso, asegurarse de que no se comete ningún error de buena fe y agradecerlo oportunamente.

—Nosotros no lo usaríamos así.

—Pero ustedes pueden *elegir* cómo usarlo.

—No aquí. Aquí si usted me da los números, yo los uso para encontrar al que está cometiendo errores.

—Acláreme eso —pidió el atónito consultor—. ¿Está diciendo: "Deténgame antes de que vuelva a matar"?

—Sí —fue la respuesta unánime.

Eso prueba que es posible usar mal incluso el mejor de los sistemas.

Axioma 89. *Las medidas que se toman en el curso de un proceso de calidad pueden usarse para seguir los pasos del progreso. También pueden usarse para culpar. En una empresa que combina la medida con el buen liderazgo y los principios de la participación, existe menos peligro de uso incorrecto.*

90 Reacción
El impacto de la variación

La calidad está relacionada con la reacción de las empresas a la variabilidad. Mientras las operaciones de fabricación están centradas en identificar, medir y tener la variación del producto bajo control, los esfuerzos a favor de la calidad del servicio conciernen sobre todo a la identificación, la medida y la adaptación a la variabilidad resultante de las interacciones con los clientes. En otras palabras, el objetivo es reducir la variación en la calidad de fabricación; estar preparado para la variación en lo que respecta a la calidad del servicio.

Esto define una diferencia fundamental en el uso y en el peso relativo, dados varios tipos de medidas en las empresas de servicio (incluyendo los componentes del servicio de las manufactureras) y en las operaciones de fabricación. Consideren el uso del control estadístico del proceso (CEP) y las técnicas para las encuestas y su impacto sobre la conducta del empleado, en las dos clases de entidades.

La definición de calidad del doctor Juran —"Aptitud para el uso"— resulta concisa y precisa en un ambiente de fábrica. Los artículos manufacturados la mayor parte de las veces combinan físicamente con algún otro artículo producido. Esto se cumple en los bienes componentes cuando se montan dentro de una empresa o de los productos finales usados por el cliente en combinación con otros artículos.

Como es posible controlar la precisión con la que se ha fabricado un artículo, la mayor parte de las decisiones de fabricación se basan en medidas objetivas y/o físicas. ¿Tiene la longitud correcta? ¿La anchura? ¿El peso? ¿Está dentro de los límites la diferencia entre pieza y pieza? ¿Está exhibiendo una distribución normal en su variación o algo debería cambiarse para asegurar que el proceso está bajo control? Estas preguntas conducen a las tablas de CEP.

Las medidas tomadas en el curso de un esfuerzo de calidad en la producción muy a menudo son adecuadas solamente para máquinas específicas, con operadores que tienen autoridad para realizar adaptaciones según los datos que van obteniendo. Los ajustes que harán se basan en juicios objetivos fruto de la experiencia, pero tienden a ser ajustes físicos, objetivamente repetibles.

Pero los servicios deben "adaptarse" a las expectativas mentales del cliente, haciendo que la definición de Juran parezca confusa. Es imposible probar a alguien que se acaba de tener una experiencia maravillosa, usando criterios objetivos, si esa persona no cree en lo que se le está diciendo. No importa hasta qué punto el servicio satisface algunos criterios prometidos, según los hechos medibles.

Es imposible mantener las expectativas del cliente "bajo control", que es el error que cometen las empresas de servicio cuando tratan de duplicar el enfoque de la calidad que tiene un fabricante. Una tabla de ESP en una empresa de servicios puede ser útil como una herramienta de diagnóstico que indique cuándo una situación está fuera de control, pero a diferencia de

261

la fabricación, en este caso proporciona pocas claves para remediarla.

Se producen malas y graves interpretaciones cuando las empresas de servicio tratan de convertir, con demasiada insistencia, sus medidas en "objetivas" y "directas". Esto puede originar ejercicios inútiles como tratar de reflejar en un gráfico cuántas veces sonríe una azafata por hora. El intento de usar una medida física (sonrisas por hora por azafatas) para lograr una lectura precisa de un resultado subjetivo (¿era tan grande la satisfacción de los pasajeros como para que siguieran viajando en esa línea?) resulta inútil.

Una empresa de servicios no tiene otra opción verdadera que concentrarse en la reacción a los cambios en las expectativas del cliente, un requisito que resulta igualmente verdadero si el cliente es interno o externo a la empresa. Los esfuerzos para evaluar la calidad del servicio exigen medidas subjetivas y/o de actitud.

Para satisfacer las expectativas referentes al servicio se requiere un grado de flexibilidad que raramente se encuentra en la fabricación. En ésta las expectativas del cliente tienden a cambiar con mayor lentitud (¿puede imaginar al cliente de un hotel esperando pacientemente por el "modelo del año próximo"?). También las expectativas del cliente deben ser bien expresadas. La fabricación cuenta con límites físicos en cuanto a la velocidad con que pueden cambiarse los procesos y, en general, los clientes lo comprenden. Pero los cambios en el servicio se solicitan, y se espera su realización con la velocidad del pensamiento.

Como resultado, las encuestas numerosas y frecuentes entre los clientes se han convertido en una herramienta importantísima en las empresas de servicios. Las encuestas sobre la calidad del servicio son muy amplias en el uso y en las técnicas empleadas. Las tarjetas en las que se pregunta "¿Estoy haciéndolo bien?" y los grupos especializados constituidos cuidadosamente y dirigidos de manera científica caen dentro de la definición de esfuerzos para mantenerse al día con las expectativas del cliente externo. Dentro de una empresa, todo, desde preguntas informales tales como "¿Es esto lo que quiere?" hasta la encuesta formal, satisface la necesidad de definir las expectativas del cliente interno. Todas las encuestas ofrecen resultados más vagos que las medidas físicas, pero son buenos indicadores de las tendencias hacia la satisfacción del cliente. Los empleados de servicio pueden reaccionar a los resultados de la encuesta para mejorar una situación tanto como los empleados de las fábricas reaccionan a los gráficos de ECP si es que se les ha dado la autoridad para hacerlo.

Fíjese que tomar medidas físicas no libera al fabricante de las encuestas periódicas entre los clientes, ni el mantenerse en contacto con los clientes libera al que proporciona servicios de la necesidad de controlar las propiedades físicas de los servicios que se ofrecen. Cada vez que se produce una variación, debe ser analizada y controlada.

Axioma 90. *La variación es inevitable. Usar herramientas de medida ayuda a los empleados a disminuir el impacto de la variación.*

91 Realimentación
Receta para la calidad: grandes dosis de información

Intermountain Health Care (IHC) de Salt Lake City, Utah, es un líder nacional en el estudio y la práctica de la calidad en el campo de la salud. Su modelo de CUE (Calidad, Utilización y Eficiencia) se centra en las "unidades de atención". Estas unidades corresponden a cuestiones individuales en la cuenta personal del paciente, tales como una sola dosis de un medicamento, un minuto en un departamento quirúrgico o un día en una planta de atención a enfermos agudos.

Las pautas de utilización de los médicos, expresadas en números de atención específica, pueden analizarse una vez que se determina un grupo equilibrado de pacientes. "Un grupo equilibrado de pacientes" está formado por aquellos que empezaron a utilizar la atención médica con enfermedades de igual gravedad y salieron con iguales resultados (complicaciones y resultados médicos).

Un estudio de CUE sigue una enfermedad específica y su tratamiento por médicos especializados en hospitales especializados durante un período y acumula datos sobre las unidades de atención dispensadas. Los datos están cuidadosamente "tomados a ciegas", de manera que nadie con autoridad pueda usarlos para elegir médicos u hospitales cuyos costos de unidades de atención estén por encima del promedio.

La estimulación se presenta a los médicos de dos maneras. Cada médico recibe un informe confidencial de su propia labor junto con los datos del grupo en su totalidad. Cada uno puede entonces comprobar cuál es su posición en el grupo y toma parte en las discusiones y comparaciones consiguientes.

No se toma otra acción directiva por parte de los investigadores o administradores. Se supone que "la mayoría de los individuos (85 a 90 por ciento) tratan de efectuar un trabajo de alta calidad como un valor personal; sólo es necesario proporcionar los datos y el entrenamiento adecuados para lograr resultados de alta calidad. Esto se cumple aún más en la clínica médica que tiende a atraer a aquellos que deben satisfacer un compromiso personal".

Los resultados confirman esa suposición. Repetidamente en los estudios de CUE (y en esfuerzos similares de reunión de datos y distribución de los mismos a otros departamentos médicos), los médicos que intervinieron en los estudios "se autocorrigieron" sin otra clase de motivación o directiva externa. En un corto período, los datos representados con puntos convergieron hacia el extremo "bueno" de una escala particular. Por ejemplo, en un estudio dirigido por los investigadores del IHC, el período medio de permanencia en el hospital después de una operación concreta (prostatectomía transuretral) disminuyó casi el 36 por ciento (de 4,40 días a 2,53 días) en sólo 9 meses después de la distribución de los datos a los médicos del hospital.

En otro estudio, la operación investigada fue el reemplazo de la articulación de cadera, excluyendo las fracturas. Esta operación fue elegida para estudio por su costo y su importancia (sin un reemplazo de la articulación de la cadera, muchos pacientes están destinados a permanecer siempre en la cama). Los médicos del sistema del IHC efectúan entre 700 y 800 operaciones de reemplazo de articulación de cadera en un año y algo más.

Como puede verse en el gráfico, el período medio de permanencia de un paciente antes del estudio de CUE era de 10 días (el promedio de quince días registrado en enero de 1988 fue un "pico" estadístico). Los primeros resultados del estudio se distribuyeron entre los médicos en agosto de 1988. En el gráfico puede apreciarse una disminución inmediata del período de hospitalización.

Esta continua disminución se produjo también como resultado de un proyecto relacionado y concurrente. Inspirado por el éxito inicial, se formaron equipos de médicos para estudiar aspectos específicos de la operación en global. Se comprobó que un factor importante en el aumento del costo y del tiempo para la operación lo ocasionaba la variedad de prótesis para la cadera disponible en el mercado.

DRG 209* PERIODO DE HOSPITALIZACION POR EL SEGURO

Período de hospitalización medio y períodos límite

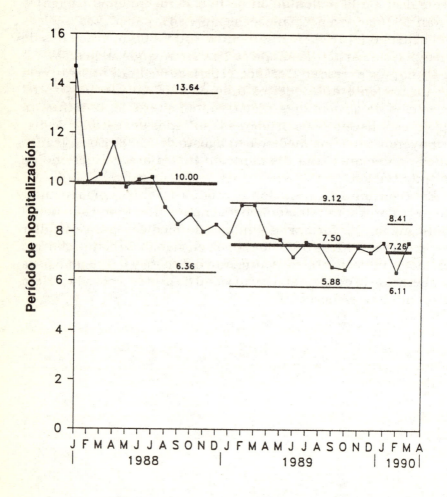

* Prótesis de cadera

266

Sin tener ninguna guía determinada, los distintos médicos habían adoptado algunos reemplazos como sus favoritos. Como se utilizaban tantas marcas, el hospital no mantenía ninguna en depósito sino que las compraba cuando eran necesarias basándose en un criterio de orden especial. Otro impacto de esta proliferación de tipos de prótesis era que un médico pudiera encontrarse con el reemplazo equivocado para una operación determinada, o con los dispositivos secundarios de otra.

Un equipo de cirujanos estudió las opciones disponibles y eligió una como la mejor para el 80 por ciento de las operaciones y otras dos como apropiadas para el 20 por ciento restante. Con esa decisión, el hospital comenzó a comprar en cantidad, y obtuvo así un ahorro sustancial; además los médicos y sus ayudantes se familiarizaron con las peculiaridades de cada tipo de reemplazo de articulación de la cadera, lo que simplificó y agilizó las operaciones y posteriormente redujo el período de hospitalización.

Es digno de hacer notar que en el gráfico de este capítulo la variación de mes a mes disminuyó con el transcurso del tiempo. El doctor Brent James, que dirige el esfuerzo en pro de la calidad en el IHC, opina que el móvil radica en el hecho de que los médicos comenzaron a imitar la conducta del que se defendía mejor en cada categoría. En lugar de conformarse con un "promedio" cómodo, todos mejoraban para llegar al nivel de los líderes.

Esto último podría ser el beneficio más grande de todo el proceso. El uso de la medida que hace el IHC permite a todos sus médicos aprender las mejores prácticas disponibles para cada técnica.

Axioma 91. *Pueden lograrse las mejoras proporcionando los datos apropiados a las manos adecuadas y luego apartándose del camino para no molestar.*

92 Recompensa

"Bastante preciso para un trabajo oficial" ya no sirve para ser trabajo oficial

El primer premio a la mejora de la calidad para el programa de mejoramiento de la productividad presidencial fue concedido al Depósito de Aeronáutica en Cherry Point, Carolina del Norte, a mediados de 1988.

James C. Miller III, director del departamento de Dirección y Presupuesto, dijo cuando anunció el premio:

—Una organización ejemplar demuestra un compromiso extraordinario con el mejoramiento de la calidad, enfoca la atención en la satisfacción de los clientes y establece estándares altos de calidad, cumplimiento y eficiencia.

El depósito, que emplea a 3100 civiles, es uno de los seis depósitos de la Aviación Naval (el único dirigido por marinos) que proporciona mantenimiento aeronáutico y apoyo logístico a todo el mundo, a todas las ramas de las Fuerzas Armadas de Estados Unidos y a otras actividades oficiales.

El premio fue ganado mediante la aplicación de un proceso de calidad total y un programa de compartir la ganancia. Como proceso de calidad total, probó ser uno de los mejores en el gobierno; como método para compartir la ganancia, el Depósito fue la primera área federal que llevó a cabo ese plan.

El coronel Gerald Gartman, oficial a cargo, se propuso establecer una "cultura de la calidad" poco después de asumir el mando, a principios de 1986. Hubo algunas dificultades iniciales. En realidad, Gartman comentó una vez:

—Algunas personas creyeron que yo iba a ocupar el cargo durante muy poco tiempo.

Sin embargo, en junio de 1990, Gartman pudo informar:

—El depósito ha aumentado la productividad en un 73 por ciento en el proceso de pulido de placas, ha vencido los errores de los motores de ensayo en un 90 por ciento y ha reducido los rechazos por inspectores de los rotores de helicóptero para reparación, en un 80 por ciento.

Otros ejemplos de aumento de productividad fueron la aplicación del proceso estadístico de control al proceso de laminado de las hojas del motor del jet: una operación que se lleva a cabo centenares de miles de veces al año. La tasa de rechazo descendió de un nivel tradicional del 50 por ciento a menos de las tres cuartas partes del uno por ciento.

No se trata de una empresa pequeña: el Depósito es un complejo industrial constituido por más de 90 edificios que ocupan más de 100.000 metros cuadrados. Sus funciones (y oportunidades para mejoramiento) son, por supuesto, variadas. Algunos de los ejemplos citados en el número del 11 de mayo de 1990 "Edición cuatrimestral especial" de NADEP NEWS incluían:

Errores del mensaje

Proceso: Las secretarias y el personal de secretaría escriben los mensajes utilizando el formulario de mensaje común, formulario 173DD, que se envían al departamento de Electrónica de Comunicaciones de la Estación Aérea para Transmisión Electrónica. Se detectan los errores y los defectos durante la visión inicial de la pantalla y mediante la lectura óptica de caracteres (LOC). Este dispositivo experimentaba una tasa de error de 14,46 por ciento.

Análisis: Hay 24 tipos de errores posibles en un mensaje. Se realizó un análisis de Pareto para identificar la fuente más grande de fallos. Resultó claramente identificado el tipo 4 de errores (el destinatario imposible de identificar o inexistente, lenguaje simple no autorizado) como la fuente de más del 42 por ciento de los errores. La continuación del estudio demostró que la mayor parte de estos errores eran puramente tipográficos, por ejemplo, la transposición de letras en NAVAVNLOGCEN.

Mejoramiento del proceso: Todas las secciones del Depósito fueron revisadas para identificar direcciones usadas comúnmente. Se registraron en un archivo dentro del sistema central del procesador de palabras. El personal puede ahora electrónicamente "cortar y pegar" direcciones correctamente deletreadas, en sus mensajes. Este archivo es mantenido por la División Servicios de Oficina (110). También se diseñó una pantalla de "ayuda" y se colocó en el procesador de textos para que ayudara a reducir los otros 23 tipos de errores. La tasa de fallos del mensaje se sigue mediante el análisis de Pareto y todavía están realizándose esfuerzos para reducir el porcentaje de error.

Aumento de productividad:

Tasa de error antes del mejoramiento: 14,46 por ciento.

Tasa de error después del mejoramiento: 8,49 por ciento.

Mejoramiento de la productividad: 41 por ciento (322 defectos menos por año).

Cámaras de combustión reparadas

Proceso: La cámara de combustión de la máquina T76 fue enviada para el arreglo de una fisura que excedía los límites en las instrucciones de mantenimiento.

Análisis: La ubicación de la brecha fue evaluada. Se determinó que no estaba en una zona crítica y que una soldadura no afectaría la seguridad ni la función.

Mejoramiento del proceso: Las cámaras de combustión ahora se reparan y vuelven al servicio en vez de ser destruidas.

Aumento de productividad:

Costo material de la carga de trabajo anterior: 6940 dólares por unidad.

Costo laboral para cargas de trabajo en el futuro: 16 dólares por unidad.

Mejoramiento de la productividad por unidad: 99,7 por ciento.

Mejoramiento del nuevo diseño

Proceso: El equipo de ensayo usado para probar la caja de velocidades de la máquina aérea C-130.

Se adaptaron operadores de otro equipo de ensayo.

Análisis: El equipo de ensayo resultó difícil de controlar y las lecturas de los resultados fueron cuestionables.

Mejoramiento del proceso: Se diseñó una mejor consola de ensayo, se construyó de acuerdo con las especificaciones del manual y fue aprobada por el Product Support Directorate (50). El nuevo probador ahorra horas-hombre y asegura pruebas precisas, produciendo de esa manera un producto de más alta calidad.

Mejoramiento de la productividad:

Costo laboral para la carga de trabajo anterior: 6,48 dólares.

Costo laboral para cargas de trabajo futuras: 3,24 dólares.

Mejoramiento de la productividad por unidad: 50 por ciento.

Abundan los ejemplos de aumentos de la calidad y la productividad mediante el uso del proceso estadístico de control y el trabajo de equipo, con ahorros que van desde unas pocas monedas por repetición de una acción particular (por ejemplo, reduciendo la limpieza de los componentes antes de lijar, de 13,30 a 13,18 dólares) hasta ahorros que alcanzan decenas de miles de dólares al año. La reparación y el mantenimiento estándar de un tipo de máquina aérea descendió 55.000 dólares desde enero de 1986 a setiembre de 1987. Se recompensa tanto por las grandes ganancias como por las pequeñas.

El programa de compartir las ganancias utilizado en Cherry Point fue el primero para los empleados que recibían sueldo del gobierno de Estados Unidos. En *Gain Sharing in a Total Quality Environment*, cuyos autores son el coronel Gartman y John S. W. Fargher Jr., el director de la Oficina Comercial del Depósito declara: "Compartir las ganancias es un medio que motiva tanto a los trabajadores como a los directores a concentrarse en el trabajo con más intensidad. Junto con el aumento del esfuerzo físico, tanto unos como otros deben trabajar juntos para aplicar completamente el plan estratégico, usar el control estadístico del proceso/dirección de calidad total (CEP/DCT) como una herramienta para un proceso continuo de mejoramiento y medir los resultados en aumento de calidad, productividad y en la disminución de costos".

El programa Compartir las Ganancias se aplica a todos los empleados civiles incluidos en la lista de pagos en el último día del último período completo de paga de un cuatrimestre (con mínimas excepciones). Cuando se ha determinado la cantidad de dinero ahorrado (mediante una fórmula muy bien conocida), se divide en partes iguales entre la base y los empleados. La mitad correspondiente a los empleados se divide entonces por el número de personas elegibles y todos, independientemente de la posición en la escala jerárquica y de la cantidad de sueldo, reciben un cheque igual. Para el segundo cuatrimestre del año fiscal de 1990, el pago ascendió a 169 dólares (descontados los impuestos) por empleado, y se considera que el total que se pagó a los empleados desde el comienzo del programa es de aproximadamente 5.500.000 dólares.

Además de todos los datos estadísticos, Gartman y Fargher han formalizado la filosofía de la dirección en un artículo sobre *Employee Participation and Self Management*. Incluyen pasajes que indican por qué funciona la medida:

Los conceptos de MCT no son complicados y las herramientas para CEP se aprenden y aplican rápidamente. Algunos trabajadores pueden resistirse al principio a comprometerse, si consideran la MCP como una amenaza a su trabajo o como un truco de la dirección para lograr más rentabilidad. Esta resistencia debería desaparecer rápidamente a medida que ven que aumentan sus responsabilidades, autoridad y economía; que se reducen los controles administrativos y las inspecciones de control de calidad, y no solamente perciben la participación, el compromiso y el otorgamiento de poder sino que también se sienten poseedores de procesos específicos. Estos equipos de trabajo finalmente se comprometen con los procesos de la empresa y en realidad se convierten en el "equipo de la empresa"...

Así como los trabajadores y el personal de apoyo del Depósito han participado y se han vuelto eficientes en la aplicación de PEC, las barreras de comunicación se han reducido y el orgullo por la calidad del producto ha aumentado. Mediante la aplicación de la filosofía de la MCP, el papel del trabajador está cambiando hacia el de autodirector. Los cambios no son solamente los del proceso y el mejoramiento de la calidad sino también el del aumento de los esfuerzos individuales. Los gerentes adoptan el papel de facilitadores, maestros y coordinadores, estableciendo prioridades y objetivos pero no dirigiendo el trabajo. El marco creado mediante los ya mencionados esfuerzos para mejorar la productividad y la calidad proporciona la filosofía y las herramientas tanto para que el operario y el supervisor asuman esos nuevos papeles.

Axioma 92. *Para una calidad digna de premio, el liderazgo y la participación son los requisitos indispensables para la medición.*

93 Recuperación

Conversión de la insatisfacción del cliente en lealtad

—No te preocupes por el brazo roto, querido, porque cuando se cure, el hueso quedará más fuerte que antes.

De esa manera las madres han consolado a sus hijos desde hace muchísimos años.

Actualmente resulta cada vez más evidente que el analgésico "quedará-más-fuerte-cuando-se-cure" puede ser válido en las relaciones entre los clientes y el proveedor. Los investigadores han comenzado a desarrollar datos que indican que un cliente insatisfecho por algún motivo, que ha sido objeto de una buena estrategia de "recuperación", sentirá una mayor lealtad hacia la empresa que un cliente que siempre ha recibido buenos servicios o productos.

Ron Zemke es el escritor excéntrico y el pensador más destacado en el tema de la "recuperación del cliente". También excelente en este nuevo campo de investigación es John Goodman y sus programas de asistencia técnica a la investigación (PATI). La investigación realizada por Zemke, Goodman y otros es esencialmente una forma de medida que califica las reacciones de los clientes cuando han adquirido un producto o servicio. Esa información puede usarse para la recuperación, en el caso de problemas individuales, pero también cierra el ciclo iniciado en el departamento de investigación y desarrollo, que produce información sobre cómo modificar los mismos productos (y los futuros), y servicios para evitar problemas.

Zemke opina que una empresa debe tener un "servicio de recuperación planificado", que define como "un proceso razonado y planificado para reconducir a los clientes insatisfechos a un estado de satisfacción con la empresa, después que un servicio o un producto no ha estado a la altura de sus expectativas".

Cita la investigación mediante los PATI que indica cómo un buen plan puede salvar una situación:

Primero, un servicio eficiente y rápido de recuperación aumenta la capacidad de los clientes para percibir la calidad de los productos o los servicios que ya ha adquirido.

Segundo, aumenta la percepción del cliente de la competencia de la empresa.

Finalmente, una buena recuperación aumenta la calidad y el valor percibidos de otros productos y servicios que ofrece la empresa.

Los clientes que se quejan deberían ser los favoritos de la empresa porque son: 1) la mejor fuente de ideas para el mejoramiento, y 2) raros. ¿Qué es lo que quieren los clientes cuando las cosas salen mal? La investigación de Zemke indica que el cliente se sentiría feliz con cuatro condiciones:

1. Una disculpa por los inconvenientes sufridos.
2. El ofrecimiento de un "arreglo".
3. Un tratamiento que demuestre que la empresa se ocupa del problema, que quiere solucionarlo y que se preocupa por los inconvenientes que ha ocasionado al cliente.
4. El ofrecimiento de algo de valor agregado por el inconveniente sufrido.

Lo que decididamente *no quiere* es ser tratado como una molestia, aunque el problema haya sido causado por sus actos. Zemke declara que "La recuperación permanente se logra solamente mediante un conjunto de sistemas, operaciones y acciones que se planifiquen cuidadosamente, se refinen de manera constante y se ejecuten con precisión".

Puede parecer extraño planificar una estrategia para cuando algo resulta mal, pero la conclusión común mediante los PATI es que "la producción del producto puede contribuir solamente a un tercio del arreglo de la insatisfacción del cliente. Esto significa que dos tercios de la insatisfacción no son producto de los blancos tradicionales del análisis de seguridad de la calidad (SC). Si la SC va a aplicar el máximo de su capacidad para reducir los problemas del cliente, debe agrandar el campo en el que opera tradicionalmente".

La SC puede impactar volviéndose más inquisitiva para descubrir cómo los clientes maltratan los productos y entonces tomar las medidas necesarias: instrucciones más completas, mejor entrenamiento del personal de ventas o educación del cliente. Estadísticamente, sólo del 4 al 10 por ciento de los clientes insatisfechos se quejan a la empresa por el servicio o el producto. El otro 90 o 96 por ciento se queja, pero *no* a la empresa que es la que podría hacer algo al respecto. Ese porcentaje se queja de la organización, a cualquiera que le escuche. En realidad, muchos clientes lo convierten en una minicruzada.

En vista de estas cifras, se necesitan tácticas agresivas. Aunque los problemas sean producidos en parte o en su totalidad por los clientes, sigue tratándose de su dinero y de su decisión sobre dónde gastar el próximo cheque.

Algunas de las empresas más innovadoras han diseñado maneras de halagar a los clientes potencialmente insatisfechos, conversando con ellos antes de que se produzca la insatisfacción. Armstrong World Industries descubrió que el mantenimiento bajo, "las terminaciones sin cera" de sus suelos, fallaba con frecuencia alarmante porque los clientes no seguían las instrucciones de su mantenimiento. Así que colocaron el número 800 en un costado del suelo.

Los clientes debían llamar al número 800 para saber cómo quitar la etiqueta con el número del suelo. Mientras los empleados de Armstrong tenían a los clientes al teléfono, eran capaces de explicarles cómo había que mantener el producto. Armstrong calcula que el poco dinero que cuesta a la empresa cada llamada al 800 les ahorra 12.000 dólares potenciales por cliente sobre el período promedio de lealtad.

Uno de los objetivos clave de una estrategia de recuperación de clientes de servicio es asegurar que ni siquiera piensen en las empresas de la competencia. Por más que el departamento de investigación de la empresa A pudiera decir muchas cosas sobre la calidad inferior del producto o servicio del competidor B, algunos de los clientes de A, con o sin lógica, prefieren B *si A les da la oportunidad.* Esto es especialmente posible si se sienten maltratados por la empresa A. Si la AT&T hubiera tomado en serio a Sprint y MCI desde el principio, estas dos últimas empresas no hubieran sido competidores serios como lo son hoy. Cualquier persona de negocios que diga: "Ah, dejemos a nuestros

clientes que prueben el producto de otras empresas; ¡volverán!",
es un candidato a ser miembro del Edsel Club.

Axioma 93. *Según Ron Zemke: "La verdadera prueba del compromiso de una empresa con la calidad del servicio no es el estilo
de propaganda que emplea en el mercado; es la forma en que la
empresa reacciona cuando algo no funciona para el cliente". Lo
mismo es válido para la calidad del producto.*

Notas

Parte Uno: Sobre el liderazgo

1. Reproducido con autorización de Fred Smith, fundador, director y ejecutivo de Federal Express Corporation.
2. Copyright © 1989 American Society for Quality Control. Reproducido con autorización.
3. Reproducido con permiso de Chip Bell.

Parte Dos: Sobre la participación

1. Reproducido con autorización del doctor David Levine y el doctor George Strauss.
2. Reproducido con permiso especial de King Features Syndicate, Inc.
3. Reproducido del número de marzo, 1989, de *Psychology Today*, vol. 23, págs. 36 y siguientes.
4. Reproducido con autorización de Lexington Books, una publicación de Macmillan Inc., de *Service Quality: Multidisciplinary and Multinational Perspectives*. Editores: Stephen W. Brown, Evert Gummesson, Bo Edvardsson y BengtOve Gustavsson. Copyright © 1991 Lexington Books.
5. Reproducido del número del 28 de enero de 1991 de Business Week, con permiso especial, copyright © 1991 McGraw-Hill Inc.
6. Reproducido con autorización de Noel Cunningham.

Parte Tres: Sobre la medida

1. Reproducido con autorización del *Worcester Telegram & Gazette*, copyright © 1990.
2. Reproducido con autorización de Ronald W. Miller.

3. Cortesía de Mutual de Omaha.
4. Calvin y Hobbes, copyright © 1990 Universal Press Syndicate. Reproducido con autorización. Todos los derechos reservados.
5. Se reproducen extractos de ISO 9004-2, 1991 con permiso de la International Organization for Standardization (ISO). Puede conseguirse el estándar completo en Estados Unidos, en ISO, ANSI, 11 West 42nd Street, piso 13, Nueva York, NY 10036 o en ISO Central Secretariat, Apartado de Correo 56, CH-1211, Ginebra, Suiza.

Axiomas para la acción

Sobre el liderazgo

Axioma 1: El liderazgo en pro de la calidad debe ser activo, evidente e informado.

Axioma 2: El amor es lo que hace funcionar al liderazgo; es lo que marca la diferencia entre manipular a la gente y orientarla. No se puede controlar a los demás para lograr un trabajo de calidad.

Axioma 3: Pedir ayuda para un proceso de calidad puede constituir una ventaja, pero no permita que el consultor disminuya su autoconfianza. Confíe en su propio juicio si el consejo no le parece bien. ¡Esté seguro de lo que hace! No basta con hacer quedar bien al consultor.

Axioma 4: Cuando cada empleado participa en el proceso de mejoramiento de la calidad, los líderes surgen en cualquier nivel. La microdirección resulta innecesaria. Las únicas condiciones son que los empleados sepan qué se espera de ellos y que la empresa se preocupa por todos, que posean los recursos necesarios para cumplir con sus trabajos y que sepan que tienen autoridad para actuar.

Axioma 5: A menudo no basta hablar con "las personas reales". La averiguación puede requerir un plan determinado, con una estructura detallada, para obligar a que los ejecutivos salgan de su ambiente e interactúen con diferentes niveles de la empresa. Esto resulta especialmente necesario cuando se inicia un proceso de calidad.

Axioma 6: Si después de las lecturas y las discusiones sobre la calidad, usted es capaz de articular su pensamiento con más claridad, aunque no se trate de una innovación, puede decirse que es nuevo..., o por lo menos mejor.

Axioma 7: La confianza se transmite a los empleados con el comportamiento diario. No basta decir que se confía en alguien; debe demostrarse.

Axioma 8: Hasta que no se llegue a un acuerdo entre los ejecutivos y los empleados sobre cómo proceder para lograr la calidad, se desperdiciarán muchos esfuerzos o no se producirá ninguno.

Axioma 9: Los norteamericanos, en su papel de consumidores, están volviéndose más sensibles a la calidad. El doctor Armand Feigenbaum había determinado que en 1979 se le daba a la calidad la misma prioridad que al precio en el 30 o 40 por ciento de las decisiones de compra tomadas por los clientes. En 1988, la cifra había aumentado al 80 o 90 por ciento. Para ser competentes, los norteamericanos también deberán sensibilizarse en cuanto a la calidad en su papel de empresarios. No pueden seguir resintiéndose por que se les responsabilice de la calidad de sus propios bienes y servicios.

Axioma 10: Si bien las aplicaciones pueden variar en el campo militar y en el comercial, los principios del liderazgo militar se basan en verdades fundamentales que los hacen apropiados a cualquier situación en la que una persona trata de controlar a otra.

Axioma 11: La sabiduría gerencial cambia con el tiempo. Mantenerse al frente en las tendencias actuales (incluyendo la tendencia hacia el mejoramiento de la calidad mediante una nueva relación entre la dirección y el personal) es un componente del liderazgo. La dirección debería aceptar el desafío o retirarse del campo de batalla.

Axioma 12: A menos que el equipo líder de la empresa esté preparado para respaldar sus declaraciones y comentarios con un desempeño de calidad, el dinero invertido en programas de calidad "a medias" debería utilizarse para ampliar el Departamento de Quejas.

Axioma 13: La familiaridad con los escritos de los gurúes de la calidad puede proporcionarnos una comprensión inesperada. Los matices no siempre son obvios en una primera lectura.

Axioma 14: Las declaraciones de políticas y principios deberían ser breves, claras y creíbles. Los empleados las usan como guía para determinar si sus acciones están de acuerdo o no con los estándares y valores del proceso de calidad de la empresa. Milliken & Company, que recibió en 1989 el premio nacional a la calidad Malcolm Baldrige, inculca a sus empleados la política de la calidad imprimiéndola en el dorso de todas las tarjetas comerciales.

Axioma 15: Este es un cuento para niños y es posible recibir el mensaje cuando el primer pájaro se aleja volando. ¿O no? La primera parte del cuento enseña una lección: si no se presta atención a las instrucciones es imposible realizar bien el trabajo. El último párrafo contiene otra lección: si no se escucha hasta el final, se enloquece a los demás. Como a la urraca, a los colaboradores no les gusta que no se les escuche. Por simple que le parezca el mensaje, escúchelo hasta el final.

Axioma 16: Pueden aprenderse las técnicas de liderazgo. Aunque no se cuestiona que algunas personas sean líderes natos, la existencia de grandes directores no es excusa para que el resto de nosotros no luche para llegar a ser un líder competente. Nadie usa el genio de Einstein en matemáticas como excusa para no ser capaz de equilibrar la cuenta corriente. La calidad comienza con el liderazgo. Y el aprendizaje del liderazgo empieza con el conocimiento de las opciones disponibles.

Axioma 17: *Humor:* 1. La calidad de cualquier cosa que es graciosa o que apela a la comicidad. 2. La capacidad de expresar o apreciar lo que es divertido, cómico, etcétera (Fun & Wagnall).

Los buenos líderes tienen sentido del humor y saben cómo y cuándo usarlo.

Axioma 18: Le guste o no, toda empresa tiene una identidad como tal. Es responsabilidad de la empresa hacer coincidir la imagen externa con los valores internos. Con frecuencia esto puede lograrse con el uso de símbolos: Maytag y el hombre que hace la reparación; Disneylandia y el alegre Ratón Mickey; el Peabody Hotel y su desfile diario de patos.

Axioma 19: La falta de tiempo es la justificación más común del uso del liderazgo autoritario. En una emergencia, la mayoría de los líderes dirigen de manera instintiva. Sin embargo, el uso apropiado del liderazgo autoritario es más raro de lo que cree la mayoría, aunque haya desde el principio un fuerte interés por arreglar las cosas. El entrenamiento ayuda a que los individuos interioricen las habilidades de participación y delegación. El resto depende del individuo.

Axioma 20: La atención a la calidad puede aumentar las ganancias de una empresa al disminuir los costos de producción, haciendo posible que cobre precios más altos, o ambas cosas. No hay una mejor inversión a largo plazo.

Axioma 21: Si usted comprende los tres estilos de liderazgo, no tendrá ningún problema con la respuesta a esta situación: el enfoque de la delegación es el que hace el uso más eficiente del tiempo y de los recursos. Cualquiera que desee delegar (cuando eso es posible) dispone de tiempo para otras tareas. Sin embargo, a veces hay factores en una empresa que hacen que se tome otra opción que parece más adecuada. Quizá las costumbres de la empresa propicien el liderazgo participativo como norma. Quizás esos hábitos podrían cambiarse. Siempre hay opciones.

Axioma 22: Los gerentes de nivel medio tienen un problema especial con la mayoría de los procesos de calidad. Es indiscutible que el papel de esos directores sufrirá un cambio notable: de microgerentes y directores a entrenadores y recursos. Este modelo nuevo proporciona oportunidades atractivas para la cooperación y la innovación.

Axioma 23: El fracaso de los esfuerzos del pasado puede proporcionar claves valiosas para un futuro curso de la acción. En este caso, los programas para mejorar la calidad fracasaron cuando se aplicaron, al establecer una estructura que capacitara a los empleados para participar de manera activa en todo momento. Aprenda las lecciones de la experiencia y persevere aunque ningún fenómeno sobrenatural le impulse a la acción.

Axioma 24: Sólo una vez.

Axioma 25: Mire más allá de los insidiosos mitos sobre la calidad. Muchos mitos son populares porque proporcionan una excusa para la pasividad. La realidad es que no hay mejor momento como el presente para iniciar un proceso de calidad.

Axioma 26: Esté preparado para un gasto inicial para solventar la calidad. Hay que pagar por el tiempo, los materiales y los expertos. Después de los costos iniciales, el proceso de calidad cubrirá más que sus propios gastos. Los profesionales de la calidad calculan, de manera conservadora, que un proceso de calidad bien dirigido rinde un mínimo de 5 a 1 de ganancia sobre la inversión.

Axioma 27: El compromiso personal de los directores resulta esencial para el éxito de un proceso de calidad.

Axioma 28: El enfoque estilo "caja negra" del liderazgo significa delegar tareas a los subordinados sin ocuparse de los detalles. No significa que el líder no sea necesario: el líder sigue siendo responsable de lo que sucede dentro de la caja y de los resultados que se obtengan.

Axioma 29: Lo simple puede ser profundo. A veces unas pocas palabras alcanzan el corazón del asunto.

Axioma 30: La comprensión y el compromiso parciales con la calidad sólo pueden producir un éxito parcial o un fracaso total. El éxito completo exige un proceso completo. La única posibilidad de que triunfe realmente un proceso de calidad en una empresa, es atacando de forma simultánea todos los asuntos del liderazgo, la participación y la medida.

Axioma 31: La Federal Express Corporation tiene razón. No basta con que los empleados tengan la respuesta a "¿Qué espera usted de mí?"; también es necesario que sepan "¿Qué gano con eso?". Las empresas que cuidan a sus empleados tienen empleados que cuidan a los clientes.

Sobre la participación

Axioma 32: La participación presupone que usted está tratando con adultos inteligentes, colaboradores y capacitados. Si los compañeros de trabajo no responden a esa descripción, la participación les alentará a comportarse como si lo hicieran.

Axioma 33: Si la filosofía corporativa no cambia un ápice, si no proporciona una estructura y preparación, hay un paso que ahorra tiempo y dinero y que cualquiera puede dar. Pregunte a sus clientes internos qué es lo que desean. Hay un grado de autonomía para cada uno.

Axioma 34: ¿No sería mejor tener la responsabilidad de decidir qué cambios se harán, en lugar de tener que adaptarse a los ya efectuados?

Axioma 35: Todo proyecto humano en el que participen dos o más personas debe basarse en la comprensión de las reglas por parte de todos.

Axioma 36: Si aparece un motivo para celebrar, haga una fiesta. Si no aparece, busque un motivo para celebrar.

Axioma 37: Las comunicaciones son esenciales para un buen proceso de calidad.

Axioma 38: Lo que opina el que recibe el servicio suele ser la definición de calidad que hacen los clientes externos. No importa lo que diga el manual de la empresa; el usuario sólo cree en sus experiencias personales. Esto añade mucha presión a los empleados que atienden al público en una empresa de servicios, porque deben ser creativos cuando se trata de satisfacer las necesidades del cliente.

Axioma 39: Los empleados se dan cuenta en seguida cuando la dirección abdica de la responsabilidad. La distribución de los recursos, las comunicaciones, la instrucción, la cooperación del equipo de trabajo y la definición de las especificaciones son todos asuntos de la dirección. Si la dirección no desea resolver estos problemas, no puede esperar que los empleados resuelvan problemas en sus zonas de trabajo.

Axioma 40: Incluso una iniciativa concienzuda de la directiva puede parecer palabrería si las palabras se usan sin ser comprendidas. En el caso del otorgamiento de poder, cada uno no sólo debería estar alerta a la posibilidad de cambio, sino que también debería hacer los cambios necesarios. Sólo entonces mejoraría continuamente la calidad.

Axioma 41: "Silba mientras trabajas" (Los siete enanitos). Alternativa del axioma 41: "Sé feliz en tu trabajo" (Mao Tsé Tung).

Axioma 42: Si el movimiento por la calidad en Norteamérica alguna vez se organizara lo suficiente como para elegir su propio himno, éste debería ser "Los detalles significan muchísimo". El flujo continuo de pequeñas ideas es el corazón y la mente del mejoramiento de la calidad. Mantenerse alerta a cada oportunidad facilita el surgimiento de las grandes ideas.

Axioma 43: En general, las ventajas de la participación superan a las desventajas.

Axioma 44: Un *proceso* es muy diferente de un *programa*. El primero está planificado para cambiar la cultura corporativa: de inmediato y permanentemente. El segundo es un acontecimiento aislado. Deléitese con su *proceso de calidad* desde el principio..., y viva feliz para siempre.

Axioma 45: El compromiso y la participación de cada empleado son necesarios si una empresa pretende obtener el máximo beneficio de un proceso de calidad. Para variar las formas de lograrlo y diseñar el proceso de calidad, la dirección debe tener en cuenta los tres tipos de oportunidades para la calidad: continuo, periódico y episódico.

Axioma 46: El entrenamiento formal del líder de equipo es sólo el comienzo. Los líderes de equipo merecen todo el apoyo que puedan conseguir; al fin y al cabo, están adquiriendo nuevas habilidades para el beneficio de la empresa. En la práctica, ese apoyo puede reafirmar las lecciones aprendidas en el curso.

Axioma 47: Cuando la participación logra que la contribución de cada uno sirva a la empresa, está usando una de las fuerzas de Norteamérica.

Axioma 48: Si los empleados se sienten capaces para resolver problemas, deben hacerlo. Esa actividad tiene lugar a pesar de las políticas corporativas y no por su causa. La falta de iniciativa a menudo está relacionada directamente con los reglamentos que limitan las alternativas o con la instrucción inadecuada. Dos cosas que están fuera del control del empleado.

Axioma 49: El aprendizaje continuo, la vuelta al aula en busca de instrucción formal y la relación formal con un tutor son necesarios para adaptarse al cambio rápido. Las empresas que incluyen en su currículum temas relacionados con la calidad, además de las habilidades laborales tradicionales, están mejor preparadas para el futuro.

Axioma 50: Los empleados de menor jerarquía constituyen la memoria de la empresa. Saben más sobre los productos, los servicios y los procesos usados que lo que ellos mismos (o cualquier otra persona en la empresa) tienen conciencia. Aunque se los ignore, continúan cumpliendo su trabajo lo mejor que pueden y eso se convierte en rutina; no son conscientes de lo especiales que son sus conocimientos y contribuciones.

Axioma 51: Los puristas de la calidad resultan valiosos porque obligan a que el pensamiento justifique ciertos pasos que a veces se dan instintivamente. ¿Le sorprende el axioma? No debería. Parte del mejoramiento de la calidad es comprender por qué algo funciona o falla. Habrá muchísimas preguntas molestas. Sólo cuando se han negociado las respuestas puede procederse con confianza.

Axioma 52: Los equipos se forman con individuos. Respete las diferentes maneras en que personas distintas procesan la información. Es un primer paso excelente para que personalidades diversas lleguen al consenso.

Axioma 53: Asegúrese de usar la perspectiva correcta cuando establece un objetivo. ¿Ese objetivo es inspeccionar la calidad, encarar grandes problemas o mejorar la calidad total? Sólo con el ciento por ciento de participación puede lograrse lo último.

Axioma 54: En el campo de la calidad resulta polémica la relación entre los méritos relativos de la fabricación y la calidad del servicio. Vea las diferencias en perspectiva. No es una elección. ¿Por qué no incluir lo mejor de ambas?

Axioma 55: Cuando se juzgan los materiales de instrucción, pregúntese que es lo que debería saber si fuera líder de equipo. Entonces planifique el curso de acuerdo con eso.

Axioma 56: Los negocios dependen de la educación. Los dirigentes de los negocios de Norteamérica, como David Kearns (ex ejecutivo de Xerox y actual subsecretario de Educación) y John Akers, directivo de IBM, han dado prioridad a la educación. Los dos provienen de empresas que conocen el impacto positivo de los procesos de calidad bien planteados.

Axioma 57: La calidad produce beneficios para todos: clientes, vendedores y proveedores.

Axioma 58: El reconocimiento es una parte integrante de la calidad. La gente escucha "gracias" de diferentes maneras. Lo que complace al que reconoce, al que da, puede no agradar al que recibe, y lo importante es la opinión del receptor. Resuelva el problema diciendo "gracias" de tres o más formas a cada persona, y deje que el receptor responda a la que más le guste.

Axioma 59: Ningún sistema es (por sí mismo) proclive al fracaso o al triunfo. Depende de los procedimientos de seguimiento de la empresa y de la manera en que se ejecuten. El doctor W. Edwards Deming declara que por lo menos el 85 por ciento de los problemas de calidad dependen de la directiva. En algunas empresas el porcentaje es mayor.

Axioma 60: Lo mejor es combinar el talento con el espíritu de equipo. Este dúo produce una sinergia difícil de derrotar (como puede atestiguarlo la General Motors). Después de un esfuerzo sostenido para desarrollar una cultura de trabajo en equipo y conciencia del cliente (y gracias a las inversiones y al compromiso a largo plazo del directorio), la División Cadillac de la General Motors ganó el premio nacional a la calidad Malcolm Baldrige, en 1990.

Axioma 61: Nunca subestime el poder del trabajo en equipo para mejorar la calidad. También puede resultar divertido.

Axioma 62: Cualquiera que sea el enfoque que elija una empresa para un proceso de calidad, se necesitará un vocabulario de uso general para comunicar con eficacia los objetivos y los métodos.

Sobre la medición

Axioma 63: Una verdad fundamental de la calidad es que no se puede controlar lo que no se puede medir. La medición le dice dónde está y hacia dónde va.

Axioma 64: El análisis de Pareto (también llamado regla del 80-20) es una herramienta de medida muy útil y popular para identificar y ordenar los problemas. Esta técnica es muy accesible. El análisis de Pareto no tiene por qué ser misterioso.

Axioma 65: Unas pocas medidas bien elegidas pueden avisar a una empresa la existencia de un problema que exige su atención.

Axioma 66: Si no hubiera sido por las ruedas que chirriaron en Japón, Tennant podría no haberse dado cuenta de la disminución de su popularidad en el mercado más importante hasta que los clientes comenzaran a abandonarla. Debe buscarse seriamente la opinión de los clientes, aunque no haya quejas.

Axioma 67: El análisis de la competencia (el proceso de medición del estado actual de una empresa o de un individuo y de comparación con el desempeño pasado o con los éxitos de otros) es un primer paso sensato para mejorar la calidad.

Axioma 68: Las medidas se toman como catalizadores del cambio. Pero no todas las medidas se toman con calibrador. Las encuestas también constituyen formas válidas y valiosas de medición.

Axioma 69: Sólo porque se pueda tomar una medida no significa que deba tomarse. Sólo porque un cálculo pueda hacerse no significa que deba efectuarse ni que tenga sentido.

Axioma 70: La calidad y la cooperación son inseparables del mismo modo que el liderazgo y la participación. Cuidado con el "complejo de Rumpelstilskin": el especialista en control de calidad que actúa como si su disciplina fuera demasiado compleja y misteriosa para los simples mortales. El control de calidad es más eficaz cuando está diseñado para los procesos de producción y para uso de los empleados de cualquier nivel. Todos pueden colaborar tanto en el diseño como en la puesta en práctica del control de calidad.

Axioma 71: Cuando se duda sobre alguna medida para mejorar la calidad, puede disponerse de ayuda. La *Application Guidelines for the Malcolm Baldrige National Quality Award* proporciona una herramienta universal y flexible para juzgar los esfuerzos en pro de la calidad.

Axioma 72: Una encuesta sobre el costo de la calidad puede concienciar a los empleados de la importancia de la prevención frente a la detección y la corrección. Los resultados de la encuesta sirven también para analizar el progreso y son una fuente de ideas para el mejoramiento.

Axioma 73: Una garantía es sólo el comienzo cuando se diseña un programa para aumentar la satisfacción del cliente. Un buen diseño también incluye planes para solicitar activamente la opinión del cliente.

Axioma 74: Cuando se puede documentar una solución con números, es mucho más probable que se logre lo que se desea.

Axioma 75: El sentido común no es tan común. Cada vez que se observa un derroche de tiempo, dinero y recursos físicos, debe de existir una manera mejor. La verdadera calidad requiere eficiencia. Puede ser más fácil disculparse por el estado actual de las cosas, pero eso no resuelve el problema.

Axioma 76: Este es un caso de violación de la definición de calidad del doctor Joseph Juran: "Aptitud para el uso". Como una alternativa satisfactoria, esta definición de la calidad en tres partes hubiera previsto el problema:

- Calidad en la realidad: cumplir con sus propias especificaciones.
- Calidad en la percepción: cumplir con las expectativas del cliente.

- Cliente: cualquiera a quien se proporcione un producto, servicio o información.

Axioma 77: La calidad es una preocupación internacional con soluciones aplicables de carácter universal.

Axioma 78: Es más fácil decir a los extraños: "Ah, sí, pensamos que nuestros empleados son nuestro mejor acierto", que decirles a los empleados: "Ustedes saben lo que está bien. Establezcan sus estándares y respétenlos". La confianza en los empleados (creer que son adultos que desean que la empresa triunfe y que actúan en consecuencia) es raro que se demuestre mejor que cuando se trata con cuestiones de medida. Si se les da la oportunidad y el apoyo, los empleados establecerán estándares rigurosos y los mantendrán.

Axioma 79: Mientras cada empleado opina todos los días sobre si una tarea está bien realizada o no ("¿Estamos haciendo las cosas bien?"), la dirección tiene la responsabilidad adicional de decidir cuáles son las tareas que es necesario desempeñar ("¿Estamos haciendo las cosas buenas?"). El análisis de valor y la representación gráfica del servicio son dos herramientas para facilitar esta tarea.

Axioma 80: Las mediciones que se usan de manera incorrecta pueden resultar ridículas. Peor aun, tomar medidas innecesarias resulta desmoralizante y puede producir resultados negativos imprevisibles.

Axioma 81: Un proceso de calidad no convierte en obsoletos a los individuos tradicionalmente responsables del control de calidad. Sus habilidades son una parte integrante de cualquier esfuerzo en pro de la calidad. Cuando los especialistas en control de calidad comparten sus conocimientos con una amplia gama de empleados, se convierten en valiosos elementos en la empresa.

Axioma 82: Si bien no es una oferta de garantía, la jerga legal del primer formulario equivale a una garantía en caso de falta de servicio. Está implícito que hasta 90 días es el plazo aceptable de demora para prestar el servicio (según consideración de la empresa). Informa al lector que el cliente no puede responsabilizar a la editorial por la demora en el servicio. La editorial quiso protegerse en un caso no común; el resultado fue desalentar a todos los clientes.

Axioma 83: Un breve curso de lógica es un complemento excelente de la medición.

Axioma 84: Abigail van Buren lo expresa sucintamente: "Siempre lucho por la perfección, pero tolero los errores humanos". George Fisher, presidente y ejecutivo de Motorola —ganadora del premio nacional a la calidad Malcolm Baldrige en 1988— estaría de acuerdo pero agregaría: "Pero no demasiados". El habla de una calidad 6 sigma: un objetivo de sólo 3,4 errores por *millón*. Espera poder hablar de errores por *billón* en 1992. Eso es casi la perfección.

Axioma 85: En ocasiones se necesitan medidas precisas para obtener un buen resultado. No hay razón para preocuparse por tomar esas medidas más en el trabajo que en el hogar. Cualquiera que pueda cocinar guiándose por una receta, entender las estadísticas deportivas o comprender un mapa puede efectuar mediciones en su trabajo.

Axioma 86: Incluso los servicios públicos tienen clientes. Las mismas herramientas de medida usadas en el sector privado para saber lo que desea el cliente pueden emplearse en el sector público con ese propósito.

Axioma 87: No siempre resulta fácil cambiar el costo de la calidad por la prevención, aunque hacerlo se traduce en dinero. El mantenimiento de lo acostumbrado resulta atractivo. Por ejemplo, si una parte de producción comienza haciéndolo todo bien desde la primera vez, ¿qué sucede en el departamento de atención al cliente?

Axioma 88: Cuando cada uno se convierte en director de calidad en una empresa, todos deben ser conscientes de las trampas de la medida. Mutual of Omaha ha evitado los cuatro motivos de fracaso de los directores de calidad que señala el doctor Joseph Juran:

• Preocuparse más por el cumplimiento de las especificaciones que por la aptitud para el uso.

291

- Preocuparse más por la bondad de sus métodos y procedimientos que por lo que es positivo para el negocio.
- Volverse retraído, olvidarse del mundo que los rodea...; ocuparse con exclusividad del cumplimento de los objetivos del departamento de calidad, dando poca importancia a lo que sucede en otros sectores.
- No tener familiaridad con la cultura corporativa o no poder soportarla.

Axioma 89: Las medidas tomadas en el curso de un proceso de calidad pueden usarse para seguir los pasos del progreso. También pueden emplearse para culpar. En una empresa que combina la medida con el buen liderazgo y los principios de la participación, existe menos peligro de uso incorrecto.

Axioma 90: La variación es inevitable. Usar herramientas de medición ayuda a los empleados a disminuir el impacto de la variación.

Axioma 91: Pueden lograrse las mejoras proporcionando los datos apropiados a las manos adecuadas y luego apartándose del camino para no molestar.

Axioma 92: Para una calidad digna de premio, el liderazgo y la participación son requisitos indispensables para la medición.

Axioma 93: Según Ron Zemke: "La verdadera prueba del compromiso de una empresa con la calidad del servicio no es el estilo de propaganda que emplea en el mercado; es la forma en que reacciona cuando algo no funciona para el cliente". Lo mismo es válido para la calidad del producto.

Indice analítico

295

Federal Express, 40-2, 109, 248. *Véase también* Malcolm Baldrige National Quality Award

Federal Quality Institute, 139-40

Feingenbaum, Armand, 54

Festejo, 119-21, 134-5
canción del equipo de Pecten, 119-20, día de defectos cero, 120, lanzamiento del proceso de calidad Carthage, 120. *Véase tam-bién* Carthage Machine Com-pany, lanzamiento del proceso de calidad McCormack y Dodge, 120. *Véase también* McCormack y Dodge marcha de los patos en el Peabody, 74. Paul Revere Qualifest, 121. *Véase también* Paul Revere Insurance Group Paul Revere, fiesta de la calidad en, 71, 120

Fisher, George, 247

Flores, Stephanie, 40-2

Florida, Luz y Fuerza de, 223

Fluoroware Inc., 120. *Véase también* Festejos DCD (Día de Cero Defectos)

Foley, Jack, 219

Ford Motor Company, 90

Fowler, Jim, 70-1

Fundación Europea para el Manejo de la Calidad. *Véase* Premio a la calidad, Fundación Europea para el Manejo de la Calidad

Fundación para el Malcolm Baldrige National Quality Award, 210. *Véase también* Malcolm Baldrige National Quality Award

Funk & Wagnall, 72

Gain Sharing in a Total Quality Environment, 272

Gallup, encuestas. *Véase* American Society for Quality Control, en encuestas de la

Ganancias, compartiendo las, 270, 272-3. *Véase también*, Reconocimiento

Garantías de no servicio, 243 servicio, 219-22

Gartman, coronel Gerarld, 270, 272-3

Gaudreau, Sharon, 109

General Electric, 234

General Motors, 181
Buick, 181 Cadillac, 181, 210. *Véase también* Malcolm Baldrige National Quality Award

Globe Metalurgical Inc., 210. *Véase también* Malcolm Baldrige National Quality Award

Golfo, Guerra del, 98-101, 244

Goodman, John, 275

Gorbachov, Mikhail, 238-9

Guidebook for Marines, 54-6. *Véase también* Estados Unidos, Marina de

Gummesson, Evert, 164-8

Rale, Roger, 197

Harden Furniture Company, 232-4

Harry, el ratón, 126

Harris, encuesta. *Véase* John Hancock Financial Services, encuesta

Hitachi Data Systems, 41

Holística, calidad, 164-6

Holmes, Gary, 63

Horacio, 162

Howard, Milton E., 63

IBM Rochester, 211. *Véase también* Malcolm Baldrige National Quality Award

Imai, Masaaki, 187

Impressions Magazine, 176

Abramis, David J., 132-3

Instalaciones Modelo, 99-101. *Véase también* Departamento de Defensa